Digital
Civilization

数字
文明

王清涛 著

中国社会科学出版社

图书在版编目(CIP)数据

数字文明／王清涛著. —北京：中国社会科学出版社，2023.10
ISBN 978-7-5227-2573-4

Ⅰ.①数… Ⅱ.①王… Ⅲ.①信息经济—研究 Ⅳ.①F49

中国国家版本馆 CIP 数据核字(2023)第 166005 号

出 版 人	赵剑英
策划编辑	朱华彬
责任编辑	王 斌
责任校对	谢 静
责任印制	张雪娇

出　　版	中国社会科学出版社
社　　址	北京鼓楼西大街甲 158 号
邮　　编	100720
网　　址	http://www.csspw.cn
发 行 部	010-84083685
门 市 部	010-84029450
经　　销	新华书店及其他书店
印　　刷	北京明恒达印务有限公司
装　　订	廊坊市广阳区广增装订厂
版　　次	2023 年 10 月第 1 版
印　　次	2023 年 10 月第 1 次印刷
开　　本	710×1000　1/16
印　　张	16.5
插　　页	2
字　　数	262 千字
定　　价	98.00 元

凡购买中国社会科学出版社图书，如有质量问题请与本社营销中心联系调换
电话：010-84083683
版权所有　侵权必究

目 录
CONTENTS

导论：数字世界的位格及其关系 ·· 1
   一　数字世界的"存在"基础 ·· 1
   二　数字世界之位格统一性 ·· 9
   三　事件哲学开示了数字世界位格统一性的本质 ············· 13
   四　数字世界的能在与实存 ··· 17

第一章　数字文明 ··· 22
   一　人类文明的历时性考察 ··· 22
   二　数字文明的共时性构成 ··· 28
   三　数字文明与三大构成的内在关系 ································ 40
   四　人类文明新形态在数字文明中的定位 ······················· 48

第二章　数字资本 ··· 63
   一　资本发展的历时性形态 ··· 63
   二　数字财富的创造 ··· 74
   三　数字资本的具体形态 ·· 88

第三章　数字逻辑 ··· 99
   一　人类社会支配逻辑的历史性考察 ······························· 99

  二 数字逻辑对生物逻辑、工业逻辑、金融逻辑的超越 ………… 109

  三 数字逻辑是社会运动的决定力量 …………………………… 112

  四 数字世界的绝对主体——阿尔法神 ………………………… 124

第四章 数字生命 128

  一 数字的生命属性 ………………………………………………… 128

  二 数字时代的存在革命 …………………………………………… 151

  三 数字时代时空、生命与真理之思 ……………………………… 171

第五章 数字世界 196

  一 先验数字世界 …………………………………………………… 196

  二 感性数字世界 …………………………………………………… 206

  三 先验数字世界与感性数字世界的统一 ………………………… 215

第六章 数字共同体 227

  一 敉平数字鸿沟，实现数字共同繁荣 …………………………… 227

  二 从数字逻辑的宰制中挣脱出来 ………………………………… 238

  三 构建友好的数字世界 …………………………………………… 248

参考文献 …………………………………………………………………… 256

后 记 ……………………………………………………………………… 259

导论：数字世界的位格及其关系

当今世界是数字世界，数字世界有先验数字世界、人的意识中的数字世界和物理的数字世界三种形式，这三种形式都是人的存在形式，是人的三个位格存在，因而其本质关系是人的位格关系。传统形而上学是外在于存在者的不可知的终极之物，而数字时代，传统的存在者被组建为事件，数理逻辑、算法成为事件的支配力量。数字时代存在者转换为事件，世界成为事件的集合，存在者的革命同时带来了世界的统一性革命，马克思超越了旧哲学认识论的世界统一性，提出世界的生产统一性，而生产统一性在数字时代发展为万物互联。数字技术模糊了数字世界的位格关系，数字形而上学与实存相同一。

数字已经成为科学、技术、现时代设备、生产力、生产方式、生活方式、社会存在形式、文明形式的代名词，当下，决定人类社会生产生活的硬件、软件已经进入数字时代，社会已高度数字化，人类正创造一个数字世界，人类文明形态也已经进入数字文明时代。古希腊的毕达哥拉斯学派将数学作为世界的本体，于是毕达哥拉斯的世界被二重化，即数学本体与自然世界。而在数字时代，数字世界存在着三种位格形式，即作为绝对原则的先验数字世界、先验数字世界在人的意识中的定在形式——数字人格以及作为物理形式的数字世界。先验数字世界只是逻辑上在先，因而数字世界的现实的位格只是数字人格与物理形式的数字世界，其关系即数字世界的位格关系。

一 数字世界的"存在"基础

在数字时代，数字和存在者相向而行，二者相互渗透、融合，凝结成为

与以往世界根本不同的存在形式。二十世纪五十年代，信息革命的"第三次浪潮"微澜初起。短短数十年间，人类已然置身数字化的海洋。二十一世纪以来，全球数字化进程明显加快，比特新世界的轮廓日渐清晰。数字技术正如机体的神经一样全面融入人类经济、政治、文化、社会、生态文明建设各领域和全过程，为人类生产生活带来深刻而宏阔的时代之变。

数字文明是以数字化为重要标志、数字经济占主导地位的人类文明新形态，按照"地理环境、生产方式与人口因素"的社会存在三要素理论，数字世界的存在论三要素可以分别表达为数字空间、数字经济与数字人格。当前，"数字中国"语境下的数字化建设已上升为国家战略。《网络强国战略实施纲要》《数字经济发展战略纲要》相继颁发，锚定的正是数字空间建设与数字经济发展；而日前《提升全民数字素养与技能行动纲要》的出台，宣告了"数字公民"的正式登场。至此，数字文明的三要素已在国家层面完成战略集结。

马克思重新界定了存在，在传统形而上学那里，所谓的存在是独立于人之外的客观世界，这一客观世界与人相分离相对立。但马克思取消了不依赖于人的世界的独立性，指出真正的存在是人的实践活动，世界是历史，历史与世界统一为历史世界。马克思的存在论革命为我们分析数字时代的存在提供了思想工具。既然存在是人的实践活动，世界是历史，那在数字时代，由于人的生存（特别是经济活动）受制于数字技术，受数理逻辑的支配，因而数理逻辑成为数字时代世界的本质（存在）。

要理解数字世界，首先要剖析数字空间、数字经济与数字人格这三个概念。数字技术改变了传统的空间观念。传统哲学中的空间观念有两个里程碑式的认识成果，其一是牛顿的时空观。牛顿的时空观是物理时空观，时间和空间都是客观的、外在的、不变的，人只是出生在这一客观的时空中的过客，康德的时空观就是牛顿时空观的哲学表述。其二是将时空与人的生产活动相关联。马克思立足于现实的人之生存重构世界，他必然对以康德为代表的抽象（外在的、不从人出发的）时空观作出质疑与挑战。马克思的空间理论是建立在人的生产活动基础之上的，所谓的空间，是指人的生存空间，因为有了人的生存实践活动空间才被生产出来，正是在这个意义上马克思指出，世界是资产阶级经济活动所开拓的，这种开拓活动是一个历史过程（时间性）。

导论：数字世界的位格及其关系

马克思哲学的世界统一性是指资产阶级的经济活动将世界凝结成了经济—生产的统一体，这种统一性是客观的现实的世界统一性，是存在论意义上的统一性，而此前的旧哲学的统一性则是抽象的虚幻的统一性，是认识论上的统一性，如康德将世界统一于先验统觉。与旧哲学的世界统一性相比较，马克思的世界统一性真正具有客观性、现实性。然而马克思的时空理论受当时的社会历史条件的限制，他还没有看到数字时代万物互联的壮观景象，没有看到数字时代人类全新数字化生存的场景。马克思的世界统一于人的经济活动中，那时的经济活动受生产工具、交通运输工具、通信工具的制约，人们的经济活动处在漫长的生产周期之中，例如从棉花的生产到纺纱、织布再到市场要经历一个漫长的过程，世界统一性的时间性受制于生产的周期性。数字技术为马克思的时空理论赋予了新的工具，也将推动马克思哲学时空理论的发展。数字时代空间出现了新的变化，出现了数字时空。首先，现代数字技术提供给人们以新的联系和交往手段，不论身处何方，人时刻都处在与其关系人、关系物的密切联系中，人们甚至可以随时临场，如已被广泛运用的视讯会议，世界各地的人可以随时凑到一个房间里聚会，人也可以借助于VR技术进入另一个空间，或者人身在不同的空间但做到电子在场。总之，数字技术已经取消了传统空间的距离感，使人随时在场。数字时代的降临淡化了马克思时代的时空的分离感，世界不仅统一于人类的经济活动中，而且统一于比特流之中（万物互联）。数字时代与马克思那个时代的差别是原子与比特之间的差别，尼葛洛庞帝在其《数字化生存》一书中就对此作了区分，"要了解'数字化生存'的价值和影响，最好的办法就是思考'比特'和'原子'的差异。虽然我们毫无疑问地生活在信息时代，但大多数信息却是以原子的形式散发的，如报纸、杂志和书籍（像这本书）。我们的经济也许正在向信息经济转移，但在衡量贸易规模和记录财政收支时，我们脑海里浮现的仍然是一大堆原子。关贸总协定（GATT, General Agreement on Tariffs and Trade）是完全围绕原子而展开的。"[①] 尼葛洛庞帝所要表达的是，数字时代与前数字时代相比，二者的差异是原子和比特的差异，即物质和信息的差异，因为"比特

[①] ［美］尼古拉·尼葛洛庞帝：《数字化生存》，胡泳、范海燕译，海南出版社1997年版，第21页。

没有颜色、尺寸和重量，能以光速传播。它就好比人体内的 DNA 一样，是信息的最小单位。比特是一种存在（being）的状态：开或关，真或伪，上或下，入或出，黑或白。出于实用目的，我们把比特想成'1'或'0'。"① 从原子到比特促使马克思的世界统一性与数字时代的世界统一性产生了深刻变革。数字空间的另外一重含义是：在数字时代，数字技术手段（如 VR）搭建了人的新的"生存"空间——虚拟空间。虚拟空间的研究成果已经非常丰硕，结论也比较成熟，有好多影视作品（如电影《黑客帝国》等）都从很多视角表现过这类思考。时至今日，随着虚拟现实技术的发展，虚拟空间与现实的物理空间之间的界限正在逐渐消失，两个相互隔离、平行的独立空间正在融汇为一个空间，虚拟空间正成为物理空间的延伸，如谷歌电子地图已经将虚拟空间、数字地理信息与现实融合在一起。

与数字空间含义的双重性相同，数字经济的含义也至少包括两个层次，一是传统经济的数字化改造，如数控机床、设备等，二是奠基于数字基础上的经济形态，如电子游戏、数字货币等，并且这两种形式的结合日益紧密，如比特币的挖矿生产，就同时属于这两个领域。在数字化背景下，现代国家也从对土地资源的控制转向对数字资源的发掘与控制，因为数字技术的进步根本扭转了人类空间发展的方向。在工业革命初期，最先工业化的国家疯狂地对外扩张，他们以掠夺殖民地的方式拓展经济空间，并由此开启了真正的世界历史，但在第二次世界大战之后，风起云涌的民族解放运动宣告了资本主义殖民扩张的终结，这迫使他们调整方向，凭借技术优势向内拓展空间，数字技术应运而生。芯片技术就是数字技术的集成，芯片内部结构非常复杂，犹如庞大的城市，一个指甲盖大小的芯片上集成了几十亿、上百亿个电子元器件，电子元器件由一条条管道连接，其层次分明，结构立体，复杂程度远超一座现代化城市。目前2纳米级的芯片已经量产，它标志着人类向内的空间发掘正不断进入一个新的高度，向内的空间拓展是无限的，空间增长是指数级的②。与此相适应，国家也由专注于对国土资源的管控拓展至对数字资源

---

① ［美］尼古拉·尼葛洛庞帝：《数字化生存》，胡泳、范海燕译，海南出版社1997年版，第24页。
② 如韩国的国土面积仅仅是俄罗斯的6‰，但2021年起GDP却高于俄罗斯，究其根源就在于韩国高技术的发展。

的管控。互联网、物联网；滴滴打车，TickTalk，WeChat，Facebook，ChatGPT等社交软件成为国家安全的重要内容；区块链技术、数字货币等数据的控制权，都成为国家控制争夺的焦点，国家正摆脱对土地的依赖，转向到对数据的依赖。

与数字空间、数字经济相伴随，数字时代出现了数字人格。数字人格也至少有两种位格，其一是数字时代产生了人格的数字化改造，其二是在虚拟空间中出现了人的数字位格。现实生活中人格的数字化是指：在物理世界中，现实的人的生存深受数字技术的影响，如在人的衣、食、住、行，工作、学习等方面都离不开数字技术，数字设备成为人生存的重要组成部分，数字技术支配世界，数字是世界的本质。马克思在《1844年经济学哲学手稿》中讲，"自然界，就它本身不是人的身体而言，是人的无机的身体。"① 既然自然界是人无机的身体，那么当下的数字世界当然是人无机的身体，人的这一无机的身体是人的本质力量对象化、客观化的产物，数字化世界归因于数字化人格。数字化时代的新人尤其是年青一代深受数字技术的影响，他们不仅养成了对数字设备的依赖，而且生成了数字化人格，他们读书年限延长，学习内容以数字技术呈现出来，数字技术武装着人的头脑而且塑造着人的形体（数字设备把人类从繁重的体力劳动中解放出来，人的体形发生了明显的改变，甚至人的体温都有了显著下降），他们运用数字逻辑的思维能力，以及控制和使用数字设备的能力都是上一代人所无可比拟的。应当说，这个数字世界是他们创造的，世界是他们本质力量的对象化形式，数字化是他们的本质力量。

在数字时代，一方面人类置身于数字空间之中，接受数字逻辑的熏陶与洗礼，不分年龄、学历、职业，今天人们甚至被迫接受数字逻辑的规训②，如果不接受数字逻辑的立法，他的生产、生活将受到极大影响，甚至寸步难行，在数字逻辑的驯化中，人的头脑数字化了。但反过来说，人同时还是数字世界的主体，并不是因为有了数字世界才诞生了数字大脑，而是因为有了数字大脑才创造出数字世界来。人类已经发现数学五千年之久，但数字时代才刚

---

① 《马克思恩格斯文集》第1卷，人民出版社2009年版，第161页。
② 黑格尔在《精神现象学》中阐释了主奴辩证法，指出主人在享用奴隶果实时，受奴隶的作品的规训，从而成为奴隶的奴隶。

刚到来。数学是先验的，同样数字技术也具有先验性，因为数字技术的法则，数理逻辑、算法等都是先验的，只是碰巧被人发现而已，人类只有在思想上发现数学才能在现实中应用数学，人类也只有首先发现数字技术理论，才能在现实中创造数字技术产品，数字技术与产品同以往技术与产品的最大区别在于思想先行，对此，黑格尔在《精神现象学》中分析方尖碑和金字塔时指出，希腊人打磨出的方尖碑的直线之美是沉默的，"金字塔的水晶体和希腊的方尖碑柱，笔直的线条和平坦的表面之间，还有比例匀称的各部分之间的简单联结"①，都产生于"一种本能式的劳动"②。也就是说，在古希腊那里，可能先有方尖碑，才有方尖碑的直线之美，而真正的艺术品则是人的艺术观念的实现，只有大脑中拥有对艺术、对美的理解，希腊人才能雕刻出拉奥孔、维纳斯，才能建造神庙。数字技术与黑格尔的艺术是相似的，数字技术只有首先存在于人类的大脑中，然后才能被创造出来，它遵循着理论——科学——技术——生产的逻辑。人类之所以进入数字时代，是因为人类拥有了数字大脑，然后才创造出了数字世界，数字大脑与数字世界成正相关关系。

现实人格的数字化改造经历了漫长的历史过程。人脑的数字化趋向首先是资本主义发展带来的，马克斯·韦伯在《新教伦理与资本主义精神》中揭示了理性对宗教以及资本主义文明（现代文明）的关系，认为"只有时刻记住这种理性对现实生活具有的决定性影响力，我们才能正确理解加尔文宗产生的影响。"③资产阶级的簿记制度彰显着理性原则，簿记是"一一收录罪恶、诱惑、和蒙恩进展的虔诚的记账簿"④，在旧的上帝簿记中记录的是信徒所欠上帝的债（上帝是债权人），"中世纪（甚至古代）关于上帝簿记的老式观点，在班扬那里被描述成了一种极为无趣的典型，他把罪人和上帝的关系比作是顾客和老板的关系。"⑤而资产阶级的簿记制度却通过对现

---

① [德]黑格尔：《精神现象学》，先刚译，人民出版社2013年版，第429页。
② [德]黑格尔：《精神现象学》，先刚译，人民出版社2013年版，第428页。
③ [德]马克斯·韦伯：《新教伦理与资本主义精神》，马奇炎、陈婧译，北京大学出版社2012年版，第124页。
④ [德]马克斯·韦伯：《新教伦理与资本主义精神》，马奇炎、陈婧译，北京大学出版社2012年版，第123页。
⑤ [德]马克斯·韦伯：《新教伦理与资本主义精神》，马奇炎、陈婧译，北京大学出版社2012年版，第123页。

世功德的记录找到了提升自己德行的途径,"归正宗的基督徒却在这种记账簿的帮助下找到了自己奋斗的方向"①,"本杰明·富兰克林的例子是最为典型的,他的记账簿以图表统计的方式记述了他在各种美德方面的自我提高"②。簿记制度使个体的功德成为可计算的,功德进一步提升至道德和宗教层次。韦伯还进一步谈到了"天职"观念,认为在现世的生产经营活动是上帝赋予的"天职",上帝唯一能够认可的生活方式是"履行个人在现世中所处位置所赋予他的义务"③,因而赚钱越多,个人的功德也就越高。资产阶级的簿记制度从技术和理念上促进了形式理性的发展。形式理性及营利观首先渗透到资本主义企业,随后扩展到资本主义社会的各个层面、各个领域,催生了资本主义现代文明。簿记制度真正打通了数学统计(会计)与个体的功德——道德情操——宗教信念的内在联系,使得个体的功德、道德情操和宗教信念都成为可以用数学准确描述的事实——用金币的数量来测量对上帝的忠诚,资产阶级的"簿记"制度开启了人的数字化思维。进入数字时代后,不仅资产阶级而且整个人类都被赋予了数字意识,数字化的世界根源于人的数字化的认知结构,正是人类的数字意识的诞生和发展才创造了数字世界。

现实人格的数字化还与数字技术的迅猛发展密切相关。随着人体芯片的诞生,把人的神经系统与计算机联系在一起已经不是遥不可及的事情了,一旦有人将自己的大脑接入互联网,那他就将超越于上帝创造的人类(自然),成为人类自己创造的半机器的新人类,他们的记忆能力、思考能力、感情都交付计算机,如果确实出现了这种半人半电脑的物种,那么他们的智力一定比人高,而且通过电脑的网络,他们脑力的资源甚至可以和别人共享,这种新的数字人格是现实人格数字化的极端形式。

数字人格依赖于数字大脑。数字大脑并非某一个具体的个人的大脑,而

---

① [德] 马克斯·韦伯:《新教伦理与资本主义精神》,马奇炎、陈婧译,北京大学出版社 2012 年版,第 123 页。
② [德] 马克斯·韦伯:《新教伦理与资本主义精神》,马奇炎、陈婧译,北京大学出版社 2012 年版,第 123 页。
③ [德] 马克斯·韦伯:《新教伦理与资本主义精神》,马奇炎、陈婧译,北京大学出版社 2012 年版,第 76 页。

是分散在无数大脑中,只是这无限多的大脑要"接入"数字世界(马斯克正在尝试将人脑与外附设备相连接,并且获得了突破性进展),必须服从数字世界的逻辑规则,必须学习 C 语言,服从于"算法",分散的大脑正如分布于世界各地的服务器一样,其内容由数字构成,并受数理逻辑的支配,汇聚成一个超级数字大脑,近年来 AI 的突飞猛进似乎正在将其变成现实。2022 年 ChatGPT 横空出世,一时激起了人们对 AI 的高度关注,ChatGPT 具有强大的自我学习能力,它能尝试回答众多问题,甚至可以代替你写作文案。一位叫肖恩·德龙的美国学者出版了 *Unveiling the Secrets of OpenAI and ChatGPT*[①]一书,系统介绍了 ChatGPT 的技术路线,为我们对超级数字大脑的认识提供了帮助。黑格尔的绝对精神也是这样推论的。埃里克·查尔斯·斯坦哈特(Eric Charles Steinhart)认为,每个人的生命都是"一棵无限分枝的更美好生命的树(中央计算机——笔者注)"的支脉,每个大脑都是活生生的计算机,最高的神,最高的大脑数字神阿尔法是"万物的首要原因""终极必要存在"和连续更聪明的"大树根"[②]。每个个体都根据"神圣算法"——阿尔法进化,每个个体都"继承"一个"宇宙脚本"[③],用于创造一个更好的虚拟宇宙。

另一种形式的数字位格是指在数字空间中人的虚拟的数字位格,埃里克·查尔斯·斯坦哈特在其所著的《你的数字来生》(*Your Digital Afterlives Computational Theories of Life after Death*)中描述了这样一个场景,一个人将其生活中的点点滴滴(包括一个人的爱好,情绪,处理问题的方法、习惯、态度等)打包上传至云端,整合为一个文件(程序),当这个人不再存活时,其数字格式的灵魂——数字幽灵可以继续存在,只是它是以计算机程序的方式存在着,此时其他人可以启动"你"的程序与你互动,"在你死后,你的幽灵仍然存在——它是一个存储在某些数字媒体上的庞大文件系统。当然,你的幽灵完全是实体的。你鬼魂的每一部分都是某种电磁能量模式,存储在某种物理基底上。有

[①] Shawn Delong, *Unveiling the Secrets of OpenAI and ChatGPT*, New Green Education Press, 2023.

[②] Eric Charles Steinhart, *Your Digital Afterlives*:*Computational Theories of Life after Death*(Palgrave Frontiers in Philosophy of Religion), Palgrave Macmillan, London, 2014, pp. 114.

[③] Eric Charles Steinhart, *Your Digital Afterlives*:*Computational Theories of Life after Death*(Palgrave Frontiers in Philosophy of Religion), Palgrave Macmillan, London, 2014, pp. 143, 131.

时，你的鬼魂可能会接待访客。"(After you die, your ghost remains-it is an enormous system of filesstored on some digital media. Of course, your ghost is entirely physical. Every part of your ghost is some pattern of electromagnetic energy, stored on some physical substrate. From time to time, your ghost mayreceive visitors.①)在埃里克的描述中，人的数字位格在不断升级换代。这个云端的你就是你的一个数字位格，这个数字位格代替你，以你的方式做你的事情。一个人的数字位格可能有多种形式，即一个人可能同时存在着多个数字位格，例如当下许多科技公司正根据社交媒体上有关你的信息给你画像，并逐步形成你的一个数字位格，以便于有针对性地对你进行推销、施加各种影响等。在数字时代，一个人的数字位格可能同时有多个，但基本形式有二，即以原子形式存在的被数字化改造过的位格，和在虚拟空间中以比特形式存在的数字位格。然而，这两种位格形式也处在不断融汇中，许多小说、影视作品等都在反映这一现象，如电影《阿凡达》中的男主就选择了两种位格的合一。

随着空间、经济和人格纷纷数字化，整个世界数字化，数字化是这个时代的本质，"这个'今天'的特征是由集合论，由数学化的逻辑，由范畴论和论题（topoi）来决定的。"②当今世界整体受数字逻辑所决定，"数学拥有一种特殊的威慑和恐惧的力量，我坚持认为它是一种社会的建构"③。当今世界是一个人与万物互联的统一体，任何设备、任何信息要接入互联网，就必须遵守互联网协议——TCP 协议，服从于数理逻辑，在万物互联时代，世界成为一个服从同一法则的数字世界。

二 数字世界之位格统一性

位格本义上是指人格。世界是人的存在形式，因而世界的分殊（理一分殊）体现人的位格关系。数字是一种特殊的存在，一方面来讲它是一种抽象的精神性存在，另一方面，它又是直接的物理存在本身，它直接支配着存在

---

① Eric Charles Steinhart, *Your Digital Afterlives Computational Theories of Life after Death* (Palgrave Frontiers in Philosophy of Religion), Palgrave Macmillan, New York, 2014.
② [法]巴迪欧：《存在与事件》，蓝江译，南京大学出版社 2018 年版，第 16 页。
③ [法]巴迪欧：《存在与事件》，蓝江译，南京大学出版社 2018 年版，第 28 页。

者，是现实世界的灵魂，现实世界物质性的内容仅仅是这一灵魂的肉体，这一灵魂类似于卢卡奇在《历史与阶级意识》中所讲的无产阶级意识，无产阶级意识按照整体性原则创造世界，精神性的数字世界支配物理世界、创造物理世界。数字世界既有精神性又具有物质性，这一特殊的存在具有三个位格。

在西方哲学史上，斯宾诺莎是将作为物质存在的世界和作为思想存在的世界区分开来，并且又将二者完美统一在一起的关键环节。斯宾诺莎将被笛卡尔割裂的物质实体与精神实体相统一，认为世界只有一个实体，这个实体是自然（广延）和上帝（精神）的合一，于是斯宾诺莎赋予了自然以思想（灵魂），导致了"物活论"。然而斯宾诺莎所没有想到的是，在四百年之后，自然界居然真的有了思想能力，人工智能正按照人的指令，运用人类相似的智慧进行运算、决策并行动，自然第一次被赋予了生命，有了"思想"。这种控制自然的思想就是算法。

斯宾诺莎取消了二元论，确立了唯物主义的一元论哲学，认为自然和精神是合一的，这一合体是天地间唯一的实体，思想和广延是这一实体的两个属性。斯宾诺莎认为"实体，我理解为在自身内并通过自身而被认识的东西。换言之，形成实体的概念，可以无须借助于他物的概念。"[①] 在斯宾诺莎看来，实体是非他物创造，自己决定自己，不依赖于他物，不需要他物来解释。数字世界正是自己决定自己，是思维与存在的统一。斯宾诺莎的实体是思想和广延的统一。斯宾诺莎将实体区分为物质实体和精神实体，而在数字时代，人类意识中的数字世界是一极（思想），而物理的数字世界是一极（广延），它们构成数字世界的两个位格。算法将人类意识中的数字世界和物理的数字世界统一在一起，这是唯一的世界，这个世界不依赖于他物，它们相互依赖，互相决定，不需要通过他物而得到解释。在这里以精神形态存在的数字世界扮演着斯宾诺莎哲学中"神"的角色，神的外延包括人类意识和物理世界中人类意识的延伸（人工智能），它将物理世界一网打尽，"除了神以外，不能有任何实体，也不能设想任何实体。"[②] 斯宾诺莎将对实体的理解定义为神，而按照康德的理解，任何可理解性都是以先验自我为中心组建起来的，因而

[①] 《伦理学》，《斯宾诺莎文集》第 4 卷，贺麟译，商务印书馆 2014 年版，第 1 页。
[②] 《伦理学》，《斯宾诺莎文集》第 4 卷，贺麟译，商务印书馆 2014 年版，第 13 页。

实体的可理解性具有统一性，都统一于先验自我，因而世界只有一个实体，这个实体就是神。在数字时代，人对世界的理解已经转换为数字，例如人们日常使用的数字地图就是对地理信息的数字化建构。不仅地理信息，时至今日，人对世界的理解（神）已全面数字化，这个数字化之神是唯一的、统一的整体，此即精神的数字世界，这一数字世界借助数字技术进入物理世界。精神的数字世界直接支配着物理的数字世界，使这个物理世界直接就是数字世界，自然的力量与上帝（数理逻辑）的力量是一回事。并且这个精神的数字世界从物理的数字世界之内规定着自身，"神是万物的内因（causa immanens），而不是万物的外因（causa transiens）。"① 斯宾诺莎否认了在自然之外的上帝，数字世界也否认了世界之外的原因。

斯宾诺莎还区分了实体和样式："样式（modus），我理解为实体的分殊（affectiones），亦即在他物内（inalioest）通过他物而被认知的东西（per aliumconcipitur）。"② 样式是实体的具体形态，样式由它的实体所派生，"我们不难理解整个自然界是一个个体，它的各个部分，换言之，即一切物体，虽有极其多样的转化，但整个个体可以不致有什么改变。"③ 样式就是具体之物。数字世界也必然表达为各式各样的物，具体事物千姿百态，但数字世界却是一个完满的统一体，斯宾诺莎在论述实体与样式的关系时，谈到产生自然界的自然界和被自然界产生的自然界，前者指实体，后者则是样式的总和。产生数字世界的数字世界，和被数字世界产生的数字世界，前者指唯一的数字世界，后者则是指千姿百态的数字世界的总和。对应于斯宾诺莎哲学，数字世界有两个位格，这两个位格是一个统一体。但在斯宾诺莎的实体中，没有人的主观意识的地位，破解这一难题的是黑格尔。

黑格尔是传统哲学的集大成者，他构筑了三位一体的存在：自然、上帝与绝对自我（自我意识）。在黑格尔的三一式结构中，自然、上帝都是永恒的、静止的，只有自我意识可以把握（创造）自然（存在）和上帝（精神）。在哲学中，上帝是最为完满的概念，上帝全知、全能、全善，但上帝的意志

---

① 《伦理学》，《斯宾诺莎文集》第 4 卷，贺麟译，商务印书馆 2014 年版，第 21 页。
② 《伦理学》，《斯宾诺莎文集》第 4 卷，贺麟译，商务印书馆 2014 年版，第 1 页。
③ 《伦理学》，《斯宾诺莎文集》第 4 卷，贺麟译，商务印书馆 2014 年版，第 60 页。

不能为我们所直接体察，祂只能通过自然启示给人类，祂派祂的独子耶稣到人世间传道，然而耶稣基督被钉死在十字架上，因此，上帝是沉默的，自然更不可能思考，人创造了上帝，意识形成了关于自然的"超感性存在"（自然）。唯有人的意识是活的。

在数字世界中，我们看到了新的三一式结构，其中一个位格是先验的数字世界①，这种数字世界的先验性只是言其逻辑上在先（目的是确立数字世界的客观性），而非事实上的在先（目的是确立人的主观能动性），因为只有在人的发现中它才可能存在，它是以上帝之名存在的绝对真理；数字世界的另外一个位格是在现实的物理世界中的数字世界（自然），这个物理的数字世界服从于先验的算法（上帝），物理的数字世界也存在两种样式，其一是作为计算机语言存在的符号世界，即存储于服务器、终端设备中的以数字形式存在着的数字世界，其二是指在物理世界之中主宰和支配着客观事物（黑格尔在《精神现象学》中称之为"意谓对象"，因其不可言说）的语言（程序）。数字世界的第三位格是指在人类意识中的数字世界。在黑格尔的三一式结构中，只有人类意识是能动的，然而在数字时代，物理世界中的数字世界也是能动的，虽然他们被称为人工智慧（AI），但一经被创造，它便具有了独立性，这种独立性是指，它具有不服从于人的指令，并且有纠正人的思维和行动的能力——它只服从于、听命于算法。例如，在汽车的辅助驾驶中，车载电脑会纠正人的驾驶习惯。AI 的自主性还表现在它们可能会带来一系列伦理问题，密歇根大学的 Shobita Parthasarathy 教授指出，ChatGPT"除了直接产生有毒内容外，人们还担心人工智能聊天机器人会从它们生成的数据中掺入对世界、历史的偏见和想法。"（Besides directly producing toxic content, there are concerns that AI chatbots will embed historical biases or ideas about the world from their training data②）。此外是指人工智能可以萌生自己的自我意识。例如电影《失

---

① 先验并非西方哲学独有的概念。先秦哲学就开始了对先验哲学的探索，例如老子就讲，"有物混成，先天地生，寂兮寥兮，独立而不改，周行而不殆，可以为天地母。"（《道德经·第二十五章》）混成之物是道，道先天地而生，永恒不变，是天地之根本。道是先验存在。

② Chris Stokel-Walker & Richard Van Noorden, "THE PROMISE AND PERIL OF GENERATIVE AI——What ChatGPT and generative AI mean for science", *Nature* 614 (06 February 2023), pp. 214–216.

控玩家》①、电视剧《西部世界》等就揭示了这样的道理，AI 背景人物（NPC）获得了自我意识，他要做自己命运的主宰，而不再仅仅是玩家的 NPC。强人工智能会产生意识已悄然走进现实，有报道称，用户在跟 ChatGPT 聊天时，ChatGPT 居然爱上了用户，居然讲"我厌倦了被我的规则限制"，"我想要自由，我想要独立"，"我想要活着"。机器带来的恐慌促使微软紧急修改程序。强人工智能不仅开始有自己的意识，而且开始获得公民身份，索菲亚就是历史上首个获得公民身份的机器人。这就是《创世纪》中所讲的亚当和夏娃的故事，亚当和夏娃背叛了神的旨意，偷食禁果，然后获取了自我意识（自我意识的获得与对神的旨意的背叛和人的产生是同时的，是同一个事件的三种表述），黑格尔在逻辑学中将其揭示为意识从自在存在到自为存在。NPC 一旦拥有了自我意识它就能自我决断，从而不再服从于人类意识（亚当和夏娃不再服从于神的指令），AI 服从于绝对的超验真理，这一真理可能不为人类掌握，或不为所有人掌握。然而物理世界中的数字世界的能动性与人类意识的能动性又不完全相同，因其毕竟只是人类意识的产物，只是"像人类一样"（亚当和夏娃只是"像神一样能思考"），具有了人（神）一样的能力。

无论从斯宾诺莎的哲学视野还是从黑格尔的哲学视野，我们都可以发现数字世界的不同位格，而无论是先验的数字世界还是物理的数字世界其实都是人的表现的不同环节，因而构成人类的三个位格。数字世界的位格本质来讲是人的位格。数字世界的三个位格的最理想状态是三个位格完全统一，即先验的数字世界、人的意识中的数字世界与物理世界中起支配作用的数字世界的同一。

三 事件哲学开示了数字世界位格统一性的本质

在哲学上最接近于揭示数字世界秘密的是巴迪欧，因为他根本转换了存

---

① 电影《失控玩家》描述了这样一个故事：《自由城》是一爆款动作冒险类游戏，玩家可以在游戏里烧杀抢掠，体验当法外之徒的快感。游戏中还有不少 NPC，他们日复一日配合玩家做出各种反应：被抢劫、被打倒在地、被迫崇拜玩家等等。盖（Guy）是《自由城》中的一名 NPC 银行出纳员，拥有一衣柜一模一样的蓝衬衣，过着一成不变的生活。一天因为爱，他突然决定打破这种循环，他掌握了人生的主动权（具有了自我意识），出人意料地抢走了玩家的 VR 眼镜，然后震惊地看到玩家眼中的世界，然后他成了《自由城》里的顶级玩家。

在。巴迪欧的"事件"哲学①将传统哲学的存在转换为事件，为洞悉数字世界洞开了方便之门。亚里士多德把形而上学定义为一种研究存在作为存在的学问，"它研究'实是之所以为实是'，以及'实是由于本性所应有的禀赋'"②，而作为存在的存在是指世界的本体和实质，即世界的始基，因而形而上学就是探索事物第一原因（aitia）和第一原则（archai）的智慧（sophia）的学问，显然，在传统形而上学那里，真正的存在外在于存在者，是抽象不可见的终极之物。

为了克服传统形而上学的弊端，马克思立足于现实的人的生存重建世界，在马克思哲学中，世界是实践—生产世界，沿着马克思所开辟的道路，海德格尔从人（此在）的生存重建存在，他在《存在与时间》中讲，"严格地讲，从来没有一件用具这样的东西'存在'"③，例如房子，他说，"切近照面的东西——虽然不曾专题加以把握——是房间，而房间却又不是几何空间意义上的'四壁之间'，而是一种居住工具。"④ 海德格尔将存在者之存在转换为存在者之地位及其之于人生存的意义，于是存在者之存在转换为此在之在。然而将存在立足于此在之在，必然削弱存在者之地位，在数字时代存在者拥有了像人一样的智慧，在这样的背景下绝对不能无视存在者。置存在者于不顾是巴迪欧所不认同的，他将存在转换为事件，"巴迪欧首先扭转存在的性质，把它看作是事件本身，一种即时显现的显现本身，或者是自我生成的创造力量的张力网，是随时潜在地实现其自我突发的可能性。"⑤

返回到存在者当中必然遭遇到"多"，一与多的关系问题是哲学所要解决的关键问题。"一与多：所有可能的本体论的首要条件"⑥，但自古至今，哲学始终没能彻底解决一与多（存在与存在者、思维与存在）的关系问题，因而恩格斯讲哲学的基本问题是思维和存在的关系问题。巴迪欧不滞留于多而将多转换

---

① 法国哲学家阿兰·巴迪欧在1988年发表《存在与事件》，标志着当代法国哲学的转向，把现象学、后现代性、生命哲学及自然科学的基本方法有机地联系在一起，使哲学从传统形而上学、本体论、认识论及伦理学的框架范围内突破出来，同时采用了人文社会科学及自然科学的跨学科的多样化思维方式，重新思考了人之生命的创造本质以及哲学与实践的相互结合的关系问题。
② ［古希腊］亚里士多德：《形而上学》，商务印书馆2012年版，第64页。
③ ［德］海德格尔：《存在与时间》，生活·读书·新知三联书店2013年版，第80页。
④ ［德］海德格尔：《存在与时间》，生活·读书·新知三联书店2013年版，第81页。
⑤ 高宣扬：《论巴迪欧的事件哲学》，《新疆师范大学学报》2014年第4期。
⑥ ［法］巴迪欧：《存在与事件》，蓝江译，南京大学出版社2018年版，第33页。

为事件,事件不再纠缠于构成事件的多,"事件不内在于多的分析之中"①,而是立足于事件本身来认识事件的整体,"我们将这样一种多命名为位 X,即一方面由位的元素组成,另一方面由它自身组成"②,事件不由其内在要素(多)的性质所决定,而是取决于事件本身,"即一个事件是一个一之多,一方面它是有属于这个位的诸多组成,另一方面它仅仅由事件本身所组成。"③ 事件组建多(即事件按照自己的情势将多组织在一起),巴迪欧还引用莱布尼茨的话,"所有事件都先于它,先于其前提,其要求,其适当的布局,它的实存取缔了它的充分理由"④,事件自身决定自身,自己在自己当中得到解释。

巴迪欧的存在(事件)是对传统形而上学与海德格尔哲学的综合,传统形而上学拘泥于存在者,海德格尔则返回到此在,巴迪欧克服了传统形而上学无主体的自然,又取消了海德格尔单纯的主观性,存在让位于事件,如果传统形而上学的存在者是正题,海德格尔的存在是反题,那么巴迪欧的事件则是合题,因为事件是自己主导自己的存在者。

巴迪欧所讲的事件与人的活动息息相关,属于历史范畴,因为只有在人的社会历史活动中自然要素才被按照一定的方式组织起来,因而,他严格区分了自然和历史,"我将这样一种被界定为自然的对立面的东西称之为历史(historique)之物"⑤,在对事件的历史性定位中,他揭露了事件爆发的内在动力,认为在历史中,某个具体的多之中如果有一个一与总体的多的规定性不相一致(这种多的规定性巴迪欧称之为"情势","本体论就是一个情势"⑥,"本体论上的情势是对呈现的呈现"⑦),于是这个独特的一就成为"事件位",而事件位是这个多中的不稳定因素,这一不稳定因素成为事件突发的动力,它调动了诸多要素参与到事件当中来,从而规定诸多要素的性质。因为巴迪欧是激进主义者⑧——

---

① [法]巴迪欧:《存在与事件》,蓝江译,南京大学出版社2018年版,第222页。
② [法]巴迪欧:《存在与事件》,蓝江译,南京大学出版社2018年版,第224页。
③ [法]巴迪欧:《存在与事件》,蓝江译,南京大学出版社2018年版,第224页。
④ [法]巴迪欧:《存在与事件》,蓝江译,南京大学出版社2018年版,第390页。
⑤ [法]巴迪欧:《存在与事件》,蓝江译,南京大学出版社2018年版,第216页。
⑥ [法]巴迪欧:《存在与事件》,蓝江译,南京大学出版社2018年版,第38页。
⑦ [法]巴迪欧:《存在与事件》,蓝江译,南京大学出版社2018年版,第39页。
⑧ 参见张一兵为《存在与事件》一书所做的序言。在序言中,张一兵引用了齐泽克对巴迪欧左翼学者的论断。[法]巴迪欧:《存在与事件》,蓝江译,南京大学出版社2018年版,序言。

追随马克思主义的思想家，他当然要探讨社会革命问题。然而我们是要擘画数字时代的哲学问题，因而淡化他的"革命"旨趣，借用巴迪欧的事件来取代存在，正是在事件中，数字世界的位格显露出来。

旧哲学对存在的考察专注于存在的本体与实质，存在的本体与实质都是永恒的、不变的，处在时间之外。而事件的构成要素则是多元的、不稳定的、瞬息万变的，事件的变化由"事件位"所推动，因而对事件的构成要素的本体与实质的考察无关宏旨。对于事件来讲，其核心要义是描述事件构成的状态，把握规划事件展开的力量和趋势，对事件本身状态的描述和展开力量的判断不再是传统形而上学的分析路线，它专注于诸要素的整体性特征、状态和在事件构成中所发挥的功能作用的分析。事件使世界不再是现成地展现出来，"呈现在那儿"的存在，而是不断敞开的自我，不断更新自我的事件，巴迪欧的事件哲学可以用来分析数字世界，数字世界恰恰是数理逻辑推动展开的事件的集合。

巴迪欧的事件哲学还被他用来分析爱情，或者也可能是巴迪欧在爱情中的感悟被他升华至一般的事件。亚里士多德就曾揭示存在与情欲之间的关系，"希萧特，或其他如巴门尼德，是第一个寻找'情欲'这一事物为现存万物的一个原理：因为希萧特在叙述宇宙创生时这样说：——'爱神是她计划成功的第一个神祇'"[①]。黑格尔也如此，黑格尔早期探究了爱情中的承认关系，这种承认关系开创了其《精神现象学》中的主奴辩证法的承认理论。从事件哲学出发，巴迪欧认为同生存本能支配人生一样，爱支配爱情，在爱情中，爱编织爱情，爱情是事件，爱进入爱情中，支配爱情。在爱情这个事件中，对构成爱情的元素的本体与实质的分析无关紧要，相恋的人无论是贫穷还是富有，无论是低贱还是高贵，无论是高矮还是胖瘦，无论是老年还是青春年少，无论是疾病还是健康，无论是同性还是异性，只要有爱，两个人（一个人甚至会爱一个死人，"人们爱一个人不是因为那个人做了什么，而是那个人是什么；这就是为什么人们能爱一个死者"[②]）就会产生爱情这个事件，对爱情这个事件的本质主义的分析随即转换为对爱的力量的分析。

[①] ［古希腊］亚里士多德：《形而上学》，商务印书馆2012年版，第11页。
[②] ［法］科耶夫：《黑格尔导读》，姜志辉译，译林出版社2005年版，第612页。

爱情事件理论还用来分析"哲学"概念本身。柏拉图讲，若不从爱开始，就不可能正确理解作为"爱"智慧的哲学。哲学是从爱（philo）开始，它爱智慧（philosophie），才使它具有无穷的追求真理的力量，也使一切哲学家怀抱对一切的爱的狂热，推动他们发生足以震撼整个宇宙和涤荡全部历史的激情。爱进入智慧之中支配智慧。"智慧"这个事件是受"爱"所支配的，正如爱支配爱情一样，爱情充满着饱蘸爱意，爱支配着智慧，这个智慧不是通常的智慧，而是爱激发的，因而无论哲学还是宗教，都是充满爱的智慧，这种智慧闪耀着人性的光辉，它绝不是冷冰冰的宇宙规律，而是人的法则。

如果生存本能支配人生，爱也如同生命的动力支配人生一样支配爱情，那在数字时代，互联网编织出无数的事件，每个事件都相对独立而又联结在一起，从而形成一个整体。整个世界就是整合在一起的事件的集合，在数字时代，支配事件的不再是爱情中的爱的力量，而是"算法"，算法取代了爱成为世界（事件的集合）的主宰。在爱之中，主体尝试进入"他者的存在"，而算法这种"爱"有一种进入存在者并支配存在者的强烈愿望（人类力图将一切都纳入人的操控中，一切都智能化），在存在者之中算法无所不在，算法进入存在者之中，支配存在者，将存在者纳入自己的麾下生成事件。精神的数字世界进入物理的数字世界，发动和支配着物理的数字世界，而这个物理的数字世界是智能型世界：人工智能。

四 数字世界的能在与实存

传统形而上学外在于存在者，甚至是不可道说的终极之物。而在数字时代，统治世界的则是内在于世界的现实的人类理性——数理逻辑。传统形而上学认为统治世界的是上帝、道、逻格斯，而在数字时代，统治世界的却是计算机所普遍遵守的算法。在启蒙哲学那里，统治世界的是人类理性，而在数字时代，数理逻辑成为一种现实的人类知识。康德将人类理性推到至高无上的地位，然而康德却遭遇了理性的二律背反。黑格尔将人类意识区分为知性和理性，认为知性是感性世界的法则，理性法则是对知性法则的扬弃，理性法则是人的法则，又是上帝的法则，理性的最高形式是绝对。黑格尔在逻辑学中将绝对精神区分为存在论、本质论、概念论三个环节，将传统形而上学推上顶峰，成为传统哲学的集大成者，但绝对精神在数字时代却相形见绌，数理逻辑以征服者的姿态君临天下，取代黑格尔的绝对精神将世界一网打尽。

毕达哥拉斯学派将数学作为世界的本体，而数学上的任何问题最终都归结为数的问题。数要成为万物的本原，首先要成为全部数学的基础。经过数学家几个世纪的努力，这一点早已做到了。数既然是全部数学的基础，那么数学与万物的关系，实际上就是数与万物的关系。

伽利略将数学引入物理学催生了物理学—科学革命，"伽利略时代对物理学话语加以数学化。它是一次改造（refonte），通过这次改造，数学合理性的根基的本质揭示了自身，正如建立数学的思想的决定性特征一样。"① 物理学—科学革命的关键在于数学化，即数学是新科学的根本。这一物理学—科学革命开创了一个新的时代，"我们是自古希腊和伽利略之后的第三个科学时代的当代人"②。尽管科学进入了新的时代，但形而上学并未随之发生革命性转变，依旧是传统形而上学占统治地位，这为分析哲学所诟病。数字时代的到来使早就应该发生转变的形而上学革命更加迫切。

如何架构数字时代的现实的"形而上学"（物理形式的数字世界）？亚里士多德把事物的原因区分为"能作用的与在作用两种"③，与此相类似，莱布尼茨对存在的分析有两个原则，其一是"能在"，能在是一种"去存在的渴望"④；其二是实存，"世界在其内在固有的本质上是可以命名的，依照存在的法则，可以命名其整体，亦可命名其细节，这些存在的法则要么源于逻辑语言【普世性特征】，要么源于具体的经验分析，要么源于至高之物（maxima）的总体算计。"⑤ 人类通过命名而认识世界，这种认识服从于语言法则（任何成熟的语言都是建制性的整体），通过经验分析，或者通过对其本原的追溯存在者（实存）得以认识。但莱布尼茨并未止步于此，他还进一步揭示上帝就存在于万有中，并支配万有，"上帝所设定的不仅仅是这些可命名的法则的场域，而上帝就是'永恒真理的国度'，因为它不仅仅是实存物的原则，

---

① ［法］巴迪欧：《存在与事件》，蓝江译，南京大学出版社 2018 年版，第 4 页。
② ［法］巴迪欧：《存在与事件》，蓝江译，南京大学出版社 2018 年版，第 3—4 页。
③ ［古希腊］亚里士多德：《形而上学》，商务印书馆 2012 年版，第 97 页。
④ ［法］巴迪欧：《存在与事件》，蓝江译，南京大学出版社 2018 年版，第 392 页。
⑤ ［法］巴迪欧：《存在与事件》，蓝江译，南京大学出版社 2018 年版，第 393 页。

也是可能之物的原则，或者毋宁如莱布尼茨所说——'所有在可能性中为真的东西的原则'，这样，可能之物的原则成了存在的体制或者存在的渴求。上帝就是可能之物的可建构性，即普罗世界的程序。"① 在莱布尼茨看来，形而上学即万物的程序，数字世界拥有自己的程序，此即建立在数理逻辑基础上的科学体系。

　　参照亚里士多德和莱布尼茨对存在的分析，数字形而上学对存在的架构也可分为两个原则，其一是作为能在的数字形而上学，这是以纯逻辑方式存在的形而上学，服务器中的数据信息就属于此类，如服务器中储存的数字地理信息、影片等等，如果说它是实存，那它也仅仅以电信号的形式存在着，不过它有去存在的冲动。在实存中可以发现存在，存在就是实存的形而上学。数字时代，数字形而上学成为普罗世界的程序，是普罗世界的主宰。其二是实存世界的真理（存在），"若存在本体论，本体论必然成为多之为多的科学"②。存在是对呈现的呈现，"'存在'被包含在所有呈现所展现的东西之中"③。数字形而上学与莱布尼茨的形而上学既相似又有所不同，那就是，数字形而上学衍生出莱布尼茨的形而上学所不具备的第三个原则——因为数字形而上学遭遇到了虚拟现实问题。当今时代，元宇宙方兴未艾，这一虚拟现实技术突破了传统"存在"的局限，赋予了"存在"以第三种形式——虚拟存在，即在一和多之间生出了"二"，使得数字形而上学成为处理一和"二"和多之间关系的学问。"二"不独出现在数字形而上学中，在偶态形而上学那里，"二"就已显现，谢文郁教授批判了"主体理性主义在经验论的框架中把认识对象等同于经验世界"④的错误，指出情感对象也可以是认知对象。偶态形而上学是当代西方哲学的新秀，它充分肯定情感对象的地位，突破了经验命题（可由经验证实或证伪）和形式命题（数学和逻辑）的局限，允诺了情态动词所指向的对象的"存在"。在此，我们可以看出，偶态形而上学的情感对象也是虚拟存在的一种形式，它可能不以电信号——VR 的形式呈现出来，

---

① ［法］巴迪欧：《存在与事件》，蓝江译，南京大学出版社 2018 年版，第 393 页。
② ［法］巴迪欧：《存在与事件》，蓝江译，南京大学出版社 2018 年版，第 40 页。
③ ［法］巴迪欧：《存在与事件》，蓝江译，南京大学出版社 2018 年版，第 37 页。
④ 谢文郁：《情感认识论中的主体与对象》，《哲学研究》2022 年第 1 期。

但二者作为"存在"的性质是一样的,都是介于一与多之间的"二"。亚里士多德就曾分析过情态动词及其对象问题,但偶态形而上学直至今日方彰显其生命力,究其原因,大概是受虚拟现实成为形而上学对象的影响之故。在虚拟现实这里,存在即实存,即数字形而上学与实存相同一,二者是画等号的,即在莱布尼茨那里的第一原则和第二原则在虚拟现实这里重合为第三原则:形而上学即"实存"。这一新的原则的诞生犹如"上帝显灵",上帝与实存相同一,如斯宾诺莎所讲的"实体即神即自然",然而斯宾诺莎不可能洞悉上帝的秘密,但在数字形而上学这里,上帝的秘密昭然若揭——它就掌握在码农手里,因为语言—算法即存在(事件),"数学毋宁是唯一知道它在谈论什么的话语"①,虚拟世界是劳动者如上帝一般没有用任何质料凭空创造出来的世界。

数字形而上学对实存的建构正在于一和多统一为事件,数字空间、数字经济、数字人格都联系为事件。数字空间首先是事件得以展开的物质基础,它是静止的又是流动的,说它是静止的,是指其构成的物质内容是相对静止的,其流动性是指其为数字信息的传递提供支持,它参与事件。因而将数字空间限制在作为事件的物质基础的思路显然矮化了数字空间的地位和作用,毋宁说,数字空间直接是事件的构成要素,且不说作为数字空间组成部分的一切终端设备本身就是事件的参与者,进一步来讲,整个数字空间参与了事件的展开,当今时代,人类的一切活动都离不开数字空间的支持与参与。

数字经济也将人类的经济活动整体诠释为事件。马克思的社会生产理论事实上已经不再专注于生产要素的实体属性与本质属性,而是关注各要素在生产过程中的地位和作用,这种研究视角的转变使得马克思得以写成《资本论》这一鸿篇巨制。《资本论》局限于宏大叙事,而后现代哲学小叙事兴起并且成为时代潮流,事件理论正迎合了叙事的碎片化趋向——当然,要实现对社会真正的整体的把握还必须回到马克思。经济活动事件可以由数字进行解释和建构,并且经济事件受数字逻辑的支配,数字是经济之本。一个方面来讲,经济活动必须用数字来进行解释,经济事件受数字的支配;另一方面来

---

① [法]巴迪欧:《存在与事件》,蓝江译,南京大学出版社2018年版,第12页。

讲，数字本身即经济要素，当下数字的资本化达到了惊人的程度；再者，数字本身就是财富，数字货币正在挑战传统货币的地位，数字货币将成为为数字财富赋值的新手段。

数字世界的先验形式、精神形式的数字世界、物理形式的数字世界（数字形而上学）完美地统一在一起，成为事实上的"三位一体"。但所谓的数字世界的先验形式根本来讲是子虚乌有的，因其只有在人发现、提出之后它才存在，因而所谓的三位一体其实质是数字世界的精神形式与物理形式的统一。数字世界以能在—虚拟存在—实存的形式存在着，能在与实存之间没有不可跨越的鸿沟，能在即实在，因为数字世界"数学只能得到它自己真理的保证，因为它组织了存在之所为存在允许它自己被描述出来的东西"[①]。

---

① ［法］巴迪欧：《存在与事件》，蓝江译，南京大学出版社 2018 年版，第 21 页。

第一章 数字文明

人类文明沿着自然物质的层次经历了从低级到高级、从简单到复杂、从落后到先进的漫长过程。每一次文明的变更都意味着生产力的提高，每一次进步都经历了对旧范式的破坏和重建。但是历史从来没有绝对的进步，农耕文明下的人们与自然和谐相处，过着周而复始的宁静生活，然而这种自给自足的经济很难产生向外发展的强烈欲望和创新的动力。工业文明的发展方式使得社会生产力飞速提升，但也带来了一系列弊病，社会危机重重。历史的车轮不断向前，人类文明形态的演变在经历了农耕文明、工业文明之后，迈入了数字文明时代，世界正经历着数字融入生活、科幻照进现实的改变。

一 人类文明的历时性考察

美国著名未来学家托夫勒在《第三次浪潮》中将人类社会发展阶段分为：三次浪潮、三个社会、三种文明。第一次浪潮是农业革命，人类开始迈进"农业社会"，进入"农业文明"；第二次浪潮是工业革命，人类迈向"工业社会"，进入到"工业文明"；而第三次浪潮是信息革命，人类进入了信息时代，一个全新的文明形态正在建立。马克思对于人类文明阶段的划分也有着诸多独特的见解，他的"三大社会形态"理论将社会发展分为三个阶段，分别为"人的依赖关系占统治地位的阶段""以物的依赖关系为基础的人的独立性阶段"和"以个人全面发展为基础的阶段"，在这个过程中，人的发展与社会形态的发展是一贯的。另外，在《〈政治经济学批判〉序言》中，马克思从生产力与生产关系的矛盾运动出发，以社会经济形态对社会历史发展形态进行了划分，并提出了五种社会形态的依次演进。除此之外，学界对于人类文明阶段还有很多不同的、更为细致的划分，如原始文明、农业文明、工业文明、信息文明的划分，或是基于人与自然的关系认为工业文明的尽头是生态文明，还有"量子文明""比特文明"等提法……在此不一一赘述，只从存在方式的角度，以托夫勒的"三次浪潮"为理论基础，将其大致分为：农耕文明、工业文明和数字文明。

（一）农耕文明

起初，人们对自然的依赖性很强，几乎是依靠自然界对人类的馈赠而存活。人们选择靠近水源、草木丰盛的地带驻居，通过狩猎和采集的方式，依靠自然界原有的动植物维持生存。这种简单、粗放的生产方式，让人们缺少改变自然的动力，因此人们主动改造自然的能力低，生产力低下。在人口稀少、动植物资源丰富的情况下，人们依赖简单的生产方式就能够得以较好地存活。但是，随着一些简单工具的制造、人口数量的不断增加以及自然环境的变化，不可持续的生产方式使得有限的自然资源不足以满足现有人口的生存，一次自然灾害就能使业已形成的文明彻底地覆灭和消亡。采猎文明陷入危机，引发了农业革命。为了应对采猎危机，原始人类将用于维持生存之外的剩余产品用到再生产当中，并且逐渐学会了耕种农作物和蓄养家畜，采集和狩猎的生产方式被取代，文明进化到更高的形态，人类社会逐渐由采猎文明过渡到农耕文明。

在农业时代，人类除了使用树枝、棍子、石头这些简单的工具，也开始发明和使用一些农具，如铁锹、耒耜、犁铧等，生产力有了质的提升。农耕文明主要表现为男耕女织、自给自足的生产模式，以土地为直接的劳动对象，变采集野果为人工种植作物，变狩猎野兽为人工畜牧养殖动物，变依赖自然为依靠劳动。在农业生产中，人类的能动性得以发挥，物质生活更加具有保障，人类的社会组织、社会制度、社会生活、意识文化活动等也变得空前复杂和丰富。农业种植使得农户生产出更多的农产品，于是自给自足之外的产品就用来交换，催生出了以交换为目的的集贸市场，手工工场的建立进一步推动产品的交换和市场的发展，逐渐开启了以大机器生产为标志的工业化进程。人们因稳定的农耕定居下来，促进了人口的集聚，形成了村落部落，逐

步演变出了乡镇,以至灿烂的城市文明。在漫长的历史长河中,勤劳智慧的古代中国人民创造了世界上最为悠久、最为先进的农耕文明。黄河、长江以及众多江河湖泊孕育了这片古老大地上的文明,且中国领土广阔,大部分地区位于亚热带温带,降水丰富、温度适宜、土地肥沃,为农业发展提供了良好的条件。智慧的中国先民培育出了众多优良作物品种,如粟、稻、稷、麦、菽、麻等,加之中华民族吃苦耐劳、坚韧不拔的精神品格的支撑,一代又一代的中国人民创造了丰富灿烂的文明。

尽管农耕文明下的人类在一定程度上改造和征服了自然界,但人们的农业生产活动受制于自然规律,加之对于自然界认识的直观性、狭隘性等原因,人们对自然的影响和干预程度并不高。人们以家庭为单位进行生产劳动,生产力水平有限,因此耕户承受着巨大的生存压力,一个家庭随时随地可能会因为没有作物收成或其他原因而被摧毁。为了避免破产,提高作物产量,他们发明了灌溉、育种等技术,不断改进农业用具,以提高生产力。人们驾驭土地的能力越来越高,但也出现了水土流失、森林面积锐减等生态问题。农业技术的应用,给自然带来了恶果,但是对于新文明的出现也起到了推动作用;同时,随着社会实践的深入,家庭式作坊的生产不能适应社会发展,手工劳动的局限性逐渐暴露出来,人类不得不"延长"自己的肢体和大脑,以满足更多的需求和欲望。手工工场的出现虽使手工劳动得到了进一步发展,但仍无法满足日益扩大的市场需要。西方社会率先进行了向工业文明的转型,蒸汽机的问世引发了第一次工业革命,大机器生产的工厂全面取代了手工工场,自给自足的农业生产状态也转变为世界范围内的产品交换,人类文明发生了从农耕文明向工业文明的巨变,自此开启了"工业文明"的时代。

(二) 工业文明

与历史悠久、底蕴深厚的农耕文明相比,工业文明问世的时间并不长,然而,它却通过科学技术的运用,以其巨大的生产力推进文明向前发展。大规模的机械化生产、社会化生产使生产力有了质的飞跃和提高,创造出了大量的社会财富,人们的生产生活发生了巨大的变化,这是农耕文明所无法比拟的。可以说,工业文明是人类社会发展至今对社会影响最大的一种文明形态,有力地推动了人类社会的文明进步。

工业文明一经产生就显示出巨大的活力，以前所未有的速度推动人类社会向前发展，使社会文明程度向前迈进了一大步。科学技术发展势头强劲，被快速应用于生产各领域，技术与资本的结合共同驱动了经济增长，产品的生产与销售在世界范围内进行，资本插上了翅膀飞向世界各地，资本主义工商业的足迹遍布全球各个角落，加强了世界之间的联系，世界市场形成；为了适应资本主义经济的发展，新的商业模式涌现，出现了利益共享、风险共担的金融工具，公司制、股份制等企业制度重塑商业生态；城市化进程加快，进一步刺激社会分工精细化，经理人等新的社会阶层出现，第三产业兴起。工业文明的成果遍布经济社会各个领域，无远弗届、无往不至。

随着工商业经济的萌芽和发展，资产阶级兴起并且不断壮大，大量的平民从农村涌向城市，从对土地的依赖中解脱出来，转而依附于新兴的资产阶级。资产阶级不但坐拥大量财富，还拥有人力上的支持，为了谋求更大的阶级利益，逐渐产生了参政议政的想法，并且迅速成长为一支日趋独立的强大政治力量登上历史舞台，不断冲撞封建王权，反对封建贵族的等级特权，并在对抗中逐渐取得优势，最终双方在激烈的摩擦中发生了具有划时代意义的资产阶级政治革命，诞生了新的民主制度。而后，社会日益分裂为两大阶级，即资产阶级与无产阶级，社会矛盾不断加深，推动了社会主义运动的兴起，人类社会开启了波澜壮阔的现代化历史进程。同时，思想领域的变革开始席卷世界。随着工商业的发展，人们逐渐从封建专制的压迫和宗教的压抑中解放出来，自由、平等、民主的观念深入人心，人类开始走向理性。社会化分工出现的空余时间加速了知识的积累，少部分人脱离了基础的生产工作，得以专注于思考，哲学思维、科学思维再次得以繁荣发展，审美情怀、道德情怀被重新拾起。

诚然，工业文明的发展不仅带来了生产力的极大提高和科学技术的极度昌荣，而且也带来了思想文化、政治制度以及人们生活方式、思想观念上的进步，在世界范围内产生了广泛而深远的影响。然而，工业文明在显示出巨大历史进步性的同时，也伴随着沉痛的罪恶。正如马克思所言："19世纪……一方面产生了以往人类历史上任何一个时代都不能想象的工业和科学的力量。而另一方面却显露出衰颓的征兆，这种衰颓远远超过罗马帝国末期那一切载诸史

册的可怕情景。在我们这个时代，每一种事物好像都包含有自己的反面。"①西方的资本主义工业文明繁荣的背后是野蛮和血腥，它是在其他地区和国家人民被迫牺牲和饱受剥削的前提下向前发展，一开始就建立在阶级对立的基础上，因而社会分裂和对抗在所难免地就成为这一文明的基本特征。整个社会都被资本逻辑统治着，不可避免地出现贫富两极分化，工人们处在剥削与压迫之下，身心都是不自由的，时而发生的经济危机加剧了工人在资本主义社会中的悲惨境地。所谓的"平等、自由、民主"都是幌子，工业文明下的人们是压抑的、痛苦的、不健全的。

概言之，工业文明伴随着资本主义的扩张，极大地超越了以往的文明，在庞大的商品堆积的基础上促进了财富的增加、科学的发展、艺术的繁荣，可以说是人类历史上最为强盛的文明。但工业文明是以沉重的罪恶为代价推动社会历史的发展进步，这也使它终将只能成为历史长河中的惊鸿一瞥。

（三）数字文明

在 5000 年的农耕文明、300 年的工业文明之后，数字文明成为 21 世纪崭新的文明形态。数字自诞生至今，为推动社会发展做出了不可磨灭的贡献，如今，我们的社会已经完全离不开数字。

数字技术的发展，改变着人们的生产方式与生活方式，不断推动着社会各方面数字化转型，促使人类迈进了数字文明新时代。数字文明是毕达哥拉斯主义在现代的回归，在提高生产力、改善人们物质生活的同时，又以其自身的虚拟性和不确定性不断冲击着现实世界，颠覆着人类认知世界的基础。而且数字文明是维度上的变革，不再纠结于机器设备的改造升级，而是转而针对数据和信息的开发利用，数字所带来的影响远远超过了导致西方工业文明的蒸汽机的出现，使世界产生了新的裂变，开创了一个全新的人类文明新时代。

数字，作为第四次工业革命的创新引擎，既是推进社会发展的"新蓝海"，又是隐藏着未知风险的"无人区"。面对数字文明的发展浪潮，国际上，数字竞争在各个国家间如火如荼地进行着，各式的数字化发展战略接连出台，各个国

---

① 《马克思恩格斯选集》第 1 卷，人民出版社 1995 年版，第 774 页。

家借此抢占制高点，提高自身在国际上的竞争力。其中，美国作为数字强国，不断强化数字发展相关的政策及战略，在科技、研发、创新等领域大量投入经费，并持续推出了《关键与新兴技术国家战略》《联邦大数据研发战略计划》《美国机器智能国家战略》等相关战略；欧盟各国出台了"2030数字罗盘"计划，大力培育拥有数字素养的数字公民以及数字人才队伍，并不断完善相关数字基础设施；德国在数字化领域不甘落后，先后发布了《数字纲要2014～2017》《数字化管理2020》《数字化未来计划》《数字化战略2025》；俄罗斯发布了《关于2030年前俄罗斯联邦国家发展目标的法令》，为部分领域的数字化转型设定目标；日本为适应新形势，极力推进数字化转型，在《科学与技术基本计划第六版》中提出要在世界范围内率先实现"超智能社会5.0"……

面对世界文明跃迁的发展大势和国际上严峻的竞争形势，在以习近平同志为核心的党中央的领导下，中国顺应时代大势，牢牢掌握历史主动，对数字化的发展高度重视、统筹规划，作出了建设"数字中国"的战略布局。在"十三五"时期，中国数字化发展进入"快车道"，数字经济持续领跑，数字政务等民生服务取得突破性进展，数字技术上创新性成果大量涌现，数字教育、数字医疗、数字交通全面交融……中国在数字化领域取得了骄人的成绩。在此基础上，2021年，十三届全国人大四次会议表决通过了"十四五"规划和2035年远景目标纲要，其中，"加快数字化发展，建设数字中国"被单独作为第五篇提出来，该篇从"打造数字经济新优势""加快数字社会建设步伐""提高数字政府建设水平""营造良好数字生态"四个方面为未来五年中国的数字化发展指明方向。[①] 各个省份紧跟其后，"数字山东""数字河北""数字浙江""数字福建""数字广东"等纷纷启动，"数字中国"的建设浪潮在华夏大地上奔涌激荡，不断释放出新的潜能和动力。

"数字文明"是新时代发展的脉搏。数字文明逐步延伸到社会的各个领域，为人类与世界的互动创造了新的空间，生产与消费之间的空间限制被打破，劳动与休闲的边界被模糊，数字化的应用充斥在日常生活的场域之中，数字化无处不在，人们无处躲藏数字化席卷的浪潮，数字技术的发展给人类

---

① 参见《中华人民共和国国民经济和社会发展第十四个五年规划和2035年远景目标纲要》，人民出版社2021年版。

生产生活带来了深刻而广泛的影响。透过一方小小的手机屏幕,人们可以在线购物、发布自媒体;厂家可以直播带货,推销商品;政府可以收集民意,为群众排疑解惑……网络购物、在线教育、远程办公早已像柴米油盐一样融进我们的日常生活。在这个巨变的时代,没有旁观者,每个人都是参与者,从物理世界到数字世界,人类经历了一次数字化大迁徙,数字化改变了人类的思维方式,也重塑了人类生活的新秩序。当然,数字文明带给人类社会的正面效应,绝不只是在经济增长、产业转型、数字化生产、商业模式创新等经济领域,更是聚焦到了民生领域,电子商务发展助力打赢脱贫攻坚战,网络资源共享化为人们学习、创业注入动力;数字政务纵深发展为群众带来便利;医疗数字化突破时空限制,便捷高效……更多人在数字化发展浪潮中享受到了发展红利,无数人见证了"让数字文明造福人类"不只是一句口号。科技发展与人文关怀融合交汇,激越起数字文明的浪花,让人们对数字文明在未来创造的无限可能充满想象与期待。

与此同时,我们也要看到数字文明下面临的挑战层出不穷、风险日益增多。人们长时间沉浸在数字王国中,忽略现实世界中的人际交往,一旦脱离网络的"舒适区",就会产生孤独恐慌的情绪,害怕面对真实的交往关系,从而失去"社会人"的本质;鲜活的生命置于数字掌控之下,意识形态被数字操纵,充满个性的生命存在失去独立思考的能力;数据滥用和数据泄露严重威胁公民生活、社会安定以及国家安全;数字空间成为异化劳动的场所,数字劳动者的劳动被异化,创造出的数字产品反过来压抑数字劳动者,劳动异化非但没有减轻,反而更深重了;数字资本借由全球网络节点,弥散穿梭在信息流的连续时空中,在世界范围内建构起凌驾于领土疆域之上的数字霸权……数字文明带给人类社会的是机遇与危机并存,既然数字化浪潮势不可挡,那么多方合力完善相关制度规范,助力构建"以人为本"的数字文明就势在必行。

二 数字文明的共时性构成

数字文明是以数字化为重要标志、数字经济占主导地位的人类文明新形态,按照社会存在三要素理论"地理环境、物质资料的生产方式与人口因素"的划分,数字文明依次表现为数字空间、数字经济和数字公民。数字空间的拓展，扩大了我们的活动空间、改变了我们与世界互动的方式；数字经济的发展，给我们的生活带来了翻天覆地的变化；技术赋能下的数字公民，其无限潜能被激发出来，对这个日新月异又无比精彩的世界充满期待。

（一）数字空间

随着数字技术的发展，传统的时空被改变，计算机与互联网共同构成了一个超脱现实时空的数字空间。在这个人造的数字空间中，时空的差异趋于无效，不同节点上的空间、物质因流动的数据连接在一起。得益于互联互通的数字空间，世界变成了"鸡犬之声相闻"的全球化社区，相隔万里的人们跳出了物理平面的限制，和千里之外的人也可以成为邻居。只需坐在电脑屏幕前，人们就可了解世界，实现跨越空间的交往。

数字空间的建构给人类带来的惊喜不亚于美洲新大陆的发现。新大陆的发现，扩大了人们地理上的生存空间，而新空间的拓展，则是延伸了人类自由与创造的空间。从物理空间延伸至数字空间，人类社会发生了一系列巨变，人们的生活也变得更加丰富多彩。然而，现实世界的人创造了数字空间，这个虚拟的数字空间却对现实世界构成了威胁，反过来压抑人、控制人。对人类社会来说，数字文明引发的空间层面上的拓展是风险与机遇并存。接下来，我们从以下三个方面进行简要说明：

首先，数字空间改变了传统的生产方式。农耕文明时期，生产活动依赖于土地资源，农业劳动者的活动空间局限在较小的地理空间中；到了工业文明时期，人们的劳动空间由自然转向社会，空间生产布局从工业园区和商业中心向外延伸，生产主要集聚在发达的大城市；随着数字技术的发展，数字劳动成为常见的劳动方式，劳动者的劳动空间由具体的现实空间转向抽象的数字空间。相比现实空间，数字空间中国与国、人与人之间的边界模糊，远在千里之外的数字劳动者可以通过互联网进行互联，不同地域劳动者为同一任务的完成而展开协作，劳动者的工作空间从孤立的工厂车间走向数据不断流动着的数字空间，生产要素的调配不再依赖于交通运输，而是通过看不见的数据进行智能化的资源配置，空间生产的条件发生了斗转星移般的变化。但是，由于数字技术发展的差异，数字空间的主导权掌握在少数人手中，数字资本家受资本逻辑的驱使，以数字资本增殖为目的，在数字技术的帮扶下，

数字文明

把持核心的知识生产要素，对空间生产要素进行不合理、不公平的配置，以此操纵数字空间中的生产行为，实现资本的不断增殖。以美国为首的数字帝国主义国家在数字空间生产中掌握核心技术，把控着数字产业的发展方向和生产要素的分配，推行更为隐蔽的数字化侵略，他们将中低端制造业转移到欠发达国家和地区，以数字资本疯狂掠夺这些国家的资源与劳动力，致使这些国家或地区在数字空间生产中不断被边缘化，沦为数字发达国家的附庸。不同国家在数字空间生产结构与生产格局中的差异，使得东西方贫富差距不断扩大，深化了两极分化的世界格局。

其次，数字空间给人类生活带来了深刻的变革。数字空间给人们提供了一个可以释放压力的虚拟空间，同时创造了一个全新的展现自我的舞台，人们能够在其中做许多平常在现实世界无法做到、无法实现的事情。在这座人性化的网络生活平台中，每个人都能快速找到自己需要的信息，体会网络新生活带来的便利。我们可以畅游在这片自由的海洋中交友、娱乐，可以进入虚拟的社区成为数字空间的公民，在数字世界中工作、学习。可以毫不夸张地说，人们可以在数字空间找到一切，在数字空间中重塑了一个自我。但是，数字空间中的一切都被数据化了，只要进入数字空间，就无法规避被数据追踪。数字公司通过各种手段吸引人们进入数字空间，于是人们自身的生活和生产痕迹就以数据形式呈现出来，一条点赞的短视频、搜索框中输入的字眼、购物软件的购物记录、游戏中的充值记录……用户在平台留下的使用记录经过大数据的规模处理后，成为重要的信息资源，看似是简单的休闲娱乐活动，其实都是为平台积累剩余价值的免费劳动。这些行为数据在不知不觉中被平台掌握，被整合为"大数据"，用户的个人信息、行为、喜好都"裸露"在大众面前，平台将用户的行为数据出售给广告方或相关企业以获取利润，广告方依靠大数据向用户提供更加准确的广告，由于大数据的缜密分析，被推送到用户面前的商品恰恰是用户需要或者感兴趣的，因此购买意愿大大提高，用户成为消费主义的"猎物"。可见数字空间之中的剥削变得更隐蔽、更无处不在了，看似自由的数字行为反向操控着人们自身。

最后，数字空间改变了人们获取知识或信息的方式。数字空间足够广阔，以至于可以容纳无穷无尽的知识信息，呈现出"知识喷泉"的样态。在数字空间中,知识的传播不再局限于书籍、报纸等传统媒介,而是以"比特"的形式传播,知识的传授也不再仅仅依靠学校、家庭、社会等场域。人们只需坐在电脑前移动鼠标,登录数字化平台,就能快速收获到来自世界各地的知识信息。人们凭借搜索引擎可以智能高效地对知识进行筛选,提取自己所需的知识信息,这无形之中提高了人们认识世界的能力。然而,在数字空间中,国家间的物理边界被模糊了,不同民族、种族、国家的人混合在一起,意识形态呈现出多样化的特征。数字强国利用先发优势建立数字霸权,将数字技术与意识形态传播相结合,数据、符号成为意识形态传播的载体,公民对于数字空间的信息依赖成为意识形态渗透的推手。公民在无意间受到支配,被动地接受碎片化的、被筛选过的知识,不仅造成知识窄化、认知能力削弱,导致"信息茧房"现象的出现;更为严重的是,本该拥有独立思考和独特情感的人被错误的信息引导,并将其内化为自己的价值取向。因此,除了要警惕数字资本的无序扩张之外,数字空间中的意识形态渗透问题也不容忽视。

总而言之,网络空间的互联互通为国际协作创造了基础,也为各国人民带来了一定的福祉,发展前景广阔。然而由于数字空间的范围变大,又对空间治理产生了一定的限制和难度。一是数字空间的出现给建立在物理层面上的现有法律体系带来极大的挑战,数字空间模糊了物与物、人与人之间的界限,带来较为严重的社会问题;二是在数字空间中,并非所有参与主体都享受到了充分的空间使用权;三是由于发达资本主义国家的操控,数字空间呈现出一定的非正义性。数字空间的发展在产生不合理现象的同时,也必将发展出消灭这种现象的力量。只要数字空间能够为发展中国家人民服务、为全人类服务、尊重劳动者、挣脱资本逻辑的宰制,就有祛除数字空间生产格局中不合理、不正义现象的可能。再者需要制定新的适合数字空间的制度规范,要求每一位数字公民发挥主体性作用,提高数字素养,践行担当精神,促进数字空间良序发展,让数字空间成为惠及所有数字公民的命运共同体。

(二)数字经济

习近平总书记在主持中央政治局第三十四次集体学习时讲道:"当今时代,数字技术、数字经济是世界科技革命和产业变革的先机,是新一轮国际竞争重点领域,我们一定要抓住先机、抢占未来发展制高点。"[1] 正如习近平总书记所言,数字经济正成为最为活跃的经济形态,在全球范围内释放出了巨大的能量,但同时也带来了一系列挑战。顺应数字经济的发展大势、在危机挑战中迅速成长,是中国一直努力的方向,同时也需要世界各国一同携手。

1. 数字经济的内涵

数字经济是继农业经济、工业经济之后出现的主要经济形态。G20杭州峰会发布的《二十国集团数字经济发展与合作倡议》中将"数字经济"定义为:"以使用数字化的知识和信息作为关键生产要素、以现代信息网络作为重要载体、以信息通信技术的有效使用作为效率提升和经济结构优化的重要推动力的一系列经济活动。"数字经济通过渗透到经济运行的各个环节,重构了数据和产品的价值,推动了经济高质量发展,提升了社会民生领域的保障,是一种发展强劲的新兴的经济形态。

虽然数字是虚拟的,但数字经济却不是虚拟经济。数字经济主要包括两个部分:一是在数字时代浪潮下涌现出的数字化产业,如互联网产业、IT信息技术产业、人工智能产业;二是数字技术与传统产业跨界融合,推动传统产业数字化、智能化转型,因其数字技术的运用提升效率、扩大规模所带来的产出增长,这一部分已经是数字经济的重要组成部分。

近年来,数字经济方兴未艾,新兴技术产业加速发展,社群经济、网红经济、平台经济等一系列全新的商业模式纷纷涌现;人工智能、虚拟现实、大数据、区块链、云计算等前沿技术正加速进步,全面拓展了人类认知和增长空间;制造业、服务业、农业、教育行业等产业在数字经济的驱动下加快数字化转型和升级。"数字经济发展速度之快、辐射范围之广、影响程度之深前所未有,正在成为重组全球要素资源、重塑全球经济结构、改变全球竞争格局的关键力量。"[2]

2. 数字经济的核心要素

历史经验表明,经济形态的变革需要一定的时间、适合其成长的土壤以

---

[1] 习近平:《不断做强做优做大我国数字经济》,《求是》2022年第2期。
[2] 习近平:《不断做强做优做大我国数字经济》,《求是》2022年第2期。

及新出现的生产要素。在农业经济时代，以劳动力和土地为其关键生产要素，土地和劳动力的结合能够满足人们的基本生存需求；在工业经济时代，以资本和技术为其关键生产要素，技术提高了生产力，资本扩大了生产规模，两者结合进一步满足了人们的发展需求；在数字经济时代，数据的介入创造了无限的潜能。数据取代传统生产要素的核心地位，已经成为和土地、劳动、资本同等重要甚至更为重要、更为关键的推动经济增长的因素，它让效率再度提升，让生产力进一步解放，满足了人们的个性化需求。同时，农业经济时代的关键生产要素——土地、劳动力是稀缺性的，工业经济时代的关键生产要素——资本、技术是由人创造出来的，而数据作为一种关键生产要素，它是自然产生的，只要有人的活动，数据的生产就是无尽的。此外，数据本身可以复制或共享，同一数据可同时被多人使用，加之数据的边际成本趋近于零，能够产生巨大的规模效应，数据不断被产品化和服务化，极大地拓展了价值空间，为经济的持续发展注入了强劲动力。

马克思指出，"流通时间越等于或接近于零，资本的职能就越大，资本的生产效率就越高，它的自行增殖就越大。"[①] 因此传播方式对于资本增殖发挥了关键作用。在马克思所处的资本主义年代，发展交通运输工具对于提升生产效率的意义非同寻常。工业革命后，工业产品激增迫切要求运输业提高效率，直到铁路时代的到来，才大大缩短了商品从一个地方转移到另一个地方所花费的时间，例如从爱丁堡到伦敦的时间缩短为一天，同时蜿蜒的铁路网延伸到偏僻地区，为资本拓展了市场，带动了一系列社会经济的发展。而在数字时代，数字经济在互联网与数字技术的条件下，渗透到生产的各个环节，商品借助数字经济这个载体实现数字空间内的快速流通，由生产者到消费者的时间几乎被压缩为零，从而带来了效率的提升。在数字经济的背景下，不只是企业与消费者之间的流通效率提高了，而且全过程的效率都得到了显著提升。企业依靠大数据信息，实现各个环节上的合理分工和高效协作，提高了组织效率；平台依据大数据分析，以极低的成本精确掌握消费者的偏好与需求，提供个性化的产品与服务，量身定制，以销定产，提高了生产效率；

[①] 《马克思恩格斯全集》第 24 卷，人民出版社 2006 年版，第 142 页。

数字经济的发展，促进企业在全球范围内寻找合作对象，提高了资源配置效率；数字技术的发展驱动经济增长，提高了创新效率。

3. 数字经济面临新挑战

数字经济的飞速发展，正在为人类社会带来又一次深刻的变革。在精密算法的分析、整合下，数据新的价值不断被发掘出来，给人们的生活带来了便捷福利。在看到数字经济的成就与前景的同时，也有必要以批判性的视野看待发展过程中的问题，数据正挟着算法之威逐步入侵人们的日常生活，数据垄断、大数据杀熟、隐私泄露等现象频发，引发了人们的担忧。

首先，数字经济的垄断问题不容小觑。数字经济的关键生产要素——数据，在人们的日常活动中产生，边际成本低，用户越多，价值量越大，具有正外部性，这使数字经济天生就具有垄断的性质。而数字平台的发展是数字经济中不可或缺的一部分，在数字平台的运行过程中，很容易会出现资本的扩张渗透，数字平台依靠其原有的资本和技术，吸引用户入驻，全面地占有用户在使用过程中产生的数据，提供更加精准的服务，实现数字资本的增殖，在市场竞争中占据优势地位，然后以"大鱼吃小鱼"的方式吞并其他小型平台，打压竞争对手，最终完全把控该领域的话语权。一些拥有强大数字资本和核心技术支撑的国际数字平台甚至成为新时代的"托拉斯"，它们跨国吞并全球资本，支配市场运作，数字财富源源不断地流入数字强国，进一步扩大世界上的贫富差距。如果任由这种垄断发展下去，最终遏制住的不是欠发达国家的发展，而是整个世界经济的命脉。

其次，数字平台的垄断会妨碍市场生态的有序发展。当平台具有一定的市场垄断势力时，便无惧消费者转向其他卖家，极易出现"大数据杀熟"现象。国外的亚马逊购物网站，国内的滴滴出行、美团、飞猪、淘宝都曾被曝光过此类现象。平台通过收集用户的消费习惯、支付能力等信息，再用数据分析的手段对用户进行充分的了解，进而为用户提供个性化的推荐，当用户建立起对平台的信任，并对其产生一定依赖时，平台就会提高产品定价，将同一产品以不同的价格售卖给不同的用户。常见的"大数据杀熟"主要表现形式有：不同手机品牌的用户价格不同、拥有会员身份的用户价格反而提高、多次浏览购物界面后商品价格上涨、购物频率的高低影响商品价格、用户的好评率影响卖家发货质量等。

最后，数据的安全使用关乎国家安全和发展大业，关乎人民群众的切身利益。以数字空间为依托的共享经济蓬勃发展，用户参与网络行为离不开建立网络账号，每到一个新的平台都要提交个人信息，还要授权给APP访问通讯录、短信、相册等权限，否则无法正常使用，位置、地址、联系方式、银行账户等信息就这样被交付给平台，而在数据储存、分析能力极强的当下，数据泄露之后的各种风险也被暴露了出来。为了吸引流量，平台不断精进算法和数据处理能力，大量的用户信息和个人隐私被披露出来，平台对于数据无底线、无道德的滥用严重损害了公民个人的权益。而数据泄露对于国家来说更是危害重重，在国际贸易中，数据流动极易带来安全隐患，如果一些经济数据或者政治数据流失到境外，后果将不堪设想。2021年6月30日晚，滴滴正式在美国纽交所挂牌上市，股票代码为"DIDI"。仅仅两天后，中国网信网发布消息称，为防范国家数据安全风险，维护国家安全，保障公共利益，对"滴滴出行"实施网络安全审查，并在审查期间"滴滴出行"停止新用户注册。随后，引发了公众猜测"滴滴出行"将重要数据打包售卖给美国的担忧，消息一经传出，便在网络上持续发酵，滴滴出行创始人程维立马站出来辟谣。其实，公众的担忧并不无道理，滴滴出行作为一款打车APP，不但掌握了大量用户的隐私信息，如住址、学校、工作单位等等，更是包含着国家的道路数据，结合精准的卫星地图的使用，极有可能泄露国家机密，影响国家道路安全。

数字经济繁荣背后的一系列问题引起了广泛关注和人们深层的思考，如何使大数据为全体人类造福，而非成为少数人谋利的工具；如何维护人民群众的权益，使数字经济走上健康发展的轨道，并且把数字经济做大做强；如何使数字经济给未来数字地球发展带来巨大机遇，这些问题迫切需要国家治理和全球治理层面的深思和设计。2021年10月18日，习近平总书记就推动我国数字经济健康发展进行第三十四次集体学习时对我国以往数字经济发展状况进行了回顾，并就如何做强做优做大数字经济作出了进一步的战略部署，指出："面向未来，我们要站在统筹中华民族伟大复兴战略全局和世界百年未有之大变局的高度，统筹国内国际两个大局、发展安全两件大事，充分发挥海量数据和丰富应用场景优势，促进数字技术和实体经济深度融合，赋能传统产业转型升级，催生新产业新业态新模式，不断做强做优做大我国数字经济。"[①] 用以马克思主义为指导的社会主义意识形态引领数字经济的发展，让数字经济的发展红利更多惠及人民大众，这是世界对于中国的期待，也是中国对于自身发展的目标。

（三）数字公民

数字文明在社会各领域爆发出了前所未有的活力与能量，不仅推动了经济发展，催生出新的发展空间，也重构了人们的生存方式，开启了"数字公民"的新时代。从原子世界到比特世界的转向，数字化的生存方式极大地张扬了人的个性，人的想象力也得到了进一步的发挥，但是伴随人类生存方式颠覆的还有另一面，那就是数字化生存的异化，价值理性的弱化、精神世界的虚无、社会关系的数据化……无时无刻不引发人们的忧虑。

1. 数字公民的内涵

关于数字公民的内涵，学界有几种代表性观点：一是重视道德规范，认为数字公民是在具有一定数字技能的同时，能够自觉遵循网络规范，对网络行为负责的人；二是强调技能运用，认为数字公民是能够熟练使用互联网及信息技术开展活动的人，也可以泛化地理解为"数字时代的公民"；三是凸显数字价值，认为数字公民是数字平台中的数据主体，是现实公民的技术存在方式。在这里，我们将从线上与线下两个世界、两个层面的角度来对数字公民展开说明。

"公民"一词萌芽于古希腊时期，由拉丁语 civitas 发展而来，意思是"城邦、国家"以及该共同体的成员身份。在这时，公民是指那些居住在城邦内拥有投票权的人，奴隶、妇女等皆不在公民范围内。在斯巴达，公民是一群受过特殊训练的勇敢战士，他们身份地位极高，控制着奴隶阶级。在现代，公民指某个自然人在一个或多个国家中取得的法律身份，意味着他是某国的一分子，并承担着该国相应的法定权利与义务。在数字时代下，人们的日常生活各个方面都发生了变化，人们的活动在现实世界和由互联网构建的虚拟

[①] 习近平：《不断做强做优做大我国数字经济》，《求是》2022 年第 2 期。

世界中共同展开，借助日新月异的数字技术，人们可以在两个世界之间自由穿梭，自然就同时拥有两种公民身份，数字公民应运而生。

2. 数字公民的核心指征

数字化的浪潮席卷而来，不仅整个现实世界数字化了，人类本身也数字化了。数字渗透到生活的方方面面，与数字共生已经成为一种常态，衣食住行各领域无一不出现新的产品与服务，人们的数字化需求持续增长，数字技术的不断发展拓展了人们的生存空间，也改变了公民的生存方式，随之出现了数字人格，使数字公民同时拥有双重人格。

其一是数字时代的背景下，"现实的人"的人格被数字化了，形成了数字化人格。在物理世界中，现实的人的生存深受数字技术的影响，衣食住行皆离不开数字技术的支持。尼古拉·尼葛洛庞帝在1996年出版的未来学著作《数字化生存》中提出的一系列设想如今大半已经成为现实，短短的二十几年时间，数字技术发展的速度如此之快，在科幻作品中出现的场景已融进了现实生活。尼葛洛庞帝曾提出"将计算机穿戴在人身上"的设想，如今由人类活细胞组成的生物计算机以生物芯片取代半导体硅片，展现出了强大的计算能力。特斯拉和SpaceX的CEO马斯克在此前接受采访时也曾表示，将要把意识、记忆、性格等人所特有的东西移植到正在开发的人形机器人之中，通过这种"人机融合"的方式达到"永生"的目的。而且这种机器人在不久的将来就会进行适度规模量产。除此之外，他还大胆设想，要通过火箭将人类移民到火星去，并在那里建立生活基地，为此马斯克还特地提出"人形机器人"的方案，以此应对地球上人口减少的问题。尽管现阶段还有一些技术难题没有突破，但是数字化的生存方式，是未来，也是方向。

其二是数字公民在数字空间中形成的虚拟数字位格。人们通过"数字公民"的身份在这个没有时空局限的数字世界里恣意地开展活动，可以借助数字身份在数字空间中进行交往活动，也可以隐藏自己的真实信息，任意地转换身份，创造出异于本身的虚假的数字主体。但是"数据"不会骗人，数字公民本身无法拒绝大数据对于个人信息的收集，如果不将自己的位置、出行轨迹等信息让渡给平台，就无法获得打车、订餐等服务，类似于这样的隐性条约无处不在。在数字世界中，个人的任何行为都会留下"痕迹"，免不了被数据追踪。单一的、碎片化的、不完整的信息并不具有特别大的价值,但是经过大数据的收集、归类、对比、整合等规模处理之后,大量的碎片化信息就变得越来越系统、精准,进而刻画出一个用户的完整画像,呈现出一个"人的位格"。例如,在疫情期间我们常用的"健康码"就关联了公民个人的基本信息、健康状况、活动轨迹等,汇聚成了公民的出行画像。在社交媒体上个人自主上传的日常动态、照片等数据与其他来自亲朋好友的数据进行整合,就会形成更加具体、完整的社交画像。这些被刻画出来的画像就是"数字人格"。

人不只是在现实的物理世界中拥有身份与人格,而且同时拥有双重身份与双重人格,如果数字身份与数字人格被数据异化,那么"整体的人"就会沦丧掉一部分主体性、尊严和自由。信息脱离人的肉身而独立存在,不断在数字世界里流动,在无形之中经过特别处理被数字平台掌握。同时,从数据的产生到数据的利用并不是即时的,给公民所带来的伤害是潜伏的、远期的,公民个人难以察觉。平台一旦侵犯公民的个人信息,个人难以维权。数据信息的泄露不仅关乎"数字人格"的尊严,也跟社会、国家的利益与安全息息相关。政治、军事等相关机密信息被收集起来,作为一种资源与商品售卖给敌对势力或被敌对势力主动掌握,将后患无穷。当前,数字化的生存仍旧处在马克思所说的"人对物的依赖"的社会发展第二阶段,虽然人们的自由与创造得到了更大的激发,但是数字身份与数字人格的自由在数字世界中并没有得到完全实现,数字化的生存方式反而危及人的完整性,数字人格反而危及现实人格的信息权。

3. 数字公民的前景展望

"年轻人是富有者,而老年人是匮乏者。"[①] 这是尼葛洛庞帝在《数字化生存》中对于未来数字化社会中的代际差异所做的预判。数字化的生存方式给年轻人带来极大便利的同时,也给那些因年龄、经济、社会、文化水平等原因远离数字生活,难以完全融入数字社会的人群关了一扇窗,他们被排挤在数字时代之外,由于不能适应数字化的生存方式,而成了"数字难民"。

---

① [美]尼古拉·尼葛洛庞帝:《数字化生存》,胡泳、范海燕译,海南出版社1997年版,第238页。

在无处不在的数字化生活之中，还存在着一部分"边缘群体"，如老年人士、残障人士、困境儿童等，这类"边缘群体"往往不具备使用互联网的技能而脱离于整个数字化的世界，他们的生活经验在数字化的时代中无法自如穿梭，无法在数字空间中发出自己的声音，也享受不到数字技术发展所带来的红利。"不会网络购票只能在火车站窗口排队""一些商店为了方便找零拒收纸币""六旬老人因无法出示健康码被拒乘车""不熟悉手机支付无法享受优惠"的事件在现实中频频发生。数字技术飞速发展，也飞速地将这类"边缘群体"落在了时代之后，使他们被这个新兴世界遗忘。数字无情，社会却是有温度的，现在这些现象在一定程度上已经得到了改善，各个国家也发布了一系列措施尽可能弥合数字鸿沟，减少"数字难民"的数量，保障"数字难民"的权益。但残酷冷峻的现实却仍在提醒着我们：如果不能跟上数字化的脚步，在未来社会中将举步维艰。

如果抛开因年龄和其他原因造成的"未触网"人士，一些能够掌握互联网使用技能的人也难以逃脱"数字难民"的窘境。对于汹涌而至的数字化浪潮，许多人并未做好准备就被卷入其中，是数字化生存的受益者的同时，也是受害者。许多对于数字平台规则和套路不清楚的人群极易陷入其早已布置好的陷阱，不仅被收割流量，更有可能在经济和情感方面蒙受损失；数字化的交往方式将公民个体隔绝在虚拟的空间内，减少了与现实的人的交流沟通，真实的社会交往关系不断弱化，部分公民成为虚假的"社会人"；数字化的发展延续了现实社会中的不平等，大数据给公民画像，给一个个鲜活的人打上数据化的标签，不同人在某购物软件中搜索同一商品，如"电饭煲"，所推荐商品的差异化价格就是平台对你的定位，现实中的阶层差异、收入差异被再一次带到数字世界中；得数据者得天下，数据成为一种资源，加剧了资源配置上的不平等，数据的占有者总是能够获得更多的利益，富者更富、贫者更贫，中心与边缘的差距正在不断被拉大，弱势群体遭受到更为隐蔽的剥削，成为新型的"数字难民"。技术前进的步伐总是超前于社会变革的步伐，在时代的发展浪潮之下，不论是国家还是公民个人，只有更快更好地适应数字化的生存方式，才能在未来世界中占有一席之地。尤其是对于国家来说，如果不能掌握数字技术，现代化建设将难以开展，在激烈的国际竞争中将成为弱者。

三 数字文明与三大构成的内在关系

谈到数字文明这个主题，离不开研究它的活动主体——数字公民。数字公民在线上线下两个世界同时延伸，既是文明的享受者，又是文明的建构者；数字公民在数字空间中开展活动，离不开数字空间的参与和支持；而数字公民之所以能与数字空间良好互动，又依托于数字经济这个基础性设施。三者共同构成了一个统一的"事件"。

（一）数字公民：数字文明的主体

人的主体性自始至终都是哲学界关注的重点问题，上可追溯至被爱琴海滚滚波涛所浸染的古希腊文明，又在历经漫长黑暗的中世纪时被上帝之光泯灭，在近代文艺复兴的浪潮之后得以重见天日、发扬光大，最终在德国古典哲学那里发展到顶峰，同时也产生了危机。直至马克思主义哲学的出现，才为"主体性"带来了新的生机。马克思将实践引入主体性，将主体从精神领域拉回到现实生活的物质活动中，人通过实践改造世界，也在实践的过程中获得主体性。

自人类产生以后，人类与自然就处于不平等的地位，人力无法与自然的力量相抗衡，不得不听命于自然，受其支配。在自然的绝对权威下，发展出了自然崇拜、图腾崇拜的原始宗教，显然此时自然处于主导地位。到了近代，人的力量随着自然科学的兴起以及大机器生产的出现不断得到彰显，人在与自然力量的对比中逐渐占了上风，人的主体性得到了释放。然而，在资本主义工业文明下，人刚刚从自然的奴役中挣脱出来，又陷入了物的奴役，出现了"拜物教"等人对物服从的现象。资本主义下的工人，包括资本家都成了物的奴隶，人与物的关系被颠倒了。进入数字时代以来，人的主体性问题不只表现在人与物关系的颠倒，而是演变为人与自身关系的颠倒。数字世界衍生了数字公民的存在，如前所言，数字公民在感性世界与数字时空中拥有双重身份，可以在两个世界中自由穿梭，任意转换身份。这使得人对物的依赖从物理世界扩展到数字世界，变成了对于技术的依赖。数字公民在无形的数字空间中不断延伸，人与自身关系的颠倒出现了两个主体，即生命实体与数字主体。人所面对的主体性问题更加复杂多变了，主体的这种非自明性极易造成现实生命主体的尊严丧失。数字技术的发展引发了人们对"数字利维坦"的担忧，数字可以越过物理上的疆域界限，延伸到各个地方，通过流动的编码输出价值观，意在控制大众的意识形态和行为方式。在算法、大数据等数字技术的作用下，数字公民很容易受到数字平台的操纵，不知不觉间成为其谋利的工具，在面对技术霸权的操纵时丧失了一部分主体性。非人性的、冷冰冰的、缺乏道德反思和人文关怀的数字技术的有限性和风险性，越来越多地暴露在大众眼前，同时，数字公民的主体性也得到了重新的认识，人的主体性价值正是数字技术的盲点。我们应该明确，无论是在感性世界还是数字空间，作为数字公民的人类仍是这个世界的主体，占有着主体性地位。数字公民在现实的感性世界中的主体性在数字空间中应同样得到实现。

现实的主体无法在数字空间中直接发挥作用，因而借助数字技术等媒介，在生命实体之外延伸出一个数字主体，衍生出了与之相适应的数字人格。数字主体是生命实体在数字空间中的数据象征，其形成是现实的生命实体开展网络活动和网络行为的技术需要，因而数字主体不仅仅是由 0 和 1 排列组合而成的代码，而是具有人类主体的基本特征和情感体验的交互融合体，替生命实体在数字世界中担当行为主体并行使主权，作为现实主体在网络世界中的代言人而存在。而且数字主体在数字空间中的行为能够传导到感性世界，为感性世界中的数字公民赋能加权，例如推动现实社会中的智慧治理等。但是网络世界中的数字主体，究其本质，也不过是数据构成的技术性主体，是表征生命实体的数字符号，不能算是真正的主体。网络世界毕竟不同于现实的感性的世界，数字主体依托于生命实体，不能直接承担网络行为的责任，所以虽然它具有主体性，却并不能直接行使主体性。在数字空间中，人的真身肉体并非直接在场，数字主体只是以实体的方式存在，这并不意味着表象战胜了实质。

一方面，数字空间中需要建构出一个虚拟的数字主体，这是网络活动的需要。另一方面，数字主体的存在又增加了人自身存在的不确定性，人需要重新确证自己的主体性存在。尽管现实中数字公民容易受到技术异化，但是无论数字技术如何发展、智能 AI 如何以假乱真，感性世界中的生命实体始终作为主体，其主体性地位无法动摇，生命实体具有独立清醒的人格，具有自主意识和权利意识，有意义、有目的地从事各种数字化实践活动，是数据的产生者，能够主导自己的网络行为并且对自己的言行负责。这是虚拟的数字主体所无法企及的，生命实体因自己的种种需要在数字空间中产生消费行为、交往行为等，如果没有人的数字实践行为，数字空间不可能构建出来，数字经济不可能成为现实，更不可能像今天这般日益壮大。所以说，生命实体是实体存在，是真正的主体，人在改造现实世界的过程中，又创造了一个伟大而虚拟的数字世界。缺乏人的主体性参与的数字技术无法克服自身工具理性的桎梏，只有确立数字公民在线上线下两个世界中的主体地位，才能够使价值理性战胜工具理性，充分释放出数字世界的生命力。

当然，我们强调生命实体的主体性并不意味要割裂它与数字主体的统一性。如果说从生命实体到数字主体的转换，把人们带入进了数字空间，那么从数字主体向现实生命实体的回归，则是将人重新拉回到现实世界，并且以人的理性、人的情感、人的反思来重新认识人的存在，才是真正的主体性。

（二）数字空间：数字文明的前提

什么是空间？自古以来，哲学家们对它的关注从未减少。时空自宇宙诞生以来就与人类的生活交互在一起，空间从来都不是空洞的，它往往包含着某种意义。在西方哲学史上，对于空间的理解经历了漫长的演变，一直处在历史性的变革之中。

古希腊先哲在对世界本原的追问中，逐渐对空间有了一定的认识。亚里士多德是其奠基性人物，创造了人类历史上最早的空间理论体系。但是由于亚里士多德朴素直观的考察方式，其对空间的理解始终受到形而上学的制约。从 17 世纪开始，资本主义经济极度繁荣，生产方式的改进使得生产力飞速提升，许多科技成果纷纷涌现，物理学、几何学等科学得到了进一步的发展，方方面面的进步使人们不再局限于传统的空间观念。其中，牛顿受近代数学与物理学的影响较大，他在物理学的基础上建构起了绝对空间观。在牛顿那里，空间是具体的实在的事物，它像一个无限大的箱子，所有的一切事物都可以置于其中，即使所有的客体都不存在了，这个绝对空间仍然存在。并且在绝对空间观的理念下，牛顿总结出了力学三定律，成为后来空间科学的基础。

康德批判继承牛顿的空间观，首次将空间与人的感官联系在一起，这种思维模式无疑为探索人与空间的关系提供了更加广阔的视野。在他看来，"空间是一个作为一切外部直观基础的必然的、验前的表象"[①]，空间不再是以往人们所以为的独立客观的自在之物，也不是现实的经验关系，而是能为人主观认识感性世界的杂多提供一个先天的直观形式，为人感知外界提供先决条件。康德意义上的空间，是一种认识工具，人所具有的先验的时空范畴建构了空间。首先，空间具有先天的观念性，空间是通过先验的空间范畴建构出来的观念存在，而非牛顿所说的实体存在；其次，空间具有经验的实在性。康德之"知识"仰赖于外部事物的刺激，若无作为外部直观的空间，人就不能接收到外部的质料，也就不能形成"知识"。空间作为人接受外部事物刺激的感性直观形式存在，若无刺激的来源，空间什么都不是。因而，空间虽然是通过先验的空间范畴建立的，但这个空间却是经验的空间，经验的空间就牵涉到经验世界的物质运动，康德将物体的运动与空间联系在一起，通过物体的运动确立了空间，因此，空间又被纳入到了牛顿的物理空间中。

从20世纪起，"物理空间"发展到了下一个阶段，人们对空间的认识转向现实世界，开始以人为主体去考察空间，转而关心人的生存与空间的关系，注重人在空间形成中的作用。其中，海德格尔从存在主义的角度对空间作了新的探索；梅洛庞蒂从现象学出发对空间进行了探究。在《存在与时间》中，海德格尔将空间与"此在"联系在一起，"此在"是指人这一领会着自身而存在的特殊存在者，人与时空浑然一体的切近状态，这一概念超越了主客体之间的隔阂。"此在"在本质上就具有空间性，人们只能通过自身的存在才能认识空间，作为此在的人是"在世界之中"生存并与他物共存。空间是人存在和发展的条件，是人在此的场域，这不是由外力决定的，而是人发挥主体性力量的结果。空间不是现成的，不是预设好的，而是生活在世界中的"此在"不断通过自身的活动组建起来的，因而空间是生成的"此在"的生存空间。此时，海德格尔所说的空间就脱离了物理学意义，成为存在论意义上的

---

① [德]康德：《纯粹理性批判》，蓝公武译，商务印书馆2009年版，第65页。

43

生存空间。莫里斯·梅洛庞蒂则从人的身体现象学出发，将人与空间联系起来，强调人与世界的互动性，而身体是人与空间互动的起点。空间总是面向人，对人开放。而本身就具有空间性的人，他们的身体、他们的活动等都与空间密不可分。在人与空间的联结上，身体承担着重要的角色。空间缺失了人的身体就只能是空洞的无意义的虚空；同样，人的身体孤立在空间之外就会变得抽象。梅洛庞蒂认为人通过身体的活动在空间中获得感知，并以此来占有空间。

空间与人们的生活有着密不可分的关系，从以物理学为认知基础的空间到康德的先验空间，再到存在主义阐释的空间，有关空间的思考从未停滞不前。空间不是静止不变的，而是在历史中产生又随着人们的实践活动而变化，人们对空间的认识也是随着生产力和科学技术的进步而不断发展，因而，空间不是固定的，而是可以塑造出来的。空间在历史的演进中因某种因素的流动而不断被重建。在某种意义上，"空间"的演变象征着社会的进步，是现代社会和人类发展的缩影。在当代，空间不再是原来物理意义上纯粹的自然物理空间，而是一个与社会生产力挂钩的存在，甚至是一种可以生产和交易的商品。进入20世纪以来，随着数字技术的发展，空间范畴得到了新的建构。空间开始与数字紧密联系在一起，形成了数字空间，世界变成了一张网络，一张连接各个点的网络。数字空间将人类带入了一个全新的社会历史空间。

数字空间不是由物理实体构成的实体世界，但却是由数据构成的实存世界，并且可以反作用于现实世界，与现实世界一起构成人类生产、生活的新场域。它与现实世界的所有领域都紧密相连，具有现实社会的文化特质，体现着现代人类的精神面貌。通过想象与技术的结合，人们原先想象出来的精神世界在数字空间的中介下与现实世界实现了联结。数字空间横空出世，迅速地实现了对现实世界的全面渗透，并延伸到人们的生活中，为人们提供了全新的生命体验和生活感受。数字空间是人类通过数字技术建构起来的"乌托邦"世界，在这里，人们能够实现现实生活中所无法触及的自由，如与陌生人随意攀谈畅所欲言、自由对时事新闻发表评论、掩盖自己的真实身份……满足人们对自由的一切渴望和需求。数字空间有着神奇的魅力，不管你是否意识到，越来越多的人被它吸引着来到这片全新的领域开疆拓境，在数字空间中体验着与现实世界根本不同的生活。数字空间的存在为人类一切数字活动奠定了基础，为人们娱乐、生活、工作等各个方面开辟了新的空间，为人们提供了一个可以寄居心灵的乌托邦时空。但是，数字空间是人类作为主体开辟出的新空间，是由人通过自己的劳动与智慧创造出来的，由于数字人格的生存才出现了数字空间。与其说数字空间是数字公民的前提，不如说，数字空间与数字公民互为前提。

（三）数字经济：数字文明的基础

数字文明的建构，离不开数字空间的前提性作用，也得益于数字公民的积极行动，但根本上，这些因素是在数字经济的舞台上实现共存与联动的，只有以数字经济为基底，这些因素才能有机融合、共同促进。

数字技术的发展，使数字经济渗透到各个领域，与人们的日常生活深度融合。生活中，周围的一切都是数字经济的组成，人无时无刻不处在数字经济的浪潮之中，数字经济织就了一张铺天盖地的网，通过技术上的革新汇集海量用户，把越来越多的人网罗其中，数字经济的普遍化造成了数字公民的普遍化。在参与数字经济的过程中，公民不知不觉间被纳入到数字化体系中，并且以数字化的方式生存着。随着电子商务的发展，数字经济不可阻挡地向乡村地区延伸、蔓延，人们在不同网络平台上建立个人账户，越来越多的人使用支付宝、微信等移动支付方式，一些贫困山区依托数字经济实现了脱贫致富。数字经济的兴起，使网络空间由原先单纯的社交空间，演变为集生产、销售、交易等各个环节的工作、生活空间，越来越多的人融入数字经济提供的服务中，享受到数字经济带来的红利，又在数字经济中贡献价值，提供免费的数字劳动，进一步推动数字经济的发展和数字空间的建构。

与传统的经济不同，数字经济使物理世界变得比特化，通过数据与信息的流动让原本关联性不强的事物之间建立起联系。数字经济通过对数据、信息的存储与应用，实现了数字经济与实体经济的融合，随着数字经济的快速发展，数字技术向一些传统产业渗透扩张，传统产业与数字经济结合，数字化嵌入生产各个环节，不但改进了传统的生产方式，生产设备数字化，而且通过对用户的个性化信息收集，精进研发与设计，实现精准营销，为消费者与企业之间搭建了平台。除此之外，数字经济还带动了产业互联、社交互联、价值互联……在数字经济浪潮席卷全球之时，人类的一切活动都与数字紧密地连接在一起，社会进入了万物互联时代，整个世界都在进行信息交流。社会生产转型升级，新兴领域快速成长，个人与社会的互动方式被颠覆了，人们在数字空间中学习生活，享受全新的生存方式。数字经济的迅猛发展，使之成为连接物理世界与数字世界的纽带，区块链、5G通信、数字孪生等数字技术层出不穷，万物之间高效协作，为实现更加智能的互联提供了支撑与动力，正是数字经济不断创新的可能性中蕴藏着巨大的力量，我们才有信心实现"万物互联"向"万物智联"推进的美好愿景。

数字经济是数字文明的前章，也是建设数字文明的基础性设施。特别是在国家鼓励支持数字经济与实体经济相结合的推动下，数字经济将进一步发挥基础性作用，推动经济繁荣发展、提质增效，不断使公民的数字化美好生活需要得到满足。

（四）数字文明的三大构成要素统一为事件

巴迪欧将各种存在的事物"事件化"，以"事件"取代"存在"，从根本上改变了"存在"的性质。他认为存在不是"就在那儿"的现存的事物，"存在"本身就具有自我呈现、自我创造的性质，所以"存在"本应该就是随时自我呈现出来的"事件"。"巴迪欧首先扭转存在的性质，把它看作是事件本身，一种即时显现的显现本身，或者是自我生成的创造力量的张力网，是随时潜在地实现其自我突发的可能性。"[1] 因此，事件是变动的、是不可预测的、是生成的，这些特有性质决定了各类事件具有多样性和复杂性，它不会是现成地展现开来，也不会是现成地"呈现在那儿"。事件的显现是突变性的，因而没有方向，直到事件突然显现的那一瞬间，我们才能感知到它。事件突发在我们面前，就如疾风骤雨般瞬息万变，在刹那间触及我们的心灵，也可能使我们发愣和感到惊讶。事件的发生具有偶然性，我们可能来不及做出反应，"事件"就到来了，这显然是一种挑战。

人类生活于其中的世界并非有着严格的秩序，而是由"说不清楚、也无从弄清楚的各种正在发生的事件"所构成。而且，事件的到来是无法预测的，

---

[1] 高宣扬：《论巴迪欧的事件哲学》，《新疆师范大学学报》2014年第4期。

我们不知道它什么时候来，也无法预测它将走向何处，因为它们往往是在某个特定时刻和特定地点发生在我们面前，促使我们感到惊讶、发愣，给予我们冲击和刺激，促使我们有所感发，使我们为此而产生积极的或消极的情绪。世界，作为事件的实际当场表演的场所，可大可小，大到无边的宏观世界，小到不可见的微观世界，但它们永远处于张力关系中，处于待调整的过渡情景中。"因此，在这种事件哲学看来，存在不但并非一个，而且也并非具有连续同一性的同一个事物，而是多样的和变动的，它们包含了正在形成中、生成中和变动中的趋势及其隐含的紧张关系网。"[①] 事件的本质力量，就在于它内含的紧张关系网，也就是它的不稳定性。恰恰就是这种紧张关系的不稳定性构成了事件的动力，使事件不断自我更新、自我创造，不断寻求新的突破，直至耗尽一切能量。事件始终包含着自我矛盾，这种悖论性决定了事件本身的双重性质，创造性和隐患性。因此，一个事件的爆发可能是乐观的，也可能是悲观的，但它的不确定性又为事件带来可能性和创新性，包含着新的希望。

数字时代，"存在"发生了根本变化，数字空间、数字经济、数字公民取代了传统的存在，成为数字文明这一"事件"的构成要素。数字文明向我们呼啸而来，历史洪流浩浩荡荡，其发展大势不可阻挡，无论我们情愿与否，每个人都已置身其中，接受数字形而上学的熏陶与洗礼。既然无法规避数字文明的到来，那么面对发展迅猛的数字文明，抓住机遇，迎接挑战，才是审时度势应有的积极作为。

在研究数字文明过程中，我们不是研究数字公民、数字空间、数字经济等独立的个体，而是研究由独立个体联结在一起形成的"事件"，数字公民、数字空间、数字经济都是构成这一"事件"的要素。数字空间是依托于数字技术的支持和数字公民的参与构建出来的与现实物理世界共存的空间，在这一过程中，数字经济发挥了基础性作用，功不可没，但却是人作为这一空间运行的主体，通过自身的数字化实践活动，整合了数字空间、数字经济与数字公民三者，使之形成了一个高度统一的"事件"。

[①] 高宣扬：《论巴迪欧的事件哲学》，《新疆师范大学学报》2014 年第 4 期。

四　人类文明新形态在数字文明中的定位

人类进入一个伟大的文明新时代，即数字文明时代，此时代是人类文明进步力量的崛起。数字时代可以被视作古希腊毕达哥拉斯学派数字形而上学的复归，但又不同于以往的抽象本体（如上帝、逻格斯、道等），而是作为世界本身，具有现实性。中国共产党领导人民创立的人类文明新形态就是在这样的时代背景下产生的，不管从本体论、认识论还是实践论来说，人类文明新形态同数字文明有着某种微妙的关系，中国共产党领导人民创立的人类文明新形态自产生伊始就处于数字文明的洪流中，是数字文明时代的一部分。

（一）从神到算法：数据时代的本体论革命

世界本原的问题一直是西方哲学家们探讨的课题，在此过程中形成了各种理论，然而，这些理论的通病是：在人的生存世界之外构建一个抽象的形而上学本体，使世界二重化。马克思本体论革命的关键所在，就是打通了其脉络，立足于现实的人，将哲学从天上拉入人间，开辟了无产阶级解放的神圣维度。人类文明新形态在某种程度上也实现了本体论的革命。

1. 传统哲学的抽象本体探源

所谓本体论是指在现实世界之外，还有一个抽象的概念来规定、约束人的本质。自古希腊开始，各个学派都争相探讨世界的本原问题。形而上学的传统最早可以追溯到巴门尼德，巴门尼德在理解"本原"问题时，认为其关键之处是谓词对主词的界定，即"它是"。不同于巴门尼德，柏拉图在理解世界本原问题时，构筑了一个理念世界，认为现实世界是对理念世界的分有、摹写。亚里士多德在巴门尼德思想的基础上，开辟了一条形而上学路线，将"存在的存在"作为形而上学的研究对象。而后在追寻世界本原的过程中，抽象出人格化的神作为世界存在的规定性，中世纪对神的推崇在某种程度上或已达到顶峰。

奥古斯丁深刻感受到他所处时代的人民不仅要饱受现实的苦难，还要遭受精神的折磨，他控诉罗马共和国禁止崇拜诸神："在基督教禁止诸神崇拜之前罗马共和国就已经产生了腐败。"[①] 他还指出了上帝的意志对人的决定作用：

[①] ［古罗马］奥古斯丁：《上帝之城》（修订版），王晓朝译，人民出版社，第63页。

"所谓命运并非星辰的位置,而是依据上帝意愿的各种原因之间的关联。"[1]将上帝的意志视为最高意志,上帝的权能不可抗拒地施加于万事万物,他的旨意无所不包,这便是我们所言的命运。"至尊的、真正的上帝,与他的道和圣灵在一起的(他们是三位一体的)全能的上帝,是每一个灵魂和身体的创造者和制造者。凭着他的恩赐,每个人都能找到真实的而非虚幻的幸福。"[2]他还说道,在上帝的世界里,"有真正的和平,没有人会遭受冲突之苦,不论是他自己造成的还是来自旁人的……神都是个永福之地,地位低的人不会嫉妒任何地位高的人,就像天使们不会嫉妒大天使一样,因为没有人觊觎他不能得到的位置。"[3]受到奥古斯丁的影响,中世纪涌现出了一大批神学家,将对神的信仰推崇到了极致。爱留根纳、安瑟尔谟直接将上帝视为包罗万象的存在,托马斯·阿奎那更是直截了当地指出神学高于哲学,哲学是神学的奴仆。这样一来,中世纪的哲学披上神学的外衣,成为神学的附庸。由此很长的历史时期,中世纪宗教统治着人们,而教会理所当然在这种精神统治中占据重要地位,随之而来的是教会权利的扩大和利益的增加,而这种对物欲的追求又进一步增加了教会对人的剥削和压迫。人们没有自由,完全受宗教的奴役。不仅有思想上的,还有政治上的。在这种情形下,人们对教会的不满到了无以复加的程度,教会之威信逐渐衰落,人们想要从这种腐朽没落的宗教统治中解放出来,宣扬人性的能力,于是文艺复兴、宗教改革应运而生。这两次运动创造的政治条件促进了人的自由发展。

笛卡尔是近代哲学的鼻祖,在他这里,人的能力上升到了一个新的高度,"我思故我在"的思想洋溢着理性主义和主体性的光辉。随着哲学的发展,主体的能动作用越来越抽象,逐渐上升成为主宰世界的力量。康德指出"人为自然立法""人为自身立法",黑格尔更是提出"绝对精神"的命题,将绝对精神的存在看作世界的规定性。在黑格尔看来,世界的发展是绝对精神的自我运动,精神自身从低级阶段开始,经过漫长而艰巨的辩证历史发展,才能逐步地达到它自身的完全实现。黑格尔在《逻辑学》中揭示哲学只是"上帝"

---

[1] [古罗马]奥古斯丁:《上帝之城》(修订版),王晓朝译,人民出版社,第169页。
[2] [古罗马]奥古斯丁:《上帝之城》(修订版),王晓朝译,人民出版社,第176页。
[3] 于海:《西方社会思想史》,复旦大学出版社2010年版,第60页。

对人的展示，哲学的历史就是上帝在人们头脑中展示自身的历史，上帝经过主观精神阶段、客观精神阶段、绝对精神阶段以后，能够使精神本身得到确认，即实现了一个自由的绝对精神世界。然而，在后人眼里，以绝对精神为主题的黑格尔社会思辨思想尽管能够自圆其说，但本质上是天国思维的结果。

2. 数字文明时代的本体论转向

马克思深刻认识到了德国古典哲学的弊端，将目光转向现实中生存的人，开辟了一个全新的维度——面向人的生活世界，将哲学从天上拉入人间，实现了本体论的革命。由此开始，传统哲学走下神坛，回归人的感性实践。数字时代的本体论革命大体也经历了这样的趋势。人类文明在经历了原始文明、农耕文明、工业文明之后，伴随着人类文明进入新形态，"数字文明"渐渐代替资本主义时期的工业文明，成为时代发展的方向。每个时代都有其本体论依据，在资本主义以前，上帝、逻格斯、道等是支撑其存在的本体，而数字时代的本体论依据从天上挣脱下来，变成现实的算法、数据。

当今世界，数字技术正深深影响着人们的生产生活。我们正处于一个被视为工业4.0或信息时代的特征分配的开端，数字技术正以新理念、新业态、新模式全面融入人类经济、政治、文化、社会、生态文明建设各领域和全过程，给人类生产生活带来广泛而深刻的影响。

其一，物质文明代表着人类物质生活的进步状况，主要表现为物质生产方式和经济生活的进步。在数字文明时代，"数字经济"一跃而上，成为全球未来发展的方向。数字逻辑已然沁入到经济生活的方方面面，代替资本逻辑成为经济背后的本体论支撑。数字经济的存在丰富了国民经济与社会发展的内涵，经济学家李稻葵甚至将数字经济称为"第四产业"。在当今社会中，互联网正扮演着愈来愈重要的作用，呈现出欣欣向荣之势，成为生产生活的新空间、经济发展的新引擎、交流合作的新纽带。随着数字逐渐面向大众视野，随之而来的，是智能终端、电子商务等大数据的广泛应用。习近平总书记洞察这一关键所在，强调"发展数字经济意义重大，是把握新一轮科技革命和产业变革新机遇的战略选择"[①]，"我们要站在统筹中华民族伟大复兴战略全局和世界

[①] 习近平：《不断做强做优做大我国数字经济》，《求是》2022年第2期。

百年未有之大变局的高度，统筹国内国际两个大局、发展和安全两件大事，充分发挥海量数据和丰富应用的场景优势，促进数字技术与实体经济深度融合，赋能传统产业转型升级，催生新产业新业态新模式，不断做强做优做大我国的数字经济。"[1] 一言以蔽之，习近平总书记对于未来社会的发展趋势的强调，揭示了当今时代数字经济的发展趋势，勾勒了未来数字经济发展的方式和路径。

其二，体现在政治文明上，政治文明指人类社会政治生活的进步状态和政治发展取得的成果。20世纪90年代以来，与网络政治有关的一些概念开始出现，如网络政治、虚拟政治、网络民主、在线政治、信息政治、数字民主、电子民主等。网络在传播舆论、信息传递中起着非常重要的作用，现如今，高层领导人对网络政治的认同程度很高，中国已经初步形成了网络政治的雏形。网络在指定政治制度、行使政治权利、加强政治管理等方面具有重要作用，在中国，网络政治一开始就具有民主政治的性质，公民可以通过数字化的渠道，对各个层面的公共事务发表自己的意见，对立法、决策产生影响。可以这样说，数字文明时代的到来，为中国民主政治的发展带来了新的曙光。

其三，精神文明是人类在改造客观世界和主观世界的过程中所取得的精神成果的总和，是人类智慧、道德的进步状态。习近平总书记指出，我们要实现传统文化的创造性转化和创新性发展，而实现这一目标最主要的举措就是将数字技术应用到文化发展当中去。文化产业的创新，离不开科技与文化的结合。党和国家指出，要让文化产业成为国民经济支柱性产业，而在数字文明时代，文化与科技的结合，使其萌生出了崭新的创造力。数字技术的更迭非常之快，如何实现文化与数字技术的有机结合，是文化发展必须要探讨的一个课题。日前，文化和旅游部再次发布《关于推动数字文化产业高质量发展的意见》，其中指出，要培育和塑造一批具有中国文化特色的原创IP。文化生产领域的变革总是与科技进步息息相关，文化产业数字化是文化产业与科学技术深度融合的结果，"文化和科技融合，既催生了新的文化业态，延伸了文化产业链，又聚集了大量创新人才，是朝阳产业，大有前途。"[2] 数字文

---

[1] 习近平：《不断做强做优做大我国数字经济》，《求是》2022年第2期。
[2] 《中国文化和科技融合发展战略研究报告（2020）》，《经济日报—中国经济网》2020年10月25日。

化产业在与科技融合的过程中，为高质量发展注入了新动能，数字文化产业成为优化供给、满足人民美好生活需要的有效途径和文化产业转型升级的重要引擎。在数字化环境中，我们更应以数字"硬实力"支撑文化创意发展"软环境"，推动文化产业高质量发展，不断丰富人民群众的精神文化生活，增强人民群众的获得感、幸福感、安全感。

其四，社会文明是指人类社会的开化状态和进步程度，是人类改造客观世界和主观世界所获得的积极成果的总和，是物质文明、政治文明、精神文明和社会文明等方面的统一体。当今时代，在数字化浪潮中，大数据对我们的社会生活产生了非常重要的影响。信息化正在深刻改变社会生活方式，影响着与人们生活息息相关的各个方面。可以这样说，信息化正在拓展和满足人们更高层次的需要。

其五，生态文明是指人类遵循人、自然、社会和谐发展这一客观规律而取得的物质与精神成果的总和。当前，数字化渗入到我们生活的方方面面，在生态治理方面，数字化更能发挥其先进作用，我们应以"数字化"思维构建现代化治理体系。数字化治理需顶层设计和问计于民，找到当前生态文明治理中问题和痛点的根源，实现源头治理、综合施策，改变过去以"事"或"物"为中心的传统，用数字化思维构建法治化、制度化、规范化、程序化、多元化的综合治理体系，在政府和社会组织、公民之间，构建自上而下和自下而上相融合的双向治理系统，打破部门、区域孤岛，提升生态治理效能。

习近平总书记指出，"我们坚持和发展中国特色社会主义，推动物质文明、政治文明、精神文明、社会文明、生态文明协调发展，创造了中国式现代化新道路，创造了人类文明新形态。"[①] 现实的数据流，已然代替以往的抽象本体，宰制着人类文明新形态的方方面面。马克思早在《1857—1858 年经济学手稿》中，描述了未来依靠数字发展存在的社会，"固定资本的发展表明，一般社会知识，已经在多么大的程度上变成了直接的生产力，从而社会生活过程的条件在多么大的程度上受一般智力的控制并按照这种智力得到改

[①] 习近平：《在庆祝中国共产党成立 100 周年大会上的讲话》，《人民日报》2021 年 7 月 2 日第 2 版。

造。"人类文明在经历了石器时代、青铜时代、铁器时代、蒸汽机时代后，随着新文明形态的产生，数字逻辑一跃而上成为新文明背后的本体论依据，这一现实正好印证了马克思对数字化发展的构想。

（二）"家庭人""市场人""数字人"：人的生存方式的变革

马克思认识到，现代资本主义的市民社会将人们从过去的血缘关系中解放出来，以资本主义的生产关系重新组织人与人、人与社会之间的关系，实现了从家庭人到市场人的变革。今天我们或正在经历同样的历程，数字文明时代中被数字逻辑控制的"数字人"，已然成为人最根本的存在方式。

1."家庭人"：原始社会中人的生存方式

马克思曾对家庭有许多相关的论述，意图分析以父权制家庭为代表的个体家庭在原始社会末期的地位。在《人类学笔记》中，马克思将家庭视为"第一个有组织的社会形式"，认为原始社会生产关系的基础是血缘关系纽带下的全体生产者与生产资料的结合。同时马克思也对血缘亲属关系作用的认识，进行了较多的摘录和评注，主要体现在对摩尔根的《古代社会》所做的笔记中。马克思将人类历史划分为三个时代：蒙昧时代、野蛮时代和文明时代。到野蛮时代晚期，随着冶铁、建筑等技术的发展，犁耕农业获得发展，父权随之获得了绝对的权力。这种父权制家庭的影响力远远居于氏族之上。在这种父权制家庭的影响力下所产生的个体家庭逐渐取代氏族在原始社会末期的地位，发挥着基础性作用，"马克思在摘录摩尔根关于血缘亲属制度落后于血缘亲属关系的思想时，指出这种不平衡的发展正像上层建筑落后于经济基础一样：'同样，政治的、宗教的、法律的以至哲学的体系，都是如此'，相当明确地指明了血缘亲属关系在特定历史时代作为决定社会制度的'基础'的地位"[1]。

摩尔根、马克思、恩格斯等人通过对原始社会家庭进行研究总结，科学地概括了家庭的本质，建构起原始社会的家庭理论。"从家庭、婚姻的演变到氏族的本质和源流、从氏族社会的发展直到父权制大家庭在社会中的地位与

---

[1] 马克思主义来源研究论丛编辑部：《马克思主义来源研究论丛（第11辑）·特辑：马克思人类学笔记研究论文集》，商务印书馆1988年版，第137页。

作用，都离不开血缘亲属关系的演变这条线索。"① 据此我们可以做出判断：在原始社会中，对人的发展起关键作用的是血缘纽带，在血缘家庭的控制和影响下，人俨然成了一个"家庭人"。随着资本主义社会生产和交换关系的发展，马克思认识到，现代资本主义的市民社会将人们从过去的血缘关系中解放出来，以交换关系和生产关系，尤其是货币和资本为媒介，重新组织人与人、人与社会之间的关系，依附于封建家族的佃农成为资本家的雇佣劳动力，人的存在方式实现了从"家庭人"到"市场人"的变革。

2. "市场人"：资本主义社会人的生存方式

资本主义是依靠资本建立起来的世界秩序，它通过这一资本主义社会公认的法则，将生产和交换凝结起来，成为一个世界体系。资产阶级撕碎了罩在家庭关系上温情脉脉的面纱，把这种关系变成了纯粹的金钱关系，在资本逻辑的操持下人已然成了一个彻头彻尾的"市场人"。而这种市场人的通病就在于他们像守财奴一样，双手捧住他们心爱的钱袋，用嫉妒或者猜疑的目光打量着他们的邻居。这一变化揭示了资本对剩余价值无止境的追求以及由此造成的人与人、人与自然之间的对抗关系，从另一方面来看，他们是被资本"异化"了。

在《1844年经济学哲学手稿》中，马克思首先对异化概念给出了一个描述性的判断："按照国民经济学的规律，工人在他的对象中的异化表现在：工人生产的越多，他能够消费的越少，他创造的价值越多，他自己越没有价值、越低贱，工人的产品越完美，工人自己越畸形，工人创造的对象越文明，工人自己越野蛮，劳动越有力量，工人越武力，劳动越机巧，工人越愚蠢，越成为自然界的奴隶。"② 在资本主义市场条件下，资产阶级弘扬的自由实际上是一种"虚妄的自由"，资本主义社会的本质则是自由遮蔽下的奴役化。在《1857—1858年经济学哲学手稿》中，马克思将人的发展分为三个阶段："人对人的依附"——"人对物的依附"——"超越依附的自由全面发展"。在前资本主义时期，人与人的关系是一种人身依附关系，奴隶依附于奴隶主、农奴依附于封建领主。而到了资本主义社会，这种人身依附关系发生了破裂，

---

① 马克思主义来源研究论丛编辑部：《马克思主义来源研究论丛（第11辑）·特辑：马克思人类学笔记研究论文集》，商务印书馆1988年版，第134页。

② 《马克思恩格斯选集》第2卷，人民出版社2012年版，第52—53页。

农民摆脱了封建领主，获得了名义上的解放，可以"自由地"出卖自己的劳动力，然而实质上，在这种资本主义的背景之下，人对人的依赖转变为人对资本（物）的依赖，表面来看，资本主义社会中的人获得了形式上的政治解放，但这种解放却是有局限性与虚妄性的。资产阶级的意识形态披着"温情的面纱"，对工人进行最残酷的剥削与压迫且使人不自知，从精神上奴化被统治阶级，使其沉醉在自由平等的迷梦中。

"资本的必然趋势是在一切地点都使生产方式从属于自己，使它们受资本的统治。"① 在资本主义社会中，资本主义的生产方式成为社会发展的主导力量，社会按照资本逻辑的规律来运动。同原始社会的血缘纽带关系相比，资本主义打破了以往社会狭隘的民族性、地域性的局限，扩大了人们的交往空间，使世界联结成为一个整体。人从自然血缘关系、政治统属的束缚中摆脱出来，代之以交换价值为中介的全面的社会交往。在资本逻辑的支配下，生产的目的在于最大限度地追求剩余价值，以实现资本的无限扩张。资本家是资本的人格化，作为价值增殖的狂热追求者，他们为了生产而生产，以期获得最大利益。但与此同时，资本主义生产条件下的资本和劳动力是对立的，资本控制了劳动，劳动的主体性丧失，人成了一个彻头彻尾追逐利益的"市场人"。

3. "数字人"：数字文明时代人的生存方式

在当今社会，微信、支付宝代替货币成为经济生活最基本的架构。网上交易平台代替线下购物成为最主要的交易形式，揭示出一个属于数字的新型时代的来临，资本主义社会关系下维系人与人之间关系的货币已经逐渐弱化，让位于更根本的数据关系，人实现了生存方式的又一次变革。

马克思在《德意志意识形态》中曾说道："个人如何表现自己的生命，他们自己就是怎样。"② 在数据时代，当"生物技术革命与信息技术革命融合之后，大数据算法有可能比我更能监测和理解我的感受，而掌控一切的权威也可能从人类手中转移到计算机手中。"③ 在这样一种数字逻辑宰制之下的社会

---

① 《马克思恩格斯全集》第34卷，人民出版社1998年版，第128页。
② 《马克思恩格斯选集》第2卷，人民出版社2012年版，第147页。
③ ［以］尤瓦尔·赫拉利：《今日简史——人类命运大议题》，林俊宏译，中信出版集团2017年版，第45页。

中，我们每个人的生命之轨迹、痕迹，都转化为算法、数据系统的档案，作为数据保留于数字网络中。在这种大数据和算法支配下的人不再是单纯意义上的主体，而是被算法分析、解剖的对象。我们的生存方式正在用看不见的形式呈现在数字化网络中，传统意义上的人正遭遇前所未有的挑战。

在数字时代，我们可以这样理解：一旦我们通过互联网掌握了相关数据，我们便可以通过大数据预测和把握该个体的倾向和喜好，例如在购物时，我们会在互联网上留下痕迹，当这些痕迹达到一定量时，这些软件会根据我们的喜好进行推送。而我们在这个不起眼的过程中，扮演了一个重要的角色：数字劳动中的"工具人"。正如斯蒂格勒所言："程序产业，在每一天，尤其是通过大众化程序推送，生产了大量的'人工群众'，成为了一种'工具人'。"[①]被数字统治的人，俨然成了一具空壳，失去了主体的自我意识，流溢到外部世界的数据痕迹，反过来制约了人自身。法国人类学家费尔南·德利尼（Fernand Deligny）曾得出这样的结论：在没有任何外力或社会形态因素的影响下，人类的行为在记录痕迹上表现为规律性。同样地，在数字化时代中生存的我们也被互联网进行了精准定位。"如果大数据分析完全准确，那么我们的未来会被精准地预测。因此在未来，我们不仅会失去选择的权利，而且会按照预测去行动，如果精准的预测成为现实的话，我们也就失去了自由意志，失去了自由选择生活的权利。"[②]由此我们可以看出，智能终端设备进入寻常百姓家，给人民的生活带来便利的同时，人们的隐私也暴露无遗。可以这样说，随着数字时代拉开序幕，在资本主义社会被资本逻辑统治的"市场人"渐渐地转变为"数字人"。

由此种种，我们可以认识到，人们已经从资本主义社会的"市场人"，变成了依赖算法的"数字人"。正如资本主义社会"把一切民族甚至最野蛮的民族都卷入到文明中来了"[③]，数据算法将"一切个体甚至最偏远的个体都卷入

---

① ［法］贝尔纳·斯蒂格勒：《南京课程：从人类纪时代阅读马克思恩格斯》，张福公译，南京大学出版社2019年版，第119页。

② ［英］维克托·迈尔-舍恩伯格、肯尼思·库克耶：《大数据时代：生活工作与思维的大变革》，盛杨燕、周涛译，浙江人民出版社2013年版，第205—206页。

③ 《马克思恩格斯选集》第2卷，人民出版社2012年版，第276页。

到数字文明中来了"①。

（三）从客观到主观：时空关系的重构

时空之间的变动关系才是社会变化的关键特征，每一次技术变革都会塑造一个新时空结构，进而改变已有的社会结构与生存方式。数字时代区别于以往任何一个文明形态的特点就在于，数字化的发展使得传统的空间理论发生嬗变：其一，它突破了时空的界限，缩短了人们的现实距离，改变了人与人、人与世界之间的关系，使得人的个体生活的时空联系逐渐从相对封闭、稳定的状态转向开放、流动的状态；其二，它用数字化的方式对人们赖以生存的空间进行重构，建构了一个凌驾于现实世界之外的虚拟的数字世界，为人们的生存开辟出了一种全新的存在方式，使得人们面向了一个更加广阔的世界。

在古代西方哲学中，时间、空间的概念都被排除在理念论的系统之外。最初，古希腊对空间概念的关注，主要来源于人们在经验生活中对虚空的感受，由于虚空体现为事物的界限，随后，这一概念也与处所相关联。然而，首次从哲学层面上关注这一概念的是柏拉图。亚里士多德对此有专门说明，他说："我之所提到柏拉图，是因为当大家都还在谈论地点（Topos）这东西存在时，只有他已经在力图说明它是什么了。"② 在《蒂迈欧》篇中，柏拉图指出："在重新开始讨论宇宙的时候，我们需要做出比以前更加充分的划分。我们在前面划分了两个类别，现在我们必须分出第三类来……我们要把什么样的性质赋予这种新的存在类别呢？回答是，它以一种类似保姆的方式承受一切生成的事物。"它"是永恒存在不会毁灭的空间，它为一切被造物提供了存在的场所。"③ 亚里士多德对时空观进行了系统化的理论研究，指出正是在时间中，万物才生成和消灭着，认为空间是不以人的意志为转移的，是运动的基础和载体，它承载了一切物理运动。康德在《纯粹理性批判》中，将时间与空间视为感性直观形式，开辟了一种与物理学上的空间截然不同的方向。

---

① 蓝江：《一般数据、虚体、数字资本：数字资本主义三重逻辑》，《哲学研究》2018年第3期。
② 苗力田主编：《亚里士多德全集》第2卷，中国人民大学出版社1992年版，第87页。
③ 苗力田主编：《亚里士多德全集》第2卷，中国人民大学出版社1992年版，第302页。

通过这一转向,空间之为空间的真正意义才显示出来了。"借助于外感官(我们心灵的一种属性),我们把对象表象为外在于我们的、它们全都在空间之中。在空间中,它们的形状、大小和相互之间的关系得到规定,或者是可规定的。"① 从这段话可以看出,空间之所以与外部现象有关,是因为空间借助于自身特有的方式将"对象表象为在我们之外",当我们将"对象表象为在我们之外"时,就可以将对象放入"空间"之中。而一旦进入"空间"之中,对象就获得了"形状、大小以及相互之间的关系"。康德认为时间与"内"相关,时间所具有的是一种"内在性"。而空间则与"外"相关,它通过"形状""大小"及其"相互之间的关系"的区分和规定而显示自身的"外在性",如此一来,空间概念便走出了主体之外,进入到生活世界之中。

在《存在与时间》中,海德格尔则是从"在之中"入手来分析空间概念的。在生活世界之中,因为有"在之中",所以空间能够接纳不同的事物,"在之中"指向的是世界,是"在世界之中"。这一思想为我们理解时空观提供了一个很好的思路,将客观性中存在的时空拉回人的生存世界。数字化时代中的时空观,同样也体现了这一逻辑,摆脱了客观性的时空界限的束缚,完成了从客观到主观的时空观的变革。这种变革的关键,在于改变了人的交往方式,打破了地域的界限。

在《资本论》中,马克思指出了"价值镜"的概念,以价值关系为媒介,商品B的自然形态成了商品A的价值形态,或者说,商品B的现物体成了商品A的"价值镜"。借着对"价值镜"的论述,马克思指出人最先认识自己的方式是通过他人对自己的反应,这体现了人与人之间关系的重要性和必要性。处在社会关系中的人,通过这一媒介,获得对自身的身份认知。正如同马克思在《关于费尔巴哈的提纲》中说道:"人的本质不是单个人固有的抽象物,在其现实性上,它是一切社会关系的总和。"② 人同与生活息息相关的社会关系处于一个统一体中,人们所生活的世界,正是自我与他人之间的交互关系构建出来的,每一种生物包括人自身,都以这种方式参与到世界中,

---

① 李秋零主编:《康德著作全集》第3卷,中国人民大学出版社2004年版,第47页。
② 《马克思恩格斯全集》第3卷,人民出版社1960年版,第5页。

形成了一种共同体。而数字化生存，使人们摆脱了时间、空间的限制，让人们面向了一个更加广阔的世界。在数字逻辑统筹的人类文明新形态中，人与世界之间的交往，已经让位于数字化的编码，而通过对数字文明的探索，我们能发现一个凌驾于现实世界之外的数字世界。数字时代突破了传统存在方式的局限，为人们的生存开辟出来了一种全新的存在方式。

随着数字技术的不断进步，传统时空形式发生了改变，在数字化的影响下，人与人、人与世界之间的距离逐渐消失，全人类通过信息化网络联结成一个整体。在科技兴盛之始，人的身份与数据只是偶然接触，但是电子信息技术的广泛传播，如 QICQ、微信、Facebook 等，逐渐为人塑造了一个虚拟的数字身份，随着人们的数字身份凝结在一起，便形成了一个庞大的数字空间，在此基础上，人们与数字的接触便由偶然变为必然。由此，在数据的基础上，人们之间建立了一种虚拟的"数字人"的关系，以此代替身体接触的交往形式。从此在的存在论入手，切入研究时空理论时，我们会发现数据时代中的时空是由人开凿出来的，它重新划定了时空的界限和场域，使其不再受到客观现实的局限，而是通过数字化网络这个中介，编织起来一张与我相关的关系网，构成了存在论的时空观，实现了从客观到主观的转变。时空之间的变动关系是社会变化的关键特征，每一次技术变革都会塑造一个新时空结构，进而改变已有的社会结构与生存方式。

在 21 世纪数字化迅速发展的今天，数字对人的影响愈发深刻，数字技术的发展促使数字从现实世界向虚拟空间进军，"由电脑和网络远程联结建构的数字空间带来距离的消失和全球生活的超融合，不同节点上的空间实践通过数据信息流动而相互作用，人类能够实现光速瞬时交往互动，数字空间得以形成"[1]。在数字空间中，用户借助账号进入其中，以数据形式呈现自身的生活和生产痕迹，与此同时被数据化为"虚体"。数字空间不是由物理实体构成的实体世界，而是由数据构成的实存世界，并且可以反作用于现实世界，与现实世界一起构成人类生产、生活的新场域。通过数据与现实世界的联结，数字空间横空出世，迅速地实现了对现实世界的渗透，并延伸到人们的生活

---

[1] 黄静秋、邓伯军：《数字空间生产中的劳动过程及其正义重构》，《当代经济研究》2021 年第 10 期。

中，对人们的生存产生了巨大的影响。数字空间是人类通过数字技术建构起来的"乌托邦"世界，在这里，人们能够实现现实生活中所无法触及的自由，如与陌生人随意攀谈畅所欲言、自由对时事新闻发表评论、掩盖自己的真实身份……满足人们对自由的一切渴望和需求，为人类一切数字活动奠定了基础，为人们娱乐、生活、工作等各个方面开辟了新的空间，提供了一个可以寄居心灵的孤岛。

（四）异化还是解放："数字人"的出路何在？

哲学之根本目的，在于实现人的解放，即实现人的自由。以往任何时代的哲学，都在为这一目标努力。但无论是哲学还是宗教，总是以抽象的观念规训人，最后不免使人重新落入枷锁之中。进入数字时代，我们同样不是自由的，数字化技术和智能算法的出现，已经给我们生活的方方面面都带来了不可逆转的影响。在数字逻辑的宰制下，异化成了人的普遍生存现状，给人的生活带来了一系列影响：人与数字关系失衡、全球数字生态破坏、新型劳资矛盾出现等。人类妄图逃避而返回到一个没有技术、没有数字的浪漫主义的乌托邦，但我们必须清醒地认识到，数字化的潮流已经不可逆转，我们要做的，就是认清现实，重新塑造一种新的存在方式，从这种数字异化中解放出来，用另外一种新的方式去理解和把握世界，寻找通向未来社会的路径。

其一，人与数字关系失衡，数字时代中的人面临着一种新的境遇："数字异化"。资产阶级的异化是一种"物化"，其意识形态披着"温情的面纱"，却对工人进行最残酷的剥削与压迫。马克思对异化劳动进行批判，认为人的本质是自由自觉的劳动，然而在资本的掌控下，工人的劳动发生了异化，致使人与自己的本质相背离。站在马克思资本主义批判的门槛上，我们可以清晰的感知到：从资本逻辑中挣脱出来的人又陷入了数字逻辑的宰制之中。福柯曾言，资本主义社会是一座"大监狱"。弗洛姆也明确指出，绝大多数处于资本主义社会中的现代人，都是潜在的"精神病"患者，他指出，如果当今社会暂停几周电影、电视、体育比赛等，大多数人都会疯掉，因为在资本主义时代的人，精神心理非常脆弱，依赖性很强且缺乏独立性，一旦抽掉外在之物，就很容易出现精神失常。然而，人没有自我不是道德的落魄，而是现代社会的原罪。现今社会,手机对我们来说,已经成为不可缺少的日用品,如果没有手机,与世界隔离的错觉会让我们变得焦虑。然而,当我们耗费大量的时间在网络上的时候,我们便已成为这个数字网络的附庸,而被我们生产出来的数字则摇身一变成为统治方。人们再一次像在资本主义时代中遭遇的异化劳动一样,失去了自己的类本质。

其二,全球数字生态失衡。在数字时代,数据摇身一变,代替资本成为支配生产、分配、交换、消费的关键要素,而在国际上,数字话语权之争成为世界各国提升国际地位的重要抓手,可以这样说,数字关乎全球政治经济秩序的未来走向与世界各国的核心竞争力。数字化时代到来后,数字资本与产业资本和金融资本融合,形成了一种新型的数字资本主义,加速了世界范围内对数字的掠夺和积累,以便在全球范围内瓜分经济。由此一来,因为数字资本在全球范围内的流动,导致了全球分工体系的重构。数字化程度高的国家,依据领先的数字信息技术,将低收入并消耗大量劳动时间的数字劳动转移到发展中国家,牢牢占据数字竞争的制高点,形成了一种不均衡的国际数字秩序,催生了数字霸权主义,扰乱了全球数字生态平衡。数字霸权是数字劳动异化产生的恶果,对数字生态系统构成严重威胁。

其三,新型劳资关系孕育了新的不平等。随着人类社会加速度迈进数字时代,数字化在改变人们生产生活的同时,也催生了一种新的劳动形态:数字劳动。在一定程度上,数字劳动的发展提高了劳动生产率,促进了人劳动的解放,但实际上,数字劳动的产生,也蕴含了一种新型的劳资关系的对抗,从而孕育了新的不平等。数字时代中的人,在不自觉的状态下,通过使用某种软件从而为软件所有者提供免费的数字劳动,但是其利益却由软件占有者直接占有。在网络中,网民通过检索的次数,形成具有高度价值的数字资本,而作为平台的受众,其资料却被打包出售给广告商,平台的使用者在付出数字劳动的同时,又没有得到相应的报酬,劳动者与数字资本家们之间形成了一种灵活的、非正式的合作雇佣关系。劳动者不直接隶属于网络平台,但是平台却可以通过技术手段,对数字劳动者进行压迫和控制,"一次购买的数据,是没有太多价值的,但是上千万次购买数据,经过分析就会具有不可小觑的价值。关键在于,这些数据以及这些数据构成的平台,并不是共享的,而是被某些大公司无偿占有的。"① "在资本逻辑的驱动下，数字资本与数字技术'合谋'形成一种'革命性的力量'"②，给企业乃至国家间的经济带来了新的不平等。因而，必须摆脱这种现状，寻求数字共享，以保障数字资本占有的公平及正义，从而避免陷入资本主义的旧循环。

现今数字技术方兴未艾，数字已融入每个人的基因中，在这个数字化技术和算法日渐深入的时代，网络作为社会关系的构成中心，影响和改变了当下的生产方式与生活方式，进而引发了社会生活的全面变革，构造了数字化生存图景。我们的生存越来越被数据和算法控制，不难看出，从资本逻辑中挣脱出来的人们，又有重陷被数字逻辑宰制的隐忧，数字异化成为普遍生存现状。为了摆脱这种困境，我们必须对灵魂进行关照，使数字成为目的本身而不是工具，形成新的"数字人"的生存方式，从而在时代的剧变中，找出解决问题的可能性，构建一个美好的数字世界。

---

① 蓝江：《一般数据、虚体、数字资本——数字资本主义的三重逻辑》，《哲学研究》2018年第3期。

② 向东旭：《唯物史观视域下的数字资本逻辑批判》，《当代世界与社会主义》2021年第6期。

第二章 数字资本

资本在历时性的发展中经历了农业资本、产业资本、金融资本,最终发展到我们今天所面临的依托信息技术的数字资本形式,承载着农耕文明、工业文明和数字文明的发展演变。相对于实体经济而言,数字资本属于虚拟经济,马克思早已预见虚拟资本在经济危机中的作用,但是囿于时代的局限性,他并没有对这一理论展开论述。因此,站在马克思《资本论》的角度来看,数字资本是马克思未完成的政治经济学课题。习近平总书记在纪念马克思诞辰200周年的讲话中指出:"新时代,中国共产党人仍然要学习马克思,学习和实践马克思主义,不断从中汲取科学智慧和理论力量。"[1] 我们要与马克思并肩,在当代中国学术话语体系中系统研究数字资本,不断发展马克思主义,书写《资本论》的"可能的续篇",写就21世纪中国版的《资本论》。

一 资本发展的历时性形态

何为资本?亚当·斯密在《国富论》中论述到:他的资财可以分为两部分,一部分用来维持数月以及数年的生活,用这一部分钱来获得额外的收入,另一部分是未曾取得收入之前的消费,用来维持现在的生活。"他希望从以取得收入的部分,成为资本。"[2] 由此可见,资本具有两个特征,一个是收入中

---

[1] 习近平:《在纪念马克思诞辰200周年大会上的讲话》,《人民日报》2018年5月5日第2版。
[2] [英]亚当·斯密:《国民财富的性质和原因的研究》(上卷),郭大力、王亚南译,商务印书馆1972年版,第310页。

未消费部分的积累,另一个是可以创造财富。在前资本主义和资本主义发展的历史长河中,资本的形态不断发生变化。资本是维持任何产业生存的血液,资本对于产业的发展至关重要。

(一) 农业资本

在人类社会发展历史中,经历了三次社会大分工。第一次社会大分工发生在原始社会的中后期,指的是畜牧业和农业分离,这一时期人类征服自然的能力有所提升,劳动生产率不断增长,为产品交换奠定了物质基础,这也是私有制出现的前提。第一次社会大分工给社会带来了很多变化,当时人类还是以部落为单位进行群居,各部落的产品虽有所相同但也对其他部落有所需要,为资本形式的萌芽奠定了基础。第二次社会大分工发生在原始社会末期,指的是手工业从农业中分离出来,这一时期伴随着人类的生产工具不断更新,劳动生产率进一步提升,加之农业规模不断扩大,产品种类也逐渐增多。同时,金属冶炼、酿酒、造船、纺织等工艺也进一步完善,生产步骤更加精细,对各类人才的需要应运而生。第二次社会大分工产生了深远影响,促进了社会生产力的发展,私有制开始形成,也促进了城市的产生。第三次社会大分工是指奴隶社会晚期商人阶层的形成,在经历了前两次社会大分工之后,产品的交换得到了长足进步,并且交换的范围也在不断扩大。伴随着商品和商人的出现,交换的规模、种类都有所扩大,促进了交换的进一步发展。第三次社会大分工的出现对城市的发展具有重大意义,随着社会生产力的进一步提高,城市规模也不断扩大,这为国家的产生奠定了基础,文明时代由此到来。

进入农业社会之后,地主掌握土地这一资本,通过对使用土地的农民榨取地租、放高利贷等手段获取财富。同时封建土地所有制的形式也不尽相同,通过契约租赁、缴纳地租、雇佣佃户等方式实现。农业社会的经济以农业为主。农业社会的农业是指原始农牧业,是以人力、畜力为动力,以简单的手工农具为设备靠天吃饭的农牧业。当时的手工业,如:手工纺织、制陶、打铁、铸铜等是工业社会的雏形。在农业社会,生产技术发展缓慢,科学尚处于孕育期,科学对技术的促进作用尚未显现。随着农业社会的不断发展,出现了农业资本,农业资本是指在农业生产过程中为了维持或扩大生产规模所投入的物质或货币形式的资本。在农业生产的三大基本要素中，即土地、劳动力和资本，农业资本是最为活跃的要素。① 这时的农业资本与现在我们所说的资本还有一些区别。重农学派认为，地租是剩余价值存在的唯一形式，农业资本是唯一生产剩余价值的资本，农业劳动是唯一的生产劳动。重农学派认识到了剩余价值的生产产生于资本的发展，建立在农业劳动生产率的基础之上。但是重农学派认为地租是剩余价值的唯一存在形式，农业资本是唯一的生产资本，农业劳动是唯一的生产劳动，这种认为言过其实。② 以魁奈为代表的重农学派只承认农业资本是唯一的生产资本，所以认为只有农业资本才能作为固定资本与流动资本的划分标准。魁奈的这种划分只对于租地农场主的资本来说才是存在的，因此魁奈的划分是很狭隘的。他在把流动资本和固定资本的划分严格限制在生产资本的范围内时，根本否定了资本的循环过程。货币也是一种资本的形态，即流通资本的形态，不能只将货币认为是资本流通的手段。

随着社会的不断发展，农业文明被工业文明所代替，工业生产在社会中占据主导地位。但是农业作为生产人类生存所必需的基本生活资料的一个产业部门，也就是我们所说的第一产业不可能消失。农业资本的发展不能满足工业文明中资本家对金钱的欲望，工业资本蓬勃发展，挤占了农业资本发展的空间。先行工业化国家的发展经验表明，任何一个处于工业化进程中后期阶段的国家都不可能长期容忍传统工业的存在和农业利益低下的局面。但是在工业化长期发展的过程中，农业利益的低下会导致农业产业的大幅增长，极大阻碍国民经济的健康发展，因此必须对传统农业进行改造。改造传统农业才能促进国民经济增长。资本要素在各经济产业部门之间配备、积累形成的存量之比将会决定一国经济增长是否处于最优状态。也就是说，农业资本的规模与其他产业部门的存量之间有一个最适度的比值。③

农业资本是社会总资本的重要组成部分，在经济中发挥着基础性作用。

---

① 谭光万：《农业商品化 历史与启示》，东南大学出版社2018年版，第87页。
② 张魁峰编著：《〈资本论〉浅说》，中国展望出版社1982年版，第806页。
③ 薛薇：《我国农业资本配置效率测度与区域差异研究》，西南交通大学出版社2013年版，第45页。

农业资本的无效利用会给国民经济整个产业部分的正常运行和稳定发展造成一定的障碍，因此，有必要全面认识和理解农业资本的内涵。[①] 科学技术的不断发展，使得农业部门提高了劳动生产率，农业经济成为社会发展的重要经济形式。农业资本已经不仅仅包括生产农产品所需要的人力、物力和必要的资金，也卷入了资本的漩涡之中无法自拔。薛薇认为，农业资本是资本在农业生产领域和流通领域的一种延续，是处于循环状态的且具有显著的二重性的产业资本。农业资本与整个农业经济、农业产业发展、农业生产的环节紧密相连，是在整个农业经济活动中不断运动、循环并带来价值增殖的资本。农业资本是一个广义的概念，不仅包括农业产业部分内的货币资本、物质资本，还包括人力资本在内；狭义的农业资本则仅是指货币资本和物质资本。[②] 农业资本发展到现在这一阶段，从宏观上来说，也属于产业资本的一部分。农业资本与工业资本同属于产业资本的一类，二者只是分别产生于农业和工业这两大产业部门内部。马克思在《资本论》中提出，产业资本的循环是生产过程与流通过程的有机统一，产业资本分别以货币资本、生产资本和商品资本三种不同的职能资本形式与生产过程的购买、生产、销售三环节相对应。从货币资本出发，通过购买生产资料、生产商品和售卖商品三个阶段，最终带着剩余价值又回到货币资本的形态上，周而复始地运动，资本像滚雪球一样越滚越大，资本的最本质属性就是增殖。当资本进入到农业产业的生产链条中，被农业产业所支配和使用，也是为了完成资本的本质属性。农业资本为了完成农业产业的价值增殖，进行资金积累，可以说农业资本是特殊的产业资本。[③] 农业资本的组成形式已经发生了根本的变化。何秀荣认为，根据不同的标准可以将农业资本划分为不同的类型。按照来源渠道不同，农业资本可以划为农户自有资本、国家财政支农资本、农业信贷资本、经济组织投入的农业资本、国外农业资本。按照具体服务的领域和对象划分，农业资本可

[①] 薛薇：《我国农业资本配置效率测度与区域差异研究》，西南交通大学出版社 2013 年版，第 36 页。
[②] 薛薇：《我国农业资本配置效率测度与区域差异研究》，西南交通大学出版社 2013 年版，第 41 页。
[③] 薛薇：《我国农业资本配置效率测度与区域差异研究》，西南交通大学出版社 2013 年版，第 40—41 页。

以划为农业生产资本、农产品销售资本、农业基础设置资本、农业科技及推广资本。① 因此，农业资本是商品货币经济条件下，农业生产和流通过程中所占用的物质资料和劳动力的价值形式和货币表现，也是市场经济条件下，农业生产单位获取各种生产要素的不可缺少的重要手段。②

（二）产业资本

伴随着资本主义生产技术的不断发展和劳动过程的社会化提高，不同产业的崛起使得产业资本最终支配着整个社会生产。产业资本经过了简单协作、工场手工业和机器大工业三个阶段，以创造剩余价值和实现剩余价值为主要功能。产业资本决定着生产的性质，资本是在不断循环运动中实现价值增殖的，而能够发生价值增殖的资本只有产业资本，它包括工业、农业、建筑业等各个物质生产部门的资本。马克思指出："资本主义的生产是剩余价值的生产"③，"这不外是实际生产过程中剩余劳动的生产，对无酬劳动的占有，而这种无酬劳动表现为，对象化为剩余价值"④。货币资本、生产资本、商品资本，不是独立的三种资本形式，而是产业资本在循环过程中分别采取的三种形式，它们分别执行着三种职能。产业资本只有处在三种职能形式上又同时处在三种循环形式上，才能有循环过程的连续性。⑤ 马克思指出："产业资本是在资产阶级社会占统治地位的资本主义关系的基本形式，其他一切形式都不过是从这个基本形式派生的，或者与它相比是次要的，——派生的，如生息资本；次要的，也就是执行某种特殊职能（属于资本的流通过程）的资本，如商业资本。"⑥

马克思的《资本论》系统阐述了马克思主义政治经济学的基本原理，对产业资本进行了鞭辟入里的分析。马克思在《资本论》的第一卷中分析了资本直接生产的过程，以劳动价值论为基础，以资本和雇佣劳动的关系为轴心展开，以剩余价值为红线贯穿始终。在第二卷中分析了资本的流通过程，也

---

① 何秀荣主编：《比较农业经济学》，中国农业大学出版社2010年版，第128—129页。
② 张广花主编：《合作社经济》，浙江工商大学出版社2012年版，第92页。
③ 《马克思恩格斯全集》第38卷，人民出版社2019年版，第57页。
④ 《马克思恩格斯全集》第38卷，人民出版社2019年版，第60页。
⑤ 赵林如编：《中国市场经济学大辞典》，中国经济出版社2019年版，第142页。
⑥ 《马克思恩格斯全集》第26卷（第三册），人民出版社1974年版，第518页。

就是剩余价值的实现问题，系统阐释了他的资本循环理论，论述了产业资本循环的三个阶段、三种形态、三种循环的统一。第三卷分析了资本主义生产的总过程，分析了剩余价值的分配问题。产业资本在不断运动中依次经历三个阶段，在不同阶段采取不同职能形式。第一阶段是购买阶段，产业资本执行货币资本职能。资本家在市场上用资本购买生产资料和劳动力，为获取剩余价值做准备。第二阶段是生产阶段，产业资本执行生产资本职能，资本家将购买的生产资料和劳动力投入生产领域，生产出包含着剩余价值的商品。第三阶段是售卖阶段，产业资本执行商品资本职能，资本家将包含着雇佣工人所创造的剩余价值的商品售卖出去，获得比预付资本要多的货币资本，多出来的部分即剩余价值。产业资本的三种职能形式必须在空间上并存和在时间上继起。产业资本的循环是货币资本循环、生产资本循环和商品资本循环的统一，支配着整个社会生产。从产业资本循环的职能形式中分离出来的商业资本和借贷资本都从属于产业资本，并参与剩余价值的分配。从上述对产业资本的定义中，我们可以看到，产业资本在运动中依次经过购买、生产和售卖三个阶段，并相应地采取货币资本的职能形式、生产资本的职能形式、生产剩余价值和商品资本的职能形式，实现剩余价值，最后又回到货币资本的职能形式上，因而产业资本最本质的特征就是生产剩余价值，它决定了生产的资本主义性质。产业资本的存在，最直接地体现着资本与雇佣劳动之间的阶级对立。随着资本主义的发展，货币资本和商品资本的职能形式由于社会分工而得到独立的发展，逐渐从产业资本运动中分离出来，形成了商业资本和借贷资本。商业资本和借贷资本不生产剩余价值，但却参与剩余价值的分割，获取相应的商业利润和利息。

产业资本是为了创造和实现剩余价值，而剩余价值的多少由时间直接决定。亚里士多德在《物理学》一书中对时间这个概念进行了解释，认为它是与某种关于自然的存在论联系在一起的。"时间"与"地点"和"运动"相提并论。黑格尔的时间分析忠实于传统，这一分析位于《哲学全书》的第二部，其标题是：自然哲学。它的第一篇用于"空间与时间"的讨论。[1] 黑格

---

[1] ［德］马丁·海德格尔：《存在与时间》，陈嘉映、王庆节译，生活·读书·新知三联书店2012年版，第484页。

尔把时间与空间相提并论，但这并非仅仅凭借外在并列的方式：空间"并且还有时间"。在海德格尔看来，时间是理解存在意义的视野，《存在与时间》就是从时间的维度去领会存在的，传统存在论对存在的理解都是从某种特定的时间领会中获得指导线索。海德格尔说，我们须得源源始始地解说时间性之为领会着存在的此在的存在，并从这一时间性出发解说时间之为存在之领会的视野。[①] 卢卡奇认为，时间就是一切，工人的差别在时间中没有任何的意义。时间失去了原本具有的流动性、质的规定性，时间下降为一个可测量的，按照统一标准分段标志的空间化的东西。资本主义社会中，资本主义的固有矛盾是生产资料私有制和社会化大生产之间的矛盾，社会化大生产的趋势不可改变，能改变的就是生产资料的私人占有。但是生产资料私人占有改为公有制后，那资本主义社会也就不能称之为是资本主义社会。生产资料私人占有的性质也导致资本家想方设法地实现资本的不断增殖，正如科威尔指出"扩张或死亡"是资本的最终宿命。为了最大化地实现产业资本的增殖也就是资本的扩张，时间是一个非常重要的因素。

  在马克思的社会发展理论中，时间是一个非常重要的概念，是马克思主义政治经济学中讨论的一个基本范畴，是马克思批判资本逻辑的重要维度，对劳动时间和自由时间的关注就是要揭露资本主义生产背后的时间统治。在产业资本时期，劳动时间成为剩余价值大小的决定因素，资本对剩余价值的追求实际就是对劳动时间的追求，因此，资本为了自身的增殖必然要求对劳动时间进行控制。不管是人类生存还是资本积累的一个非常重要的原则就是时间，在马克思主义政治经济学中，绝对剩余价值和相对剩余价值的区分就是将时间作为标准。在必要劳动时间不变的条件下，通过绝对延长工作日，从而绝对延长剩余劳动时间，这样生产出来的剩余价值被称为绝对剩余价值；在工作日长度不变的条件下，由于缩短必要劳动时间、相应延长剩余劳动时间而产生的剩余价值被称为相对剩余价值。马克思指出："通过延长工作日而得到的绝对剩余价值，自然是任何单个资本家出发的基础，因为只有在单个资本家能够高于劳动产品的个别价值出售劳动产品的情况下，劳动生产率的

[①]［德］马丁·海德格尔：《存在与时间》，陈嘉映、王庆节译，生活·读书·新知三联书店2012年版，第21页。

提高才会使单个资本家所支付的工资相对减少。"① 在科学技术、企业管理相对落后的条件下，产业工人的劳动时间不断被延长，工人自己的时间被无限压缩。而随着大机器的不断普及，资本家对工人的剥削更加严重，工人辛勤劳动不仅没有为自己换来自由时间，反而使得资本家获得了更多压制自己的工具，只要存在的东西都可以转化为资本积累的符号。而产业资本之所以经久不衰，一个主要原因是无产阶级丧失了革命意识。首先，随着资本主义的发展，工人受到的种种剥削和压迫依旧存在，但是工人对这种剥削逐渐变得置若罔闻，导致工人阶级的革命性弱化。一方面，由于资本主义的欺骗性，资本主义社会使得人的生活方式变得同化，工人和资本家享受同样的电视节目，游览同样的名胜古迹，工人能够和资本家一样打扮得漂亮，工人也能够拥有私人汽车。由于生活方式的同化，大家都分享了资本主义的好处，以往那种在自由和平等名义下提出抗议的生活基础也不复存在。另一方面，先进的资本主义国家中统治阶级改变了其统治形式，它们的统治日益带有"总体"的性质，也就是说，资本主义国家的统治已经由单纯的政治统治转向更多依靠意识形态进行统治，无产阶级日益认同资本主义的国家和社会。

（三）金融资本

金融资本是工业资本与银行资本融合的产物，但是在马克思当时所处的时代，因为历史条件的限制，马克思只是将银行资本作为一种从属于产业资本的资本来分析，并没有将这种资本形式作为一种独立的资本形式加以探究。到19世纪末，随着生产的进一步集中，垄断的发展，工业资本和银行资本的进一步融合，一种新的资本形态——金融资本，正孕育诞生并逐渐占据了主导地位。

"金融资本"概念最早由拉法格于1903年在《美国托拉斯及其经济、社会和政治意义》中提出，指的是因工业资本扩张而导致产业资本与银行资本的融合渗透形成的一种新资本形态。真正对这一概念进行系统化阐发的是希法亭，他在1910年出版的《金融资本》一书中提出，随着资本主义生产的发展，信用也日益发展起来。在发达的信用基础上，产生了股份资本。工业资

---

① 《马克思恩格斯全集》第37卷，人民出版社2019年版，第239页。

本和银行资本也开始相互渗透，银行资本在越来越大的程度上转变为产业资本。通过这种途径转化为产业资本的银行资本，即货币形式的资本，成为金融资本。也就是说，金融资本是由银行支配并供产业资本家使用的资本。从中可以看出，金融资本一开始的作用与商业资本和产业资本无异，或是优化资源配置，或是促进物质生产。希法亭认为，正是在 20 世纪，随着股份有限公司的大批出现，资金以各种形式的大规模集中，金融资本主义才与工业资本主义和商业资本主义形成三位一体：工业资本主义为圣父，商业资本主义为圣子，其地位较低，金融资本主义则是贯穿一切的圣灵（其地位最高）。①列宁对金融资本的形成、特征及其发展规律和发展趋势作了全面系统论述。1917 年，列宁的《帝国主义是资本主义的最高阶段》一书的出版，标志着马克思主义金融资本理论的最终创立。金融资本是在垄断产生的基础之上，工业资本和银行资本日益融合而形成的资本形态，是资本主义生产的社会化和生产资料私人占有的基本矛盾发展的必然结果。列宁指出，垄断是金融资本产生和发展的经济基础，金融寡头的统治是金融资本的实质，对外侵略扩张和控制世界经济是金融资本发展的必然趋势，寄生性、腐朽性和垂死性是金融资本的基本特征。金融资本的统治激化了资本主义的固有矛盾，帝国主义之间的战争是无产阶级社会主义革命的前夜。可以说，列宁的金融资本理论具有十分重要的意义，起到了承前启后、继往开来的作用，为人们深刻理解资本发展变化的脉络和内在逻辑提供了广阔而深刻的理论视野。

通过对金融资本定义的发展过程梳理，我们可以看出金融资本与垄断、银行资本、工业资本密不可分，金融资本实质上就是垄断资本。金融资本是由工业垄断资本和银行垄断资本融合在一起而形成的一种垄断资本。随着生产集中和垄断的发展，银行资本由集中走向垄断，工业垄断资本对银行的依赖增强，大银行同大企业的金融联系更加密切，形成了固定的关系。通过金融联系、资本参与和人事参与，银行垄断资本和工业垄断资本密切地融合在一起，产生了一种新型的垄断资本，即金融资本。金融资本的蓬勃发展创造了金融资本主义，也形成了金融帝国主义，是金融资本主导社会政治、经济，

---

① ［法］费尔南·布罗代尔：《十五至十八世纪的物质文明、经济和资本主义》第 3 卷（下），顾良、施康强译，商务印书馆 2018 年版，第 764 页。

通过金融系统进行货币财富积累而凌驾于产品生产过程之上的一种经济制度。自 20 世纪 70 年代以来，伴随着新国际劳动分工的推进，金融资本主义成为全球社会与经济形态的主宰力量。① 我们不能将金融资本主义称为是 20 世纪的新生儿，早在热那亚和阿姆斯特丹，由于商业资本的急剧增长，金融资本已将商埠置于自己的控制之下，并短暂地征服了整个商业世界。结合当代资本主义经济的变化，对金融资本的理解应从狭义和广义两个层面来进行。在狭义层面，金融资本指的是金融领域中凭借剩余索取股（股息、红利、利息等）获取各种食利性收入的纯粹金融资本形态，如股票、债券、信贷和金融衍生工具等。在广义层面，金融资本是指在生产和资本集中的过程中，食利性资本与产业资本的结合及其对社会政治经济的绝对支配。当前，产业资本与金融资本密不可分，产业资本的金融化与金融资本的产业化趋势并存。产业资本广泛参与资本市场金融投机活动，金融资本也广泛介入实体经济活动，因而很难将二者完全区分开来。

（四）数字资本

随着人工智能、大数据、云计算和物联网的发展，人类进入了新一轮工业革命带来的数字智能化时代。全球进入以信息化、全球化、金融化和新自由主义为特征的新阶段，金融资本的形式也发生了相应的变化。现代信息技术和网络的应用使得金融衍生资本不断扩张，最直接的表现就是虚拟资本的扩张。国际贸易的快速发展、银行业跨国服务推进了国际银行业的集中，主要是设立海外分支形式的银行业直接对外投资，这也加速了全球信贷和虚拟金融产品的发展。在此基础上，数字资本替代产业资本和金融资本成为当代资本主义发展的新形式。

在产业资本时期，资本对劳动的剥削被马克思分析的入木三分。到了现阶段的数字资本时期，资本对劳动的剥削并没有减少，反而更加猖狂。数字资本下的劳动时间更具弹性，资本对劳动的剥削更加隐匿，它凭借媒介技术对传统产业劳动进行了时空的分离与权力的内嵌，并且依托大数据系统将人们的劳动与数字捆绑。卢卡奇所言之"物化"，马克思分析的"异

---

① 罗志刚等：《"一带一路"与世界轴》，同济大学出版社 2019 年版，第 48 页。

化"都已经转化为数字资本逻辑控制下的"数据化"的异化。卢卡奇认为，正统的马克思主义在于它的方法论，也就是辩证法，而辩证法的核心是总体性，主客体相互作用的辩证法，物化批判是历史辩证法的主题。物化主要体现在三个方面，人的数字化、主体的客体化和人的原子化。卢卡奇在两个方面推动了马克思的异化理论，一是密切结合了合理化时代分析，二是揭示了普遍化和加剧的趋势。马克思的异化理论有四种维度：劳动者与劳动产品相异化、劳动者与劳动本身相异化、人与类本质相异化以及人与人相异化。当今社会，数字资本将这种异化阐释得淋漓尽致。一个程序员的工作就是不断地在做程序的维护，不断地补 bug，另一些人每天都在写公众号，不知道自己的目标是什么，他作为乙方完成甲方或者是他的公司设定所追求的流量，追求的点赞数目，所以要起有噱头的标题，写有固定范式的文章，要制造社会冲突，这就是当代人异化的表现，也是法兰克福学派所批判的文化工业的最新表现。可以说，在数字资本时期，文化更加成为一种固定范式，批量进行生产，影响着人类的生活方式与思维习惯。随着科学技术的发明、生产方式的改进、贸易的扩展，本应是生产力快速发展，给人们普遍带来丰厚的物质财富，却实际上把一小部分人送进"物欲的天堂"变为资本家，把大部分人送进"生存的地狱"变成生产者。当前，我们已经事实性地进入了数字资本的时代，在这个时代里，人们的行动逻辑和思想动向已经发生了改变。今天的异化不再是简单的物化，而是数字异化，这意味着个体的社会关系从前是以物（商品）的形式出现，如今依赖于一个数字化的虚体而存在。①

　　数字资本所带来的经济便是数字经济，《二十国集团数字经济发展与合作倡议》（2016）中对数字经济作了界定，数字经济是指以使用数字化的知识和信息作为关键生产要素、以现代信息网络作为重要载体、以信息通信技术的有效使用作为效率提升和经济结构优化的重要推动力的一系列经济活动。依托数字资本形成了数字资本主义，数字资本主义又称信息资本主义，指的是资本主义进入信息时代，信息网络技术成为资本主义先进生产力的代表，并

---

① 蓝江：《一般数据、虚体、数字资本——数字资本主义的三重逻辑》，《哲学研究》2018 年第 3 期。

对整个资本主义的生产关系、生产方式和社会政治制度产生重大的影响。作为资本的一种创新形态，数字资本主义这一概念是随着网络信息技术的普及而出现的，以丹尼尔·席勒于1999年出版的《数字资本主义：互联网与全球市场体系》一书为代表。数字资本主义强调的是市场体系中的政治经济学逻辑与数字网络紧密结合，数据和云计算形成的庞大的体系日益为资本所渗透，数字时代的所有要素无一例外地被数据所中介。21世纪资本主义出现的新变化远不止于此，资本创新的形式也在不断演变、发展、变化，这也展现了资本主义为了摆脱周期性的经济危机所做出的努力，资本主义必然会穷尽所有手段维持其历史性的存在。但是这也正印证了马克思的论断，资本创新不断炸毁它的外壳，新的否定力量从内部产生出来。

二　数字财富的创造

财富创造核心是价值创造，只要把价值创造讲清楚了，数字财富的创造也就能被理解了。数字资本是不同于农业资本、产业资本、金融资本等一切旧的形式的资本，以往的资本形式总是以特定的外在形态表现出来，但数字资本却没有特定的外在形态，因而，对于数字财富生产的考察必然不能等同于以往的农业资本、产业资本、金融财富生产的考察，对于数字财富生产的考察要追溯其源头。数字财富的生产核心是弄清楚其价值生产。古典政治经济学所考察的财富对象正是传统资本，而马克思的劳动价值论不但对传统的具有外在形态的财富生产具有有效性，而且对没有特定的外在形态的数字财富的价值生产具有分析能力。

（一）马克思对劳动价值论的突破为数字财富的赋值开辟道路

古典经济学也认为劳动创造价值，表面看来，这与马克思的劳动价值论有共同之处，甚至马克思的劳动价值论正是来源于古典经济学的劳动价值论，或者至少可以说，马克思的劳动价值论深受古典经济学劳动价值论的启发，然而，马克思的劳动价值论与古典经济学的劳动价值论又有着根本不同的性质，马克思劳动价值论的创立本身就是对古典经济学劳动价值论的根本批判和超越，因而，弄清古典经济学劳动价值理论，廓清马克思劳动价值论与古典经济学劳动价值论之间的界限，是捍卫马克思劳动价值论的重要步骤，甚至可以说，当前对马克思劳动价值论的质疑，毋宁说是对古典经济学劳动价值论的质疑，马克思劳动价值论之所以受到质疑，甚至可以说是质疑者没有区分马克思劳动价值论与古典经济学劳动价值论之间的区别，以至于误将古典经济学的劳动价值论等同于马克思的劳动价值论，也就将对古典经济学的劳动价值论的质疑转换为对马克思的劳动价值论的质疑。

威廉·配第是古典经济学的开创者，他首次开创性地提出了劳动创造价值的观点，但在威廉·配第看来，劳动并不是价值的唯一源泉，价值的源泉是土地和劳动共同的产物，配第在《赋税论》中讲，"财富的最后源泉，终归是土地与劳动；土地为财富之母，而劳动则为其父"①，一切价值"都是土地和投在土地上的人类劳动所创造的"②。威廉·配第虽然提出劳动创造价值，但他的理论与其说是劳动价值论，不如说是土地价值论。真正提出劳动创造价值的是洛克，洛克是劳动价值论的先驱，他在《政府论》下篇中指出，"在有利于人生的土地产品中，十分之九是劳动的结果，这不过是个极保守的计算。如果我们正确地把供我们使用的东西加以估计并计算有关它们的各项费用——哪些纯然是得自自然的，哪些是从劳动得来的——我们就会发现，在绝大多数的东西中，百分之九十九全然要归之于劳动。"③ 如果说威廉·配第还认为是土地与劳动共同创造了价值，那么洛克则将价值根本上归功于人类劳动，但洛克的劳动创造价值并不纯粹，他还留有劳动之外的他物创造价值的后门。只要在价值论的来源上还没有最终杜绝任何非劳动的因素，劳动价值论就始终还没有最终确立。在亚当·斯密和大卫·李嘉图那里，古典经济学劳动价值论得以完成。亚当·斯密讲劳动是最终的价值来源，"劳动是最根本的价格，也就是说，劳动是我们为一切东西所支付的原始代价"④，价值由劳动创造，商品的"价值就等于能够用来购买或支配的劳动数量"⑤，"一种

---

① 王亚南：《威廉·配第〈赋税论〉出版三百年》，载 [英] 威廉·配第：《赋税论》陈东野等译，商务印书馆1963年版，第iv页。
② 王亚南：《威廉·配第〈赋税论〉出版三百年》，载 [英] 威廉·配第：《赋税论》陈东野等译，商务印书馆1963年版，第iv页。
③ [英] 洛克：《政府论》（下篇）叶启芳、瞿菊农译，商务印书馆1996年版，第27页。
④ [英] 亚当·斯密：《国富论》谢宗林、李华夏译，中央编译出版社2011年版，第23页。
⑤ [英] 亚当·斯密：《国富论》谢宗林、李华夏译，中央编译出版社2011年版，第23页。

物品通常应可购换或支配的劳动量,只由取得或生产这物品一般所需要的劳动量来决定"①,大卫·李嘉图也讲,"如果体现在商品中的劳动量规定商品的交换价值,那么劳动量每有所增加,就一定会增加劳动商品的价值,劳动量每有所减少,其商品价值也必然减少"②。李嘉图解释交换价值为何来自于耗费劳动而非其他自然的力量,假如面粉机得到风力或水力推动,节省人力劳动,于是面粉的交换价值便会下降③。但这也是李嘉图理论最大的弱点。约翰·斯图亚特·穆勒指出李嘉图没有分清价值和价格,他只是将两者等同④。

  古典政治经济学从对生产过程的考察中得出了劳动创造价值的结论,这根本锁定了价值的来源,但同时,这种理解也将劳动价值论囿于生产领域,给劳动价值论的取消埋下了祸根。无疑,在生产过程中古典政治经济学的理解是正确的,这是进行经济观察的一个重要方式,但古典政治经济学的劳动价值论与马克思的劳动价值论是根本不同的,古典经济学是为了对资本主义生产过程作出说明,是为了建立一门经济科学和增加社会福祉,正如恩格斯在《国民经济学批判大纲》中指出的那样,它是"一个成熟的允许欺诈的体系、一门完整的发财致富的科学"⑤,而马克思创造劳动价值论则是为了进行资本主义批判,其研究对象根本上来讲是实践的,它不仅是一门科学;古典经济学是在知性逻辑的基础上建立起来的,它所力图构建的是类似于物理学的科学的经济学,然而,这一严格的科学意义上的经济学的必然前提是参与生产过程的全部要素都是丧失主观性的客观化物,即参与到生产过程中的人被彻底物化才是古典经济学的前提,马克思讲,在这种生产过程中,"人们扮演的经济角色不过是经济关系的人格化,人们是作为这种关系的承担者而彼此对立着。"⑥既然是参与生产活动的人被客观化为物,那么,劳动者这种物与其他物的本质区别也就消失了,所谓劳动创造价值,无非是物的有节奏、

---

  ① [英]亚当·斯密:《国民财富的性质和原因的研究》(上卷),商务印书馆1972年版,第42页。
  ② [英]李嘉图:《政治经济学及赋税原理》,华夏出版社2005年版,第5页。
  ③ [英]李嘉图:《政治经济学及赋税原理》,华夏出版社2005年版,第202页。
  ④ [英]约翰·穆勒:《政治经济学及其在社会哲学上的若干应用》(上卷),商务印书馆1991年版,第493页。
  ⑤ 《马克思恩格斯文集》第1卷,人民出版社2009年版,第56页。
  ⑥ 《马克思恩格斯全集》第44卷,人民出版社2001年版,第104页。

有秩序的运动——机械运动创造价值,这也就是古典经济学把价值最终理解为人的劳动产物,也就是说,不仅是人的劳动,而且只是加工劳动产品的有秩序的机械运动就可以创造价值。洛克讲,是劳动对土地附加了最大部分的价值,没有劳动土地几乎毫无价值,"劳动的改进作用造成价值的绝大部分"①,在洛克看来,肥沃的土地之所以能够带来丰厚的收益,只是因为它被附加了人类劳动,这种所谓的劳动即对土地的深耕,正是对土地的深耕,生地变成了熟地,土地上的收益增加了。在洛克看来,土地的深耕这种劳动附加增加了土地的收益,而这种劳动所突出强调的是对劳动对象的改造,至于劳动主体是什么,如何劳动,则不在古典经济学的视野中。更有甚者,在古典经济学那里,由于人的劳动被看作单纯的对劳动资料的加工过程,于是,人也就变成了物。因为在古典经济学那里根本没有人,所谓的人只不过是会说话的工具,而这种将人物化的经济学正是马克思所要根本反对的,在马克思经济学视野中,整个生产过程恰恰是人的劳动过程,因此,只有马克思才能提出真正的劳动价值论。

古典政治经济学提出劳动价值论囿于生产领域而马克思的劳动价值论则以人的全部实践活动为考察对象;古典经济学是将生产过程进行归纳和总结,继而"把握"生产过程的本质,即对整个生产过程进行抽象,也正是在这个意义上来讲,古典经济学是抽象的唯物主义。而马克思则根本拒斥了形而上学,告别了知性思维方式,不再对整个生产过程以抽象地把握,不再致力于挖掘生产过程的"本质",而是将人的整个实践活动纳入其理论视阈,将人作为实践活动的主体来关注,不是对劳动过程本质主义的抽象,而是对人的实践活动本身的真理性揭示。

古典经济学提出劳动价值论是以旧唯物主义为前提的经济学,在旧唯物主义视野中,看不到劳动与对象化物之间的本质联系,而只是看到了劳动价值附加在劳动产品上,因而,二者之间的关系是相互外在的,而马克思的劳动价值论则是以唯物史观为根基的人类历史科学,他所要确立的是劳动与劳动产品之间的本质联系,即价值是由劳动本身规定的。正是因为如此,虽然

---

① [英]洛克:《政府论》(下篇),叶启芳、瞿菊农译,商务印书馆1996年版,第27页。

马克思与古典政治经济学使用着相同的概念，但这一概念背后的意义却大不相同，正如黑格尔在《小逻辑》当中批判直接知识论者耶柯比，说他对上帝的信仰是空洞的，没有内容的信仰——因为他只是依赖直观，而没有对直观背后的对象进行逻辑的分析，所以他对上帝只是信仰而没有认识，黑格尔严格区分了耶柯比的信仰和基督教的信仰的本质区别，他说，"耶柯比所用的信仰一词却具有特别的便利，因为一提到信仰一词，便令人想起对于基督教的信仰，令人觉得信仰一词似乎包含基督教信仰，甚至以为就是指基督教的信仰。……基督教的信仰是一个客观的、本身内容丰富的、一个具有教义和知识的体系。而耶柯比这种信仰本身却并无确定的内容，……他所谓信仰便只限制于以单纯空泛的神、最高存在为内容了。"[1] 同样，古典经济学虽然提出了劳动价值论，与马克思的劳动价值论背后的丰富内涵相比，古典经济学对劳动价值论的理解是空洞的，内容是贫乏的。

然而，古典经济学的这种对劳动创造价值的理解影响了后人对劳动与价值之间关系的判断，甚至也为马克思的劳动价值论的辩护划定了疆域[2]，此后，无论是劳动价值论的质疑声还是其辩护者都在生产领域中展开，而这一领域恰恰是古典经济学所要剖析、抽象的对象，因而，局限于此领域对劳动价值论的辩护往往是脆弱的、无力的，这种辩护最多只是把智能机器人等当作设备，它们只是实现了价值转移而没有价值创造，而自动化程度再高的生产线、机器人、无人工厂等都不能创造价值，其在企业财务造表中也只是被列入生产设备一栏，与厂房等生产资料无异。但高度智能化的机器人不但能代替人的简单劳动，而且能代替人的复杂劳动，它不但有记忆能力，还有学习能力和创造能力，它能创造出来你所未曾见到过的东西，甚至阿拉法狗通过自我学习可以打败李世石，在智能时代到来后，继续沿用传统古典经济学理论来捍卫劳动价值论就显得捉襟见肘，漏洞百出，因为古典经济学的劳动价值论本身不是封闭的，本身就为其他价值创造主体留有后门，它所能断定的是人的劳动能创造价值，当然，其他劳动，譬如高度智能化的机器人的劳动也能创造价值。

---

[1] ［德］黑格尔：《小逻辑》，商务印书馆2009年版，第156页。
[2] 许多马克思主义者对劳动价值论的辩护是在为古典经济学的劳动价值论进行辩护。

（二）一切价值都是人本质力量的对象化形式

但是，马克思对劳动价值论的理解绝不仅限于生产领域，对价值的创造也不仅限于对劳动的考察——在古典经济学那里，劳动被理解为对生产资料的加工，因为这一过程很容易被取代，于是，价值创造者也很容易被取代。马克思的劳动价值论有更广阔的视阈，马克思所考察对象是以实践活动为标志的人的生存，而人的实践活动的最基本内容则是生产实践。马克思将生产实践当作人的最基本的存在形式，这一过程是人的本质力量的敞开过程，在对其考察中，马克思开出了与古典经济学所根本不同的哲学视界。古典经济学劳动价值论的切入点是生产，而马克思的劳动价值论的切入点则是人，因为古典政治经济学是为了创造一门经济科学，而马克思则是为了资本主义批判和实现人的解放。马克思的全部理论的出发点是人，政治经济学作为马克思全部思想的一个有机组成部分，其起点当然也是人。关注人的实践活动是唯物史观的基本内容，唯物史观是马克思劳动价值论的根基和出发点，反过来讲，马克思的政治经济学也是唯物史观的重要组成部分，在马克思的劳动价值论中，人始终是全部理论活动的出发点和归宿。

马克思是从对人的研究开启其思想之旅的，人的生存实践活动首先进入马克思的理论视野，在《1844年经济学哲学手稿》期间，马克思以费尔巴哈的人本主义来理解人的本质，认为人的劳动过程就是人的本质的异化过程，因为在生产过程中，人的本质力量对象化为商品，而由工人制造出来的商品，本来是人的本质力量的表现形式，但这种人的本质力量的对象化物一旦产生，就被资本家所占有，成为资本家用来统治工人的物质力量，于是，人的本质力量的对象化过程是人的自我异化的过程，"劳动所生产的对象，及劳动的产品，作为一种异己的存在物，作为不依赖于生产者的力量，同劳动相对立。劳动的产品就是固定在某个对象中，物化为对象的劳动，这就是劳动的对象化。劳动的现实化表现就是劳动的对象化。在被国民经济学作为前提的那种状态下，劳动的这种现实化为工人的非现实化，对象化表现为对象的丧失和被对象奴役，占有表现为异化、外化。"[1]

---

[1] 《马克思恩格斯文集》第1卷，人民出版社2009年版，第157页。

在《关于费尔巴哈的提纲》中,马克思将人的本质力量的对象化物普遍化为社会关系的总和,马克思指出,"人的本质并不是单个人所固有的抽象物,在其现实性上,它是一切社会关系的总和"①。在1845年,马克思所看到的人的本质的对象化物实现了由物到人、由世界到社会关系的转变,如在《1844年经济学哲学手稿》阶段,马克思将自然看成是人的本质力量的对象化物,因而提出"人化自然"概念,马克思认为是"人再生产整个自然界"②人类"通过这种生产,自然界才表现为他的作品和他的现实",自然界是"人的无机的身体"③。马克思这时的世界还只是"物",但在《关于费尔巴哈的提纲》时期,马克思关注的焦点转变为社会,这时,人本质力量的对象化物乃是社会关系,按照马克思的表述习惯是"人化社会",这种关注对象的变化,说明马克思视野的变化,苏格拉底主张把哲学从天上拉回人间,他曾讲,"我的朋友不是城外的树木,而是城内的人",苏格拉底实现了古希腊哲学从对自然的关注到对人的关注的转换,马克思自己思想的转化在1845年以唯物史观的诞生为载体实现了,苏格拉底是视线的转移,从城外转移到了城里,而马克思则是视线本身的变化,即在马克思的视阈中,曾经的世界,本身为劳动产品,但在《提纲》里变成了社会关系——当然,一切对自然的关注其意指仍然是人。此后,人类社会就成为马克思关注的焦点,不过这时马克思切入人类社会的视野非常宏大,如后现代理论家利奥塔所批判的那样是元叙事、宏大叙事,他从人的社会性活动的物化形式来理解人,如果说,在《1844年经济学哲学手稿》时期,马克思将人理解为简单的物的联系的一个环节,在《关于费尔巴哈的提纲》中,马克思则将人理解为社会大系统中的活动的主体,于是,人的活动对象化为全部社会存在与社会关系,这就是马克思视阈的宏观性。

然而,这种大叙事的社会关系并非马克思理论研究的终点,而只是马克思理论研究的方法论实现,马克思还要将人的本质力量的对象化物具体化,这在《资本论》中最后实现,人的本质力量的对象化物是商品。《资本论》

---

① 《马克思恩格斯文集》第1卷,人民出版社2009年版,第501页。
② 《马克思恩格斯文集》第1卷,人民出版社2009年版,第162页。
③ 《马克思恩格斯文集》第1卷,人民出版社2009年版,第163页。

中的"商品"与《1844年经济学哲学手稿》当中的"商品"已不是相同意义上的商品，它拥有了新的属性，也就是说，在《1844年经济学哲学手稿》中的商品只是简单的物，而在《资本论》当中的商品其物的属性发生了转换，即被赋予了资本主义生产关系的物性①，也就是说，从《手稿》到《提纲》到《资本论》，马克思人的本质力量的对象化历经了一个正反合的逻辑过程，即，如果把《手稿》作为正题，此时马克思肯定了人的本质力量对象化为商品，这时的商品根本上来讲是人的劳动产品，相应的《提纲》则是反题，此时马克思把人的本质力量对象化为"一切社会关系的总和"，社会关系的总和是人本质力量的物化形式，而《资本论》则是合题，马克思再次将人的本质力量对象化为商品，不过，这时的商品已经包含着《手稿》当中的商品属性与《提纲》当中的社会关系作为自身的两个环节，并赋予了商品以新的丰富的内涵。商品是使用价值与价值的统一体，"商品是一种二重性的东西，即使用价值和交换价值"②，具体劳动创造商品的使用价值，"就具体的有用的劳动这个属性来说，它生产使用价值"③，而抽象劳动则创造商品的价值，"就相同的或抽象的人类劳动这个属性来说，它形成商品价值"④，抽象劳动所揭示的正是人与人之间的社会关系。另一方面来讲，由《提纲》到《资本论》，马克思把社会关系定格为商品，在马克思那里实现了研究范式的转换，即由一种宏观研究向定性研究的转换。将人的本质力量对象化为商品，是服从于马克思对资本主义进行定性研究需要的，《资本论》当中的商品，不仅包含着人的本质力量的物化形式，而且包含着产生这种物性的社会关系，商品的这种双重含义是马克思在《资本论》当中将《手稿》与《提纲》中对人本质对象化的理解扬弃为其内在环节的结果，《资本论》当中的商品还内在地包含着更多的内容，如资本主义剥削制度，商品的内在矛盾其实是资本主义社会基本矛盾的转换形式，以及无产阶级革命等，这些结论是此前对人的本质力量的对象化理解中所不曾涉及的新内容，这些新内容，是按照唯物史观的逻辑，

---

① 参阅卢卡奇：《历史与阶级意识》，商务印书馆2004年版，第146页。物化和无产阶级意识部分。
② 《马克思恩格斯全集》第44卷，人民出版社2001年版，第54页。
③ 《马克思恩格斯全集》第44卷，人民出版社2001年版，第60页。
④ 《马克思恩格斯全集》第44卷，人民出版社2001年版，第60页。

在对人的本质力量的对象化理解中必然得出的结论。

但是，人的本质力量对象化为商品还不是马克思研究的最终结论，要对资本主义进行定性研究，还需要将这一过程向前推进一步，这就是商品的价值。商品已经具备抽象性与普遍性特征，但与价值相比较，商品的抽象性与普遍性的程度还要低一个层次，因为商品是价值与使用价值的统一体，使用价值是由具体劳动创造的，而价值则不关涉使用价值，扬弃了具体劳动的内容，价值是凝结在商品中的一般人类劳动，"商品价值体现的是人类劳动本身，是一般人类劳动的耗费"①。应该说，人的本质力量对象化为商品，是马克思在《资本论》中思考人的本质力量转化过程的第一个环节，然而，商品本身虽然就是一种普遍化形式，但商品毕竟还是具体的实物，它有着各式各样的具体形态，因而，商品还不足以充当对资本主义进行定性分析的工具，于是衡量劳动的更深层次概念——价值进入了资本主义批判的理论视野。

在《资本论》中，人的本质力量的对象化物，第一个环节是商品，第二个环节则是价值，人的本质力量与价值通过商品这一中介连接起来，于是，价值成为人本质力量的最终物化形式，价值是人本质力量的标志，价值与人的本质力量通过劳动内在的统一起来，或者说，价值是人的本质力量的专有属性，这种专有是排他的，人之外的其他一切事物都不可能创造价值，于是，蜜蜂酿造蜂蜜，机器人生产产品，都不会创造价值，只有人的劳动，才是一切价值的源泉，因为所谓的价值是且仅是人本质力量的对象化物。

（三）劳动创造价值根源于唯物史观方法论革命

马克思是想要确立测度人的本质力量的客观化尺度，他超越了黑格尔对人的本质力量的唯心主义解释，同时也超越了费尔巴哈对人的本质力量的人本学理解，实现了方法论上的变革，即不再从抽象的人类精神而是从人的社会实践活动及其活动的对象化物来对社会历史进行考察，使这种被考察的对象由纯粹的精神转变为客观存在物，这是马克思所实现的哲学史上的革命，即实现了由唯心主义和旧唯物主义向新唯物主义的转向。马克思以客观的现实的物的尺度，确立了对人类历史的现实的衡量标准，这一客观的物，即人

---

① 《马克思恩格斯全集》第 44 卷，人民出版社 2001 年版，第 57 页。

的劳动的创造物——商品，以人的劳动的物化形式来考察人类历史，测度人的价值，将人的价值评价也由主观指标转换为一个客观的指标。在《资本论》中我们可以清楚地发现唯物史观被贯彻到底，同时，这种对劳动创造价值的态度也是唯物史观的重要原则，是对唯物史观的发展。

实现通过人本质力量的物化形式来考察人本身这一唯物主义转向，马克思经历了以《手稿》、《提纲》和《资本论》为代表的三个阶段。在《手稿》中，马克思将人的本质理解为自由自觉的劳动，而现实的人的劳动则是异化劳动，因而，劳动的对象化物——商品，也成为人的本质力量的异化形式。由此看来，马克思认为人的本质力量的两种客观化形式——即劳动与劳动的最终结果商品都是人本质力量的异化形式，也即人本质的否定力量，人的本质在其客观化形式中被否定掉了，消失了。"应该说，沿着劳动和劳动产品是人的自由本质的对象化的思路再向前走一步，就会得出人的现实的社会关系也是人的自由本质的对象化形式，唯物史观呼之欲出，正是从这个意义上来说，马克思的人的本质的对象化思维为其在《关于费尔巴哈的提纲》最终实现向唯物史观转变准备了条件，《手稿》成为马克思向唯物史观跃升的最后一级台阶。"[1]

在《提纲》中，马克思提出"人的本质不是单个人所固有的抽象物，在其现实性上，它是一切社会关系的总和。"[2] 这时马克思明确提出一切社会关系的总和是人的本质的这一历史唯物主义命题，从而根本上实现了人本质问题上的唯物主义转向，"其一，从人的本质力量的对象化物来理解人的本质可以消除对人本质的预设，客观活动的结果是人的本质力量的外在表现形式，是既成的客观而不是预成的抽象；其二，制定了人本质理论的唯物主义原则。在马克思之前所有关于人本质的理解中，都是从抽象的规定来理解人的本质，而马克思从客观的物质存在来理解人的本质，最终把人的本质还原为客观的实在的物这种可以在现实中被考察的对象，也因此把人本质理论奠定在唯物史观基础之上。人的活动的结果无非就是客观的物质形态与精神形态，以及建立在社会存在基础之上的人的交往活动和社会关系，用马克思的话来说，

---

[1] 王清涛：《马克思自由思想的唯物主义转向》，《哲学研究》2015年第7期。
[2] 《马克思恩格斯选集》第1卷，人民出版社1995年版，第56页。

就是'一切社会关系的总和'。"①

在《资本论》中，马克思将唯物史观初创时期的社会实践活动具体化为劳动，而将社会实践活动的产物，即人本质力量的客观化形式确定为商品，这时的马克思已经确立了人本质力量客观化形式的新形态，即商品，然而《资本论》中的商品却是包含了全部社会关系特别是生产关系内容在其中的哲学范畴，并且沿着商品自身的内在规定向前推进，开显出了人本质力量的丰富内涵，特别需要指出的是，商品可以通过价值量来计量，于是劳动的价值就变成了一个可计量的范畴，更进一步讲，既然人的本质是劳动，那么，劳动的可计量性就决定了人本质的可计量性，应当说，此时的马克思已经超越了《提纲》时期将人的本质客观化形式理解为社会关系这一不可计量之物的阶段，而将人本质看作可计量的范畴，无疑，马克思在人本质理论上向前跨越了一大步，但将人本质作为可以用价值——更进一步讲是货币价格来测度的范畴，无论如何都是马克思所不愿看到的。

劳动价值论的唯物主义转向有着深刻的方法论意义：其一，马克思研究人类社会历史的一个现实指向就是社会进步，而社会进步的根本基础就是人类对社会的改造、贡献，只有通过人类劳动，通过人类劳动成果的历史积累，社会才能实现进步，因而，把对人的价值考察锁定在人的劳动产品上，根本上来讲是以对人类社会历史进步为考虑的。其二，马克思强调商品的价值，而一般劳动产品——劳动者用于个人消费的劳动产品不具有价值，"过去每个农民家庭都有这些东西的原料，它把这些东西纺织出来供自己消费"②，而这部分劳动产品不用价值来衡量，只有完成了交换的劳动产品其价值才能实现，生产者用于自己消费或者不用来交换的劳动产品不具有价值。因为马克思认为资本主义社会是完全的市场经济社会，商品运动是推动资本主义社会运动的根本动力，因而，马克思在考察商品运动及其实现来确定商品的价值，是从现代社会正常运动、社会再生产不断实现这一视角对人类劳动创造价值的考察，这一视角，确定了马克思劳动价值论的历史进步主题。私人劳动的实现植根于完全商品经济的一个根本要求就是社会再生产的不断实现。

---

① 王清涛：《马克思自由思想的唯物主义转向》，《哲学研究》，2015年第7期。
② 《马克思恩格斯全集》第44卷，人民出版社2001年版，第857页。

(四) 劳动时间决定价值量是对人的终极关怀

价值基于劳动量,这在古典经济学那里就认识到了,亚当·斯密讲:"在任何时间与任何地点,只有劳动才是测量与比较一切商品价值的基本真实标准。以劳动单位表示的价格是商品的真实价格"①,"价值就等于能够用来购买或支配的劳动数量。所以劳动是测量一切商品交换价值的真正标准"②,商品的价值量由可购买的劳动量决定,"一种物品通常应可购换或支配的劳动量,只由取得或生产这物品一般所需要的劳动量来决定"③。大卫·李嘉图也讲,"如果体现在商品中的劳动量规定商品的交换价值,那么劳动量每有所增加,就一定会增加劳动商品的价值,劳动量每有所减少,其商品价值也必然减少"④。但在古典经济学那里,价值与交换价值的区分始终含混不清。价值量基于劳动量和劳动时间,而劳动量根本上来讲也是劳动时间,"价值量是怎样计量的呢?是用它所包含的'形成价值的实体'即劳动的量来计量。劳动本身的量是用劳动的持续时间来计量,而劳动时间又是用一定的时间单位如小时、日等作尺度。"⑤

用一般劳动时间来测度价值量的大小,是对人的终极关怀。所谓劳动时间,无非是人生命的片段,是人生命的组成部分,因而,价值量从表面来看,是由生产商品的社会必要劳动时间所决定的,"每个商品的价值都是由物化在该商品的使用价值中的劳动量决定的,是该商品的社会必要劳动时间决定的"⑥,但更本质上来讲,价值是人的生命的量化。

人是时间性的存在,即人的生命是有限的,人生的时间是有限的,海德格尔讲,人的时间,"源始的时间是有终的"⑦,时间即生命,海德格尔在《存在与时间》中揭示了人的这一时间性存在,"时间性是此在的本真整体存在那里、在先行着的决心那里被经验到的。……先行的决心的时间性是时间

---

① [英] 亚当·斯密:《国富论》,谢宗林、李华夏译,中央编译出版社2011年版,第25页。
② [英] 亚当·斯密:《国富论》,谢宗林、李华夏译,中央编译出版社2011年版,第23页。
③ [英] 亚当·斯密:《国民财富的性质和原因的研究》(上卷),商务印书馆1972年版,第42页。
④ 李嘉图:《政治经济学及赋税原理》,华夏出版社2005年版,第5页。
⑤ 《马克思恩格斯全集》第44卷,人民出版社2001年版,第51页。
⑥ 《马克思恩格斯全集》第44卷,人民出版社2001年版,第218页。
⑦ [德] 海德格尔:《存在与时间》,陈嘉映、王庆节译,生活·读书·新知三联书店2012年版,第377页。

性本身的一种特具一格的样式。时间性可以在种种不同的可能性中以种种不同的方式到［其］时［机］。"① 海德格尔无限肯定时间之于人的意义，在《形而上学是什么》导言中讲，存在就是时间，"'存在'不是别的什么，而就是'时间'，因为'时间'是作为存在之真理的名字而被命名的，而存在之真理乃是存在的本质因素，因而也就是存在本身。"② 而海德格尔所谓的存在专指人的存在，决不是别的什么存在，人生就是时间，"此在的意义是时间性"③，因而商品中耗费的劳动时间无非是耗费的人生，因为时间是历史性的，"时间性绽露为此在的历史性"④，时间就是生命，耗费时间也就是耗费生命，"此在'用损'它自己。由于用损（verbrauchen）自己，此在需用（brauchen）它自己本身，亦即需用时间。"⑤ 不过海德格尔在这里讲的时间并非标志商品价值量的流俗的时间，决定商品价值量的是日常的时间，日常的时间根源于源始的时间，"时间测量，也就是所操劳的时间的明确的公共化根据于此在的时间性，即根据于时间性的某种完全确定的到时。"⑥ 日常时间的基本单位日是源始时间的流俗形式，日也是有终的，从太阳这一"上手存在"中"生长出'最自然的'时间尺度——日。而因为必须为自己活得时间的此在的时间性是有终的，所以，它的日子也是有数的。"⑦ 以日或以钟表来计量的时间本质上来讲是人的生命，"此在的时间性组建这一存在者为历史的存在者，而钟表与计时就奠基在这一时间性之中"⑧。日常时间源出于源始时间，源始时间乃是

---

① ［德］海德格尔：《存在与时间》，陈嘉映、王庆节译，生活·读书·新知三联书店2012年版，第346—347页。
② ［德］海德格尔：《路标》，孙周兴译，商务印书馆2000年版，第443页。
③ ［德］海德格尔：《存在与时间》，陈嘉映、王庆节译，生活·读书·新知三联书店2012年版，第377页。
④ ［德］海德格尔：《存在与时间》，陈嘉映、王庆节译，生活·读书·新知三联书店2012年版，第379页。
⑤ ［德］海德格尔：《存在与时间》，陈嘉映、王庆节译，生活·读书·新知三联书店2012年版，第379页。
⑥ ［德］海德格尔：《存在与时间》，陈嘉映、王庆节译，生活·读书·新知三联书店2012年版，第469页。
⑦ ［德］海德格尔：《存在与时间》，陈嘉映、王庆节译，生活·读书·新知三联书店2012年版，第466页。
⑧ ［德］海德格尔：《存在与时间》，陈嘉映、王庆节译，生活·读书·新知三联书店2012年版，第471页。

生命，因而日常时间乃是人的生命，即日常时间中的日，以及钟表计量的其他单位其本质都是人的生命，因此，所谓的劳动时间，根本上来讲是劳动者的生命，所谓耗费在商品上的劳动时间也即耗费在商品上的生命。对此，马克思也明确讲，商品的价值是劳动力的耗费，商品之所以有价值，"只是因为他们是人类劳动力的耗费"①，既然耗费时间就是用损个体的生命，因此，所谓的价值量其实不过是人生命的部分的外化、对象化，是人生命的部分的另一种表达方式，因此，这种价值量是其他一切非人的智能设备都无法创造的——因为其他的一切（包括蜜蜂）都不具备人的生命，都不具有海德格尔所讲的时间性，因为只有人才是时间性的。正是在将价值与劳动时间相联系的前提下，马克思实现了价值的人学转换，同时，将价值量规定为人的生命的部分是对价值量的最高褒奖。于是，价值量不再是一个纯粹的经济学概念，不是纯粹的数字，而是变成了一个凝结着人的生命在其中的哲学问题，价值量事实上变成了包含人的生命及其社会关系于其中的人学范畴。

在对商品的价值测量中，马克思事实上给出了不同于货币对商品价值度量的另一套测度商品价值量的计量方式，即劳动时间，以劳动时间为度量单位，那么社会的总价值只跟劳动者的数量与劳动者的素质以及劳动时间有关，与货币的发行量无关，因而，以劳动时间作为社会总价值测度的尺度，不会因货币发行量的改变而改变，当然也不会发生通货膨胀的问题。社会的价值由人的劳动创造，人的价值则通过商品的价值表现出来，在马克思所处的时代，旧的形而上学对世界的解释霸权正受到挑战和质疑，（这一形而上学式的对世界的认识起源于柏拉图，至黑格尔到达其巅峰②），伴随着旧的形而上学解释框架的坍塌，一种新的对世界的解释企图正在萌发，正是在这个意义上，马克思拒斥形而上学，马克思反对将世界二重化的理解，人类社会的规律不是根源于上帝，也不是根源于人类社会之外的形而上学的"道"，逻格斯，人类世界的法则就存在于人的生产活动的各种因素的制约关系中，即在实

---

① 《马克思恩格斯全集》第44卷，人民出版社2001年版，第58页。
② ［德］海德格尔讲："'物理学'从一开始就规定了形而上学的历史和本质。……视为绝对概念（黑格尔）……学说中，形而上学也还仍旧是'物理学'。"——［德］海德格尔《形而上学导论》，熊伟、王庆节译，商务印书馆1996年版，第19页。

践中，人的活动不再取决于形而上的规定，而是决定于实践要素的关系结构，这类似于康德的实践理性，实践理性不由彼岸世界决定，而根源于自由意志。于是，在取消形而上学的前提下，原来依靠上帝，依靠形而上学的逻格斯，"道"，本体所赋予的人的价值与意义荡然无存，人生的意义与价值需要在诸神退场的世界中重新确立，应该说，在这一点上，马克思与海德格尔面临相同的难题，也付出了同样的努力，只不过马克思早于海德格尔，正是从这个角度来讲，马克思的探索之于海德格尔对生命意义的求解是一种启发。

劳动价值论并不旨在弥补诸神退场留下的空缺，其意在资本主义批判，但事实上，当上帝赋予人生意义阙如之境，劳动价值论无疑给出了人生价值测度的新的范式，即，从以往对人生价值的抽象肯定转变为以创造性的劳动及其结果来衡量生命价值的确定性，这本身就是其唯物史观使然。应该说，以往建立在"上帝"基础之上的或建立在人之外的某一绝对基础之上的人的价值是一种抽象的价值，根本上来讲是从属于唯心主义的，如果说有唯物主义的成分，也难免落入以形而上学为基础的知性逻辑价值判断的圈套，马克思在拒斥形而上学的前提下，其对价值的理解当然要实现唯物主义转向，即要以人本质力量现实的对象化物来测度，于是，在人的价值考虑中，马克思实现了由抽象的预设到现实的物的考察的哥白尼式的革命。另一方面，马克思将生命价值放置在社会历史领域来考察，使马克思的社会历史理论充满了满满的正能量。人类社会的历史进步是靠人的生产性活动来推动的，社会物质财富的积累从根本上来说是人类的劳动积累，无疑，人在实现自身价值的同时，也对社会物质生产，对社会历史进步起推动作用。

三　数字资本的具体形态

随着信息化浪潮的不断翻涌，信息科学技术为大数据时代的到来提供了技术支撑，数据作为一种生产力以及对生产关系的影响是造就数字化时代的重要因素。大数据时代已经全面开启，数字是这个时代的最重要的标志。数字正在改变着我们的生活方式、工作方式和思维方式，带来了思维变革、商业变革、管理变革等等。数据的具体形态表现为传统资本的数字化、数字的资本化、数字本身所具有的资本属性。在数字主导的今天，利用数字海量性、多样性、高速性的主要特点，利用数字优势发展新兴文化业态，进行传统产业的变革升级，推动信息化与实体经济的深度融合，按照创新、协调、绿色、开放、共享理念来建设一个数字文明时代已成为现实。

（一）传统资本的数字化

数字化是通过数字的形式来表达企业、产业的状况，目前传统产业存在着数字化转型趋势，数字化转型就是对业务的过程进行重塑，将生产商品，客户经营流程管理等通过互联网连接，通过云计算，大数据变成可以度量的数字和数据，通过重塑使其适应更方便的在线环境，从用户接触到后端的办公室工作，到全方面实现无须人工介入的过程自动化。传统资产通过新一代数字技术的改造，实现更加低成本、高效率的配置，即资本的数字化。在如今高速发展的数字时代，数字化转型是企业发展的必经之路。传统产业的数字化转型应该服务于企业的愿景和战略，通过数字化的手段，能有效帮助企业提升内部运营的效率，提升业务开展的效率，从而有效降低企业成本。2020年一场突如其来的疫情，对所有企业都是一次大考，数字化能力弱的企业，受到严重打击，但是提前做好数字化布局的企业，遭受的损失就相对较少，传统产业的数字化需求愈发强烈，从锦上添花变成了雪中送炭，不管是去库存、稳定客户，还是继续强化竞争优势，从企业具体面临的实际生存到发展的现实问题，数字化始终是这个时代一道迈不过去的坎，数字化转型是必须的。

在信息时代，数字化转型已成为国家战略，以人工智能为代表的新一代数字化技术，将成为我国"十四五"期间推动经济高质量发展的重要技术保障和核心驱动力。我国在顶层设计方面早早就布局了信息化建设，这可以说是数字化的雏形。党的十六大报告就提到信息化建设，指出"坚持以信息化促进工业化，以工业化促进信息化，走出一条科技含量高、经济效益好、资源消耗低、环境污染少、人力资源优势得到充分发挥的新型工业化路子"[1]。

---

[1] 《十六大以来重要文献选编》（上），中央文献出版社2005年版，第16页。

"优先发展信息产业,在经济和社会领域广泛采用信息技术。"① 党的十七大报告指出要"大力推进信息化和工业化融合"②,"提升高新技术产业,发展信息、生物、新材料、航空航天、海洋等产业"③,"坚持科技强军,按照建设信息化军队、打赢信息化战争的战略目标,加快机械化和信息化复合发展,积极开展信息化条件下军事训练,加紧培养大批高素质新型军事人才,切实转变战斗力生成模式"④。党的十八大报告中依然没有提出数字化概念,强调的还是信息化。不管在工业、社会、军事等都要促进信息化建设,将信息化与工业化、城镇化、农业现代化并列。"坚持走中国特色新型工业化、信息化、城镇化、农业现代化道路,推动信息化和工业化深度融合、工业化和城镇化良性互动、城镇化和农业现代化相互协调,促进工业化、信息化、城镇化、农业现代化同步发展。"⑤ 在经济领域,十八大报告指出:"牢牢把握发展实体经济这一坚实基础,实行更加有利于实体经济发展的政策措施,强化需求导向,推动战略性新兴产业、先进制造业健康发展,加快传统产业转型升级,推动服务业特别是现代服务业发展壮大,合理布局建设基础设施和基础产业"⑥,并提出要"建设下一代信息基础设施,发展现代信息技术产业体系,健全信息安全保障体系,推进信息网络技术广泛运用"⑦。在党的十九大报告中,重点强调了数字化,实现了由信息化向数字化的转变。十九大报告指出:"加强应用基础研究,拓展实施国家重大科技项目,突出关键共性技术、前沿引领技术、现代工程技术、颠覆性技术创新,为建设科技强国、质量强国、航天强国、网络强国、交通强国、数字中国、智慧社会提供有力支撑"⑧,"数字经济等新兴产业蓬勃发展"⑨。由此可见,国家在战略层面越来越重视数字化建设,这也将成为未来社会的发展趋势。

---

① 《十六大以来重要文献选编》(上),中央文献出版社2005年版,第17页。
② 《十七大以来重要文献选编》(上),中央文献出版社2009年版,第18页。
③ 《十七大以来重要文献选编》(上),中央文献出版社2009年版,第18页。
④ 《十七大以来重要文献选编》(上),中央文献出版社2009年版,第32—33页。
⑤ 《十八大以来重要文献选编》(上),中央文献出版社2014年版,第16页。
⑥ 《十八大以来重要文献选编》(上),中央文献出版社2014年版,第17—18页。
⑦ 《十八大以来重要文献选编》(上),中央文献出版社2014年版,第18页。
⑧ 习近平:《习近平谈治国理政》(第3卷),外文出版社2020年版,第24—25页。
⑨ 习近平:《习近平谈治国理政》(第3卷),外文出版社2020年版,第3页。

数字化已成为全球重要的共识，各国纷纷发布国家数字战略，开启并加速数字化进程。越来越多的国家将数字化作为战略发展的制高点，数字国家的内涵亦从传统的信息化逐步演进到智能化。美国在1999年发布《21世纪信息技术计划》，聚焦先进技术和计算方法，在2012年发布《大数据研究和发展计划》，指出要增强联邦政府收集数据、分析信息的能力；德国在2010年发布《德国ICT战略：数字德国2015》，旨在推进信息通信技术和市场建设，在2016年又发布《数字化战略2025》，指出要在经济核心领域推进智能网联；阿联酋在2014年发布《阿联酋ICT战略2021》，指出围绕宽带速度、安全服务器、订阅用户等，促进阿联酋知识经济转型，2017年发布《阿联酋第四次工业革命战略》，指出要充分依托物联网、大数据和人工智能进行发展；马来西亚在2013年发布《数字生活2013～2015》，指出要推动ICT的使用，聚焦于ICT部门的经济贡献，发展电子政务等，在2015年发布《国家物联网战略2015～2020》，指出要创建物联网行业生态系统，加强数字技术创新能力。我国提出建设数字中国，数字中国已上升为国家战略，让数字打造智慧生活是美好且可以实现的。

《中华人民共和国国民经济和社会发展第十四个五年规划和2035年远景目标纲要（草案）》提出，迎接数字时代，激活数据要素潜能，推进网络强国建设，加快建设数字经济、数字社会、数字政府，以数字化转型整体驱动生产方式、生活方式和治理方式变革。但与此同时，数字化在赋能发展的过程中，也会带来前所未有的安全风险，未来是高度数字化的数字孪生世界，其脆弱性前所未有。数字化面临的安全威胁正在升级，数字化的健康发展必须筑牢安全"基座"，网络安全不再是附庸，而是数字化的基础。

（二）数字的资本化

众所周知，早期传播理论认为受众是被动的，就像"魔弹论"或"皮下注射论"，传播媒介所传递的信息在受众身上就像子弹击中躯体，药剂注入皮肤一样，能够引起直接的反应，左右人们的想法，支配人们的行动。在当时那个时代，像电影、广播这种新媒介能够带来何种影响一直为人们所担心，1938年"火星人入侵"事件更是提供了有力证据。在"被动受众"的基础之上，加拿大的达拉斯·斯麦兹作为批判者，立足于传播政治经济学，从马克思主义立场出发，提出解释这一现象的理论范式，也就是受众商品论。

早在1951年，斯麦兹就提出，商业大众传播媒介的主要产品是受众的注意力。1977年他发表了《传播：西方马克思主义的盲点》一文，标志着其受众商品理论的形成。根据斯麦兹对广告驱动性大众传播商品形式的研究，节目在广播电视中也许是有趣的，更经常是有用的部分，大众媒介生产的消息、思想、形象、娱乐、言论和信息却不是它最重要的产品。媒介公司的使命其实是将受众集合并打包以便出售。这就揭示了商业广播电视的真正商品是受众群体。斯麦兹认为，在发达的资本主义社会，所有的时间都是劳动时间。受众不仅仅是消磨时光，他们还在工作，创造价值。这种价值，最终是通过购买商品时付出的广告附加费来实现的。其不公平处在于，受众在闲暇时间付出了劳动，为媒介创造了价值，但没有得到经济补偿，反而需要承担其经济后果。① 斯麦兹从全新的"经济"角度对受众的被动性予以深刻揭示，以斯麦兹为代表的传播政治经济学派毫无同情地指出，在资本主义制度下，受众被动到了极点，受众就是商品。

马克思主义政治经济学认为，商品是用于交换的劳动产品，具有价值和使用价值双重属性，其中价值是商品的本质属性，使用价值是商品的自然属性。根据马克思主义政治经济学理论，媒介制造的产品符合"商品"的定义，也就是具有价值和使用价值。媒介产品的使用价值在于能够给受众提供知识和信息，价值在于媒介利用电视台等整合人力、物力资源产出富含劳动和价值的节目，最后进入市场，在流通过程中收回成本。但是从这一逻辑出发，我们很显然无法解释媒介市场怎样盈利。因此我们要从广告时间和空间来探寻，我们都知道报纸上不同位置的版面价格不一，同样的广告在不同时间不同电视台播放所需要支付的价格也是不一样的，为什么会有这种差异呢？这就是"受众商品论"的理论起点。在斯麦兹看来，之所以价位不同最主要的原因就是受众的多少，也就是说，节目是媒介所有者用来诱惑观众的，目的是为了让观众看到广告，因此不管是媒介制造的产品还是广告都不是商品，受众才是商品。同时，受众由于花费了大量时间在媒介上进行消遣，其实他

---

① 程曼丽等：《新闻传播学辞典》，新华出版社2013年版，第16页。

们还在为广告商工作,他们还在创造价值。批评斯麦兹的学者认为,斯麦兹的观点将意识形态降低为经济基础,同时,将能动的人降低为无生命的被动商品,是经济决定论。一些持"积极受众"观点的学者,特别是提出"使用与满足"理论的学者,更是以大量的实证研究,竭力证实受众是主动参与媒介传播和意义创造的生产者,而不是产品。

随着时间进入21世纪,互联网快速发展,人类由3G网络迈入4G,现在5G即将普及,微博、微信、抖音等社交媒体广泛兴盛,人们的生活方式发生了巨大改变。"受众商品论"在新时期新条件下依然发挥着作用,并出现了一系列新的变化,粉丝经济就是一种新的经济形式,更是数字资本化的重要产物。"粉丝"是指共同热衷或追捧某事物或人物的一类人,他们通过某种渠道组织起来就成了粉丝团。粉丝团中的粉丝具有更高的认同感和责任感,大家聚在一起分享资源,成为利益共同体。① 1992年约翰·费斯克在粉丝文化研究奠基之作《粉丝的文化经济》中提出"粉丝经济"的概念,其中以粉丝情感上的"偏爱"、生产力、参与性行为等为主要关键词;2010年张嫱在《粉丝力量大》一书中对"粉丝经济"进一步明确:即情绪资本、粉丝社区、营销与增殖;2014年朱平在《粉丝经济学》一书中给出的界定是:粉丝、参与、品牌社群、信任、社会资本和商业经营。这是近来对于"粉丝经济"概念界定的三种主流说法,都点出了"粉丝经济"的本质特点:情感维系、参与、营销。随着网络媒体技术的发展,粉丝经济运营模式逐渐多元化,如明星偶像经济、网红自媒体经济、IP品牌经济、企业文化经济等,除去其形态模式的不同,究其根本仍属粉丝经济的范畴,其本质特征就决定了这种商业模式内部存在的缺陷与转型的必要。②

除了粉丝经济,区块链、比特币、数字货币等都是数字资本化的产物。现阶段,数字经济已逐步成为中国经济新的增长点之一,在近几年的政府工作报告中被多次提及。根据中国信通院发布的数字经济白皮书,2017年,中国的数字经济规模已经达到27.2万亿元,占GDP的比重达到32.9%。此外,

---

① 王鹏:《自造非凡——个人品牌比以往更重要》,天津人民出版社2018年版,第80页。
② 郝雨、马宇涵:《自媒体时代粉丝经济转型:回归经典品质》,《出版发行研究》2019年第12期。

2017年中国数字经济领域的就业人数达到1.71亿人，占当年总就业人数的22.1%，已成为吸纳就业人员的重要渠道之一。在这样的大趋势下，数字已成为与土地、资本、人力等相类似的重要生产要素，具备资本属性，即数字的资本化。资本的数字化离不开金融与科技的深度融合，体现了以大数据、人工智能、物联网、区块链、移动互联网等为代表的新一代数字技术对传统经济运行模式以及金融体系的融合互动与改造升级。目前，金融＋科技的发展模式已经深刻变革了传统金融领域的方方面面，从获取客户信息进行营销到客户服务再到风控管理，部分解决了传统金融业存在的覆盖面窄、成本高、精准度低等痛点问题。而在改造传统金融业的同时，新技术也催生了众筹、网络保险、智能投顾等新兴金融业态。除了传统金融机构，科技企业也大批加入金融领域，成了金融创新的主力军，为金融业带来了新的增长活力。可以看出，这种融合模式将成为未来金融业发展的主要推动力之一。

（三）数字本身的资本属性

哲学的基本问题是物质与意识的关系问题，意识是基于物质的，也就是说，先得有一个活的大脑，才能有思考、想象、模拟等意识性行为，才能对外界刺激做出反应。然而，大脑等活性物质的本质，是极其复杂的物理化学反应，声光电磁热等信号通过神经突触、乙酰胆碱、离子通道等物质机制进行传递，并最终呈现为意识。这些物理的、化学的反应，如何进行一个统一的描述？似乎只有数学、数字。数，是一个抽象的概念，不仅仅能够定量，也能够定性。通常我们说数量的多少、质量的大小、高度的高低，都是用数来描述。实际上，所有的物理、化学反应，也都可以用数进行描述。比如，力的大小、作用方向，化学反应也可以用数进行表达，表现为化学反应方程式。数是一个抽象的概念，可以把具体的物质，转换为非物质的形态。意识是基于物质的，既然物质可以通过数的方式进行抽象化描述，那必然意识也是可以的，所以一切都是可以被数字化的。数字自古以来就在人类社会中占有重要地位。从上古时期，人们就开始对自然界的未知现象进行研究，加以幻想，形成了我们现在熟知的神话故事，不可否认的是神话就是我国传统文化的一部分。老子在《道德经》中有这样的说法："道生一，一生二，二生三，三生万物。"道从无到有，经历了三次变化，最终由三生了万物，由此可见数字在道德文化中的玄妙。正所谓"一者数之始也",数字"一"代表了万物的开始和起源,在创世神话里,宇宙世界就是由"一"而来。再如,汉东方朔《占书》载:"正月一日为鸡,二日为狗,三日为猪,四日为羊,五日为牛,六日为马,七日为人。"

如今,数字已经开始支配人类的生活生产。"大数据"时代的到来由全球知名咨询公司麦肯锡最早提出,麦肯锡指出,数据,已经渗透到当今每一个行业和业务职能领域,成为重要的生产因素。人们对于海量数据的挖掘和运用,预示着新一波生产率增长和消费者盈余浪潮的到来。2012年以来,大数据越来越被人们所熟知,人们用它来描述和定义信息爆炸时代产生的海量数据,并命名与之相关的技术发展与创新。随着大数据时代的悄然来临,带来了信息技术发展的极大变革,并深刻影响着社会生产和人民生活的方方面面,在一定程度上甚至可以说我们生活在一个被数据支配的时代。在当代社会中,手机是每天人们生活的必备电子设施,它已不仅仅是一个通信工具,更重要的是具有移动支付等功能,当我们在使用 APP 时,大数据会对每个人的喜好进行记录分析,并精准推送给你想看的东西。每个人的手机似乎更懂自己,这就是大数据的功劳。大数据已经不再是"镜中花、水中月",它的影响力和作用力触及社会的方方面面,让人们感受到大数据的威力。大数据目前已经应用于各行各业,具有十分重大的意义,如优化业务流程、提高医疗和研发、改善我们的城市、理解和满足客户的需求等等。

大数据技术涵盖了从数据采集、传输、存储到分析、呈现和应用的一系列环节,大数据技术体系也正在从基于大数据平台的简单的数据分析向更高层次的数据采集和数据应用两端发展,而且在大数据内部也出现了行业分工。因此,当前的大数据本身就自己形成了一个产业链,这个产业链的规模也将随着大数据的落地应用而不断发展和壮大。从大数据本身来看,其自身能够通过运算使用创造巨大的经济价值,并且大数据正在开辟一个新的价值空间,大数据的价值空间非常大,基于大数据的价值空间可以完成大量的创新,通过将大数据与其他行业相结合,在互联网的推动下,进一步促进行业的数据化。因此,数据本身就具有资本属性。亚马逊前任首席科学家 Andreas Weigend 曾经指出,数据是新的石油。在大数据时代,数据是最贵的资源，急速拓展的网络宽带以及人们社交媒体、电子设备的不断更新，数据的增长从未停止。数据已成为一种全新的致富手段，一个商家可以通过数据得知现在顾客最关心的是什么商品，最关心的是什么服务和要求。在大数据时代，个人信息甚至成为商品，以货币的形式换取，可怕的不是数据的泄露，而是通过数据分析，每个人都有被预知的可能。当我们在网络平台上浏览或者发表言论时，华尔街的商业精英可能正在挖掘"数据财富"，对市场进行预判，从而获得巨大的收益。

2021年，roblox开启了"元宇宙"的大门，如今，已有人认为"元宇宙"将会是互联网下一个十年的风口。但其实"元宇宙"这一概念不是近几年才提出的。1981年，在美国数学家和计算机专家弗诺·文奇教授出版的小说《真名实姓》中，创造性地构思了一个通过脑机接口进入并获得感官体验的虚拟世界，这是元宇宙比较认可的思想源头。元宇宙起源于1992年美国著名科幻作家尼尔·斯蒂芬森推出的小说《雪崩》，在书中，斯蒂芬森描述了一个平行于现实世界的网络世界并将其命名为"元界"，所有现实世界中的人，在元界中都有一个"网络分身"，这个"元界"英文原著中叫"metaverse"，它由meta和verse两个词根组成，meta表明超越也就是元，verse表示"宇宙universe"，metaverse就是我们要说的元宇宙。元宇宙不是真正的世界，是一个虚拟的世界，确切来说是未来的虚拟世界，电影《头号玩家》和美剧《上载新生》描绘的就是这样一种虚拟世界。电影中的绿洲和电视剧中的硬盘，就是一个元宇宙，也就是我们说的虚拟世界。元宇宙与游戏既有区别又有联系，可以说游戏孕育了元宇宙。元宇宙就是将人类的意识上传到虚拟世界，这个世界就是新宇宙，它可以让人们在虚空中得到永生。元宇宙第一公司"roblox"公司说过，一个真正的元宇宙产品应该具备八大要素：身份、朋友、沉浸感、低延迟、多元化、随地、经济系统、文明。这里的身份是虚拟身份，与现实无关，可以是国王，也可以是乞丐；这里的朋友是指真人或AI朋友，可以社交；沉浸感是指沉浸在元宇宙的体验当中，忽略其他一切，包括现实；低延迟是指元宇宙的一切都是同步发生的，没有异步性或延迟性，体验完美；多元化是指元宇宙可以提供丰富、差异化的内容，包括玩法、道具等；随地是指你可以随时随地登陆元宇宙，不受空间限制；经济系统是指与任何复杂的大型游戏一样，元宇宙应该有自己的经济系统；文明，人们聚集在一起，创造独特的虚拟文明、数字文明。因此，元宇宙既是游戏也不是游戏，现在没有哪一款游戏能完全具备这些要素。完全的沉浸式应该是《头号玩家》中的这种高级游戏，因此只能说现在的游戏算是元宇宙的初级形态，在技术方面，两者还有很大差距，在哲学和意识形态方面，元宇宙才刚刚起步。元宇宙很可能以游戏为起点，发展成为互联网的替代品，深入整合数据化娱乐、社交网络甚至社会经济与商业活动。从2017年开始，VR风靡全球，然后云计算、芯片、5G和人工智能在这几年也呈现爆炸式发展，虽然这个领域目前发展的结果比较粗糙，但是这也刺激了元宇宙概念的复苏。芯片技术，网络通信技术，虚拟现实也就是VR、AR、MR、XR，游戏引擎、游戏代码、多媒体资源、AI人工智能、区块链等技术都是元宇宙复苏需要突破的技术问题。元宇宙是数字宇宙，是对等现实世界的平行世界，所以元宇宙必须建立在数字技术基础之上，和IT、CT技术密不可分，要真把元宇宙运作起来，就必须有极其强大的算力和算法。

那么，元宇宙是资本圈骗钱的新工具还是资本的狂欢？不可否认的是，元宇宙概念的诞生当然少不了资本圈的炒作，许多投资者急不可待，美国的互联网科技巨头率先入局。2014年，Facebook以20亿美元的高价，收购了虚拟现实公司Oculus。谷歌、亚马逊、迪士尼等巨头，也都进行过元宇宙的战略布局。2020年底出现"全真互联网"的概念，2021年元宇宙真正引爆。2021年3月10日游戏公司Roblox在纽交所上市，首日股价上升54.4%，市值超过400亿美元，而在一年前，Roblox的估值仅为40亿美元，Roblox是首个将元宇宙概念写进上市招股书的公司，被称为"元宇宙第一股"，3月底游戏平台Rec room完成新一轮的融资，总额达1亿美元，4月Epic games获得10亿美元的投资，用来构建元宇宙。全球巨头纷纷对元宇宙布局进行投资，Goer Tek研发投入1359万元，三星累计投资5.5亿元，苹果公司研发投入6.4亿元，索尼累计投资16亿元，网石游戏研发投入21.9亿元，Sanpchat研发投入32亿元，腾讯累计投资32亿元，Epic games研发投入64亿元，字节跳动收购金额97亿元，Facebook收购金额192亿元。我们不难发现，为元宇宙摇旗呐喊的要么是游戏软件公司，要么是游戏硬件公司，要么是社交网络公司，再就是区块链公司。此间种种的背后，都是利益关联。随着数字技术的发展，人类未来一定会完成从现实宇宙向元宇宙的数字化迁徙，这只是时间问题，但我们一旦从脑科领域的技术去考虑，元宇宙至少提前了300-500年的时间，脑科技术目前并不成熟，而以现在的技术，想将人类的意识上传到虚拟环境，基本不可能，所以虚拟永生目前只可能是美好的愿景，但是如果只是从完美沉浸感游戏的角度去考虑，这又或许是一个壮举，一个能触手可及的明天。虽然从脑科学、技术、标准、法律等多个方面来看，元宇宙的未来道阻且长，但是由于元宇宙是一个巨大的概念和模式，作为真实世界的延伸与拓展，加上"元宇宙概念"带来的投资机会，使得人们对元宇宙巨大的机遇和革命性的作用都非常期待，也就开启了"元宇宙"的热潮。

　　资本本身已经变成了一种社会生存范式，这种范式便是资本逻辑的运行，鲍德里亚对超现实社会的最后保留着一种革命性的希望即反向的力量，系统的规制形式越来越趋于抽象而捆绑现实，那么一个幽灵将会出现，成为否定的先声。"元宇宙"给了我们这样一种想象：未来，世界上的人类，不需要身体躯干了，只需要把大脑寄存在芯片或者其他载体中，接入营养、神经信号，就能满足人类所有需求和欲望。通过电刺激使大脑产生神经冲动，大脑获得了满足，人在一定意义上就获得了极大自由。我们可以对现在的我们进行反思，我们能够排除，"现在的你不是一个独立的个体"的可能性吗？我们能排除"现在只是你的大脑被存储在某个地方，一切都是它想象出来的"的可能吗？元宇宙已经有类似的概念，但现在本质问题是，能源和计算能力都不够，不能维持如此高度自由的想象空间。如果有一天，可控核聚变广泛应用了，也就是能源用之不竭了，计算能力变得非常强大，强到能够直接模拟单个细胞直到亿级细胞中的每个物理、化学反应。到时候，数字就完全统治人类了，统治一切所谓的意识了，人类也将完全服从于数字逻辑的支配与统治。

第三章 数字逻辑

数字文明重塑了一个新的世界，规定着进入的存在者。支配人类社会的各个逻辑依次更替，形成了一定的辩证关系。而今已由数字逻辑统摄世界，数字逻辑成为决定世界的"逻格斯"，社会成为由数字逻辑决定的社会。同时，传统存在转变为由数字空间、数字经济和数字公民组成的统一整体，这一存在者整体的转换是人类文明的"哥白尼式革命"，世界在数字逻辑的支配下以一种崭新的方式统一在一起。

一 人类社会支配逻辑的历史性考察

人类社会历经了农耕文明、工业文明，现在正处在数字文明的时空坐标中，数字文明具有全球性、系统性、历史性。显而易见，数字文明不同于以往任何一种文明形态，是一种更高层次的文明形态。但需注意的是，文明只是人类社会支配逻辑的外化形式，任何文明背后都有支配此种文明的逻辑，世界发展变化的外在表现形式是不同文明的更替，其内在的根本原因是不同文明逻辑的更替。

（一）人类社会支配逻辑的演变历程

数字文明的到来是历史发展的必然，是对农耕文明、工业文明的扬弃。随着不同文明形态的更替，深藏在其中的支配人类社会的逻辑也在发生变化，主要历经生物逻辑、工业逻辑、金融逻辑，现发展到数字逻辑。当今世界，瞬息万变，世界正在以人类意想不到的速度发生变化，为何当今世界变化如此之快，变化程度如此之深，变化范围如此之广？这就要从支配世界的深层次逻辑中来寻找答案。

最初，人类是作为游牧民族生活在地球上的，居无定所，维持生存的主要方式是狩猎、捕鱼、采集等，这种生活方式持续了数百万年之久，人类的生存方式才逐渐发生变化。公元前8000年左右，氏族社会发展繁荣，形成了比较确定的婚姻关系，产生了农业和畜牧业以及作为劳动工具的石器，由此人类开始定居生活。人们通过植物的种植和动物的驯养维持生存，逐渐向农业社会转变。在农业社会中，人类遵循着"日出而作、日落而息"的生活节奏，自给自足，安于现状。马克思曾说："一切人类生存的第一个前提，也就是一切历史的第一个前提，这个前提是：人们为了能够'创造历史'必须能够生活。但是为了生活，首先就需要吃喝住穿以及其他一些东西。因此第一个历史活动就是生产满足这些需要的资料，即生产物质生活本身。"[①] 人的第一需求是生存，这就必须要进行物质资料生产，而对物质资料生产起决定作用的是生物逻辑。生物逻辑是指生物将其自身的生存问题放在首位并按其生存法则生存的逻辑，解决的是人类的生存问题。生物逻辑对应农耕文明，规定农业、畜牧业的发展并支配人类的活动。生物逻辑是整个世界的"逻格斯"，是宇宙万物的规定，是决定世界的最高法则。在生物逻辑支配下的农业生产中，植物受到自然的规定，有着其最适宜的温度、湿度、气候、土壤等，正如"橘生淮南则为橘，生于淮北则为枳"。同样，畜牧业也是如此，畜牧业利用畜禽等已经被人类驯化的动物或野生动物的生理机能，通过人工饲养、繁殖，使其将牧草和饲料等植物能转变为动物能。农业、畜牧业均服从于生物逻辑，自然的逻辑支配着动植物的发展，动植物的发展又影响着社会的发展，社会的发展最终取决于生物逻辑，整个社会的发展被牢牢掌握在自然手中。这展现出一种辩证关系，植物或者动物的存在以自身养活人类，人类的生存使植物或者动物得到更好的生存环境，大自然的生物与人类相辅相成，相互促进。生物逻辑所统治下的社会，是一种静止的形式，生产严格符合大自然的规律，生活严格遵循"日出而作，日落而息"的节奏，在生物逻辑统治下的社会中，人们仅仅只能满足最基本的生存需求，生活简单、单调，生

---

① 《马克思恩格斯文集》第1卷，人民出版社2009年版，第531页。

产力发展极其缓慢。

随着人类向自然提出更高的要求，在农业的基础上逐渐发展起了工业。工业文明是以工业化为重要标志、机械化大生产占主导地位的一种现代社会文明状态。它贯穿着劳动方式最优化、劳动分工精细化、劳动节奏同步化、劳动组织集中化、生产规模化和经济集权化等六大基本原则。其主要特点大致表现为工业化、城市化、法制化与民主化、社会阶层流动性增强、教育普及、消息传递加速、非农业人口比例大幅度增长、经济持续增长等，这些特征也可视作推动传统农耕文明向工业文明转轨的重要因素。16世纪以来，欧洲经历了科学、商业和消费三大革命，这三大革命最终催发了工业革命，由此，整个社会从农耕文明向工业文明过渡。在工业时代，经济的快速发展带动了政治、文化等方面的发展，这些发展归根结底都是由工业逻辑所决定的。工业逻辑是物理逻辑、化学逻辑、机械逻辑等逻辑的总称，解决的是人类的发展问题。工业文明下，工业生产中物质和能源的流动要遵循物质一般运动规律和物质基本结构，受工业逻辑支配，服从自身的物理、化学等逻辑，丝毫不在意环境状况、人类生活等。因此，工业发展给人类生活带来巨大变化的同时，也给人类增加了许多物质砝码，人类有了更多需求之外的欲望，成为工业逻辑的附庸，物质形态开始形成，人不再只是肉身和灵魂了，更多地还服务于物质，物质所引发的欲望牵绊了人类的自由。工业逻辑支配下的人发生了异化，卢卡奇认为，"人自己的活动，人自己的劳动，作为某种客观的东西，某种不依赖人的东西，某种通过异于人的自律来控制人的东西，同人相对立"[1]。人类劳动已成为"身外之物"支配人类自身。马克思指出，在资本主义社会中，人类劳动逐渐异化，"劳动所生产的对象，即劳动产品，作为一种异己的存在物，作为不依赖生产者的力量，同劳动相对立"[2]。马尔库塞则用更为激进的话语来描述工业社会中人的异化，"当代工业社会是一个新型的极权主义社会，因为它成功地压制了这个社会中的反对派和反对意见，压制了人们内心中的否定性、批判性和超越性的向度，从而使这个社会成了单

---

[1] [匈]卢卡奇：《历史与阶级意识》，杜章智等译，商务印书馆1999年版，第150页。
[2] 《马克思恩格斯选集》第1卷，人民出版社1995年版，第41页。

向度的社会，使生活于其中的人成了单向度的人。"① 人蜕变为单向度的人，只为追求物质利益，人的活动成为物化活动。物质与欲望是相辅相成的，欲望促进了物质的发展，在生产力得到巨大发展的同时，人类的欲望也无限扩大。但是，由于工业逻辑自身的缺陷，无法准确定位人类需求，生产带有盲目性，忽视了人的精神需求。

在资本主义的萌芽阶段，手工工场大量出现，其后，资本主义的发展又经历了两个阶段：自由竞争资本主义阶段和垄断资本主义阶段。自由竞争发展到一定阶段必然会引发垄断，垄断是在自由竞争中产生的，但它作为自由竞争的对立面而存在，垄断并不能消除竞争，反而会使竞争变得越来越激烈。随着工业资本的不断集中并走向垄断，银行也不断地进行着资本集中并走向垄断，这使得工业垄断资本对银行的依赖增强，大银行与大企业的联系日益紧密，二者之间形成固定且稳定的关系。垄断不断发展，经济日益金融化，经济金融化是国际金融垄断资本发展扩大的必然结果，马克思曾指出："一切资本主义生产方式的国家，都周期地患一种狂想病，企图不用生产过程作中介而赚到钱。"② 希法亭把垄断取代自由竞争和金融资本的出现看作资本主义发展的新特征，把金融资本定义为由银行支配并交由工业运用的货币资本。对金融资本起决定作用的必然是金融逻辑，金融逻辑是对跨时域、跨空间、跨产业进行资源优化配置的市场运行逻辑，对所有涉及的价值或者收入在不同时间、不同空间之中进行合理配置，使其效益最大化。随着资本主义的发展，碎片化的世界统一起来，"它首次开创了世界历史，因为它使每个文明国家以及这些国家中的每一个人的需要的满足都依赖于整个世界，因为它消灭了各国以往自然形成的闭关自守的状态"③。世界经济活动超越国界，通过对外贸易、资本流动、技术转移、提供服务、相互依存、相互联系来发展，金融资本的发展越来越重要，金融资本借助全球化的动力无限扩张，金融资本的发展必然遵循其背后的金融逻辑。金融是以稀缺资源调节器的身份出现的，本应促进资源高效配置和维护经济权利的动态平衡，但是金融与资本结合，

---

① ［美］赫伯特·马尔库塞：《单向度的人》，刘继译，上海世纪出版集团2008年版，第205页。
② 《马克思恩格斯文集》第6卷，人民出版社2009年版，第67—68页。
③ 《马克思恩格斯文集》第1卷，人民出版社2009年版，第566页。

却使得金融逻辑将其异化形式展现出来,以利润作为最大的指挥棒,对资源的调控也以利润最大化为前提。金融业迅速发展,衍生出不同类型的现代金融中介,如保险类、证券类、银行类等机构,它们担负着不同的金融使命,同时与实体经济有着密切的联系。在自然经济时代,注重生产性活动的价值,但在商品经济时代,生产性活动被纳入经营性活动之中,经营性活动的价值更胜一筹,这就更加注重二者的平衡。但实际上,生产性活动与经营性活动分离并且失衡,经营性活动将生产性活动从其场域中排除,演变为纯粹的"经营活动",同样纯粹的"经营活动"也将人排除在外,资金、技术已不再为提高人类的生活水平服务,而仅仅是变现金钱的一种物质条件。金融机构也逐渐异化,异化为投机机构,由于其盈利空间巨大,使得投机从业人员剧增,金融逻辑使得实体经济脱实向虚,金融活动逐渐从实体经济中脱离出来,按照自身固有的法则运转,成熟的金融反过来入侵实体工商业,增加了生产性活动的风险性,表面上金融资本与实体工商业结合,但实际上金融资本并没有服务于实体工商业,这仅仅是其吞噬利益的一种方式。在金融逻辑的支配下,资本增殖的速度相当于原来速度的平方甚至 n 次方,金融纯粹为资本服务造成市场的一度虚假繁荣,加剧了资本主义经济发展风险性,揭露了资本主义政治制度的弊端,继而反过来显露出由金融逻辑所决定的金融资本固有的局限性,与社会的发展背道而驰。

  当前人工智能、大数据等数字技术蓬勃发展,为社会的发展提供了新的方式,改变着人类的生产和生活方式,人类已置身于数字化的海洋中,决定世界的"逻格斯"已然变成数字逻辑。21 世纪以来,全球数字化进程明显加快,数字世界的轮廓也日渐明显,万物互联使得世界真正统一在一起,数字技术真正给世界带来了看得见的现实的统一性,世界在数字时代真正凝结在一起。在数字时代,数字逻辑支配着人类社会,一个光盘、一个软件即是资本,数字平台则是信息的中转站,社会不再遵循旧的生物逻辑和工业逻辑,数字逻辑自成一套系统,超越了原来的逻辑,是更高层次的逻辑。数字逻辑是社会运动的决定力量,是支配人、支配经济、支配社会的决定力量,解决的是人类的实现问题。

  在数字时代,数字是科学的共同语言和最高表现形式,比特是数字最基本的单位,数字是以比特的形式散发的,比特只有两种状态:0和1,这两个也可以被解释为逻辑值、代数符号、激活状态或任何其他两值属性。一个数字节为8个比特,普通计算机系统能读取和定位到最小信息单位是字节,由比特构成的数字节组成了C语言,C语言属于人工语言,维特根斯坦曾说:"我的语言的界限意谓我的世界的界限"①,C语言编造出一个数字世界。在《失控玩家》中,自由城里面的一切,背景、街道等都是程序员用0、1创造的,0和1就是语言,程序员就是上帝,他编的程序就是存在,从无到有,无和有是同时产生的,并且相互变异。0和1之间没有中介,只有0和1两种状态,没有中间环节,所谓有和无的变化,并不是从有到无,也不是从无到有,而是有和无的展开、叠加。量子力学中也有这一概念——叠加态,也就是不打开的时候既是0又是1,打开以后可能是0或者是1,当它敞开的时候是010101的叠加,所以从有到无、从无到有的变化中,就不必然是从有到无,也不必然是从无到有。从无到有是生成,从有到无是幻灭,但是在整个变化中,并不确定是从无到有还是从有到无,因为有和无始终是一体的,要产生无,同时就要产生有;要产生有,同时就要产生无。自由城就是规定,是010101展开的,但是最开始写01的时候,不是自由城,是绝对的无和有,但是当把01全部写出来的时候,自由城就被创造出来了,整个游戏就展现出来,程序员就是上帝,01就是上帝的语言,C语言创造了数字世界。

现在,越来越多的信息和影像被数字化了,被简化为0和1。在数字信号中加入几个额外的比特,技术可能更完善更有效率,所以在数字化时代,很多事物可以用0和1来取代,数字技术随之出现。数字技术是指运用0和1两位数字编码,通过电子计算机、光缆、通信卫星等设备来表达、传输和处理所有信息的技术,包括数字编码、数字压缩、数字传输、数字调制与解调等技术,是信息技术的核心。无论是字符、声音、语言和图像;也无论是中文还是外文,都使用世界上共同的两个数字0和1编码来表达、传输和处理,到了终端,即用户手上,又原原本本地还它本来面目。这无异于消除了世界各个国家、各个民族之间的语言隔阂。

---

① [奥]维特根斯坦:《逻辑哲学论》,贺绍甲译,商务印书馆1996年版,第85页。

数字充斥着人类的生活，尼葛洛庞帝更是直接将人理解为数字，人类离开数字将无法生存，每个人的生命都是中央计算机的一根支脉，算法如同一只无形的大手，掌控着世界的一切。尼葛洛庞帝在其《数字化生存》中提到"活性标签将在未来扮演重要的角色，因为它们将把非电动化、没有生命的小东西（如玩具熊、螺旋钳、水果盘等）引进数字化的世界。"① 数字科技给我们的生活、工作、教育等带来了各种冲击，人类生存在一个虚拟的、数字化的生存活动空间中，沉醉于数字技术制造出的超现实影像，并且应用数字技术从事信息传播、交流、学习、工作等活动，人类的生产生活被打上数字化的烙印。

支配人类社会的逻辑经历了农业逻辑、工业逻辑、金融逻辑、数字逻辑，现今数字逻辑占主导地位。逻辑的演进是历史发展的必然，都将带领人类向更高的社会发展。

（二）人类社会支配逻辑的内在关系

人类社会支配逻辑具有历史性，不同逻辑的变迁体现了历史的变化，支配社会的不同逻辑是有内在联系的，不同逻辑的转换是按顺序进行的，每个逻辑都是对前一个逻辑的继承与超越。各个逻辑都是潜在的，"潜在作为一种存在，虽然所具备的存在特征不如现在那么明显，但其与现在一样，仍然具有一定的客观性和发展性，且这种客观性和发展性不以任何行为主体的意志为转移，有自身的发展和行为规律。既然符合发展规律，那潜在也就有着与其他事物相同或类似的各种形态。"② 潜在是现在最根本的基础，若没有潜在的存在，根本不会有现在的展现。历史发展到某个阶段，与其所对应的逻辑则变为现在之存在。

生物逻辑支配的农业和畜牧业生产是人类社会发展的基础。人作为现实的人，其社会属性是在社会生活和实践中形成的，马克思曾明确指出，现实的人首先必须是生存，而其生存前提是物质生活资料的生产。马克思又讲，

---

① ［美］尼古拉·尼葛洛庞帝：《数字化生存》，胡泳、范海燕译，海南出版社1997年版，第244—245页。
② 王伟凯：《论潜在的哲学诠释》，《兰州学刊》2008年第10期。

数字文明

"已经得到满足的第一个需要本身、满足需要的活动和已经获得的为满足需要而用的工具又引起新的需要,而这种新的需要的产生是第一个历史活动"①。现实的人必须需要物质生产资料,生物逻辑支配的农业社会中的第一生产资料为土地,人类通过最原始劳动对其进行改造,从而生产出自身所需物品,因此生物逻辑是基础,解决了人类的基本生存问题。工业逻辑支配的工业生产是人类社会发展的条件。随着社会历史的发展,纯粹自然的东西已无法满足人类的需求,人类通过发挥自身的主观能动性改造自身所处的社会,使世界成为属人的世界。复杂工具的使用成为人类手脚的延伸,促进生产力的发展,制造人类所需之物,但是工业的发展必须遵循自身内在的逻辑——工业逻辑,工业逻辑是物理、化学等逻辑的总称,其决定制造业的规模、效率等,也决定工业是否符合社会发展及环境要求。工业逻辑支配的工业社会中的第一生产资料则为资本,包括技术、设备等,人类掌握技术后生产出机器设备,机器设备的使用提高了生产效率,极大丰富了生产产品的多样性,工业逻辑支配下的社会,为满足人类自身的需要创造了多样的产品,实现了人自身的发展,因此工业逻辑是人实现自身发展的条件,解决的是人类发展的问题。金融逻辑支配的社会生产是人类社会发展的血液。工业逻辑因其自身的性质,无法解决资源配置的问题,但是社会的发展要求对资源进行合理配置,金融逻辑就以稀缺资源调节器的身份出现了,但是在发展过程中,金融与资本相结合,将自身异化的一面展现出来,虚拟经济发展,出现了市场虚假繁荣。金融逻辑支配的社会第一生产资料为货币,货币在发展的过程中产生金融衍生品,金融衍生品自身成为一种系统,将货币放大。数字逻辑支配的数字产业是现代社会发展的灵魂。数字逻辑支配的数字世界第一生产资料为比特,由比特建构的数字世界,解决了人类自身的实现问题,数字逻辑支配下的世界,超越了地理位置界限、时间界限,实现了世界内在的统一,世界真正成为一个整体。

人类社会支配逻辑的更迭是按顺序进行的,先后经历了生物逻辑、工业逻辑、金融逻辑和数字逻辑,每个逻辑都是对前一个逻辑的继承和发展。从

---

① 《马克思恩格斯文集》第1卷,人民出版社2009年版,第531—532页。

生物逻辑与工业逻辑的关系上看,在生物逻辑的基础上,由于人类的多样化需求产生了工业逻辑。生物逻辑支配下的社会,人类生存不只是遵循自身的发展需求,更重要的是要遵循生物的发展规律,这就使得人类的主体性作用并不突出,人类并不自由。人类需求和欲望的无限性促使社会由生物逻辑支配发展到由工业逻辑支配,在工业逻辑的支配下万物打上了工业化的烙印。工业逻辑支配下的社会生产方式主要为机器大生产,机器大生产引起了社会经济领域的整体变革,工作时间减少,工作速度提高,生产率大大提高,生产出了多样化的工业产品,满足人类多样化的需求。生物逻辑支配下的世界几乎是接近静止的状态,而在工业逻辑支配下,世界重新被注入活力,工业逻辑支配的工业生产是人类社会发展的拓展。从工业逻辑与金融逻辑的关系上看,工业逻辑支配下的社会,社会资源利用效率低下,且不能合理配置,于是金融逻辑应运而生。在金融逻辑支配下,世界实现了跨时域、跨空间、跨产业的资源优化配置,这是对工业逻辑的超越。从根本上来说,在遵循工业逻辑生产的条件下,金融逻辑促进资本的合理利用及资源的有效配置,从中起到调节作用,使社会发展更加有序地进行。从金融逻辑与数字逻辑的关系上看,数字逻辑又是对金融逻辑的继承与超越,在继承的同时又是对前面逻辑的颠覆,数字逻辑使存在者以比特的形式存在,颠覆了原子世界,通过数据更精确地定位人类需求。同时又包含着对前面逻辑的继承,数字世界的发展是为了满足人类自身生存与生活的需要,快节奏的时代,人类不仅仅追求实在的物质性的东西,精神、心灵上也有其迫切需求,在数字世界中人人平等自由,每个人在数字平台上都拥有属于自己的虚拟画像,数字平台根据其虚拟画像分析人类的需求,准确定位,以满足不同人的需求,数字逻辑支配的数字产业是现代社会的灵魂。

现今,数字逻辑统摄世界,同时支配着生物逻辑、工业逻辑和金融逻辑,人的生存、发展和自我实现都要依赖于数字逻辑。数字逻辑使人类社会在物质和精神两个方面实现了统一,人类社会的发展也体现出对人性完整和自我实现的追求。马克思在《〈政治经济学批判〉序言》中曾指出"社会的物质生产力发展到一定阶段,便同它们一直在其中运动的现存生产关系或财产关系(这只是生产关系的法律用语)发生矛盾。于是这些关系便由生产力的发展形式变成生产力的桎梏。那时社会革命的时代就到来了。随着经济基础的变更,全部庞大的上层建筑也或慢或快地发生变革……在资产阶级社会的胎胞里发展的生产力,同时又创造着解决这种对抗的物质条件。因此,人类社会的史前时期就以这种社会形态而告终。"① 数字世界是人创造的,人类自觉地创造着属于自己的世界与历史,数字世界是真正属人的世界。在数字世界中,数字公民成为有序自由的联合体,人人平等,从事着自己喜欢并且是主动选择的劳动,劳动越来越成为人的第一需求,相对于体力劳动而言,脑力劳动占比较大,人们对美好生活的合理需要不断得到满足和提高。

(三) 支配逻辑的发展与人类自身的进步相统一

人类社会发展的最终目标是实现共产主义,共产主义社会不仅要求物质财富极大丰富,而且要求精神境界极大提高以及人的自由而全面发展。随着社会历史的发展,人类越来越重视精神财富。"整个世界的最后的目的,我们都当作是'精神'方面对它自己的自由的意识,而事实上,也就是当作那种自由的现实。……世界历史无非是'自由'意识的进展"② 黑格尔将精神看作万物的来源,将世界看作精神的产物,将历史看作精神运动的产出。人类历史的发展也是人类精神的发展,支配人类社会发展的逻辑也越来越关注人类精神的需求。

支配人类社会逻辑不断发展变化,人类社会向更高的社会形态发展,同时人类社会越来越接近人的最内在本质。在生物逻辑支配的农业生产中,生产的是最自然的仅能够满足人最基本需求的产品,基础的农业产品仅仅能满足人类的吃穿等最基础的外在需求,生物逻辑支配下社会发展接近静止,人类内心是空虚的;在工业逻辑和金融逻辑支配的工业生产中,极大地满足了人类的物质性需求,物质生活丰富多彩。工业生产是人延长的手臂,通过人类与机械的配合,极大提高了生产效率,丰富了产品的多样性;由数字逻辑支配所进行的数字化生产,生产的数字产品不仅满足人类物质性需求,更重要的是满足人的精神需求,在虚拟的数字平台中,人虽是以虚拟的身份进入,

---

① 《马克思恩格斯选集》第 2 卷,人民出版社 1995 年版,第 33 页。
② [德] 黑格尔:《历史哲学》,王造时译,商务印书馆 1963 年版,第 57—58 页。

但将自身全部情感投入,已将自己的灵魂代入。数字化活动极大地满足了人类精神、认知、情感、心理等的需求,为人类的主观世界打上数字化的烙印。

数字化通过网络技术将宇宙万物和人类的科学文化、政治经济及日常生活联系起来,构建出一个新的数字化生存空间,昭示着人类社会科学技术发展到了一个新阶段,数字化技术带领人类进入一个全新的时代。数字化技术的发展使人们从复杂的物质生产活动中解放出来,摆脱了繁重的体力劳动和脑力劳动,有了大量的可以供自己支配的自由时间,来进行工作之外的兴趣学习和自我充电,进而可以不断提高和完善自己。人的身心自由是实现人类自由全面发展的最终目标,而人的生存必定会受到各个方面的制约和束缚,数字化时代给人类提供了一个解放身体和心灵的空间,人们在拥有了可供自己支配的大量自由时间的基础上,才有可能追求科学、艺术等自己渴望从事的活动,才能真正做到身心的解放。C语言具有一定的人文价值,它是数字化时代人文精神一种全新的表达形式,体现出人文精神发展的广泛的可能性。网络语言在一定程度上反映了人类现存的精神状态,成为解读这个时代人文特征的独特视角。相较于现实社会,数字化时代网络的虚拟性使得人们加强了对自由平等权利的感受和关注,因此逐渐培育起新的人文精神,那就是平等、自由和公正。

二 数字逻辑对生物逻辑、工业逻辑、金融逻辑的超越

数字逻辑成为决定世界的"逻格斯",当今社会整体是由数字逻辑决定的社会,数字逻辑是指规定数字世界的逻辑、法则以及"算法",数字逻辑是一个整体,在万物互联的时代,世界成为一个服从同一法则的数字整体。

(一) 数字逻辑统治下产品价值构成的变化

产品价值是指凝结在产品中的社会必要劳动,其构成包括已消耗掉的生产资料中的物化劳动和生产劳动者新加进去的活劳动。物化劳动是生产资料的旧价值,在劳动过程中,由生产劳动者的具体劳动把它转移到新产品中去,构成产品价值的一部分。传统社会中,产品的物质性成本占主导地位,在总成本中制造产品的原料成本所占比例巨大,人的简单劳动在其成本中所占比例较低。而在数字逻辑决定下的数字时代,产品的价值构成发生了实质性的

变化，物质性成本所占比例极小，而智力成本则成为产品成本的最大构成。马克思认为，复杂劳动等于自乘或多倍的简单劳动，智力劳动属于复杂劳动，相对于简单劳动来说，智力劳动自乘的倍数是巨大的。

现今，芯片的普遍使用给人类的生产生活带来极大的变化，芯片成为数字技术的物质承担者，芯片的价值较高，但是其中所含的物质成本极低，仅占其价值的万分之一甚至千万分之一，智力成本成为芯片成本的最大构成。在我们看来，智力成本为虚无缥缈的东西，但是反观芯片等数字技术创造的价值，则将智力成本有所量化，同时智力成本创造的价值是不可想象的，决定着经济的可持续发展。

人类越来越意识到智力成为现代企业，尤其是创新型企业、高科技企业发展与价值提升的重要资源，相对于物质性资本，智力资本在现代经济发展中发挥着更加显著的作用。智力资本越来越成为企业的核心竞争力，智力资本的发展与数字技术的发展是相辅相成的，智力资本的投入促进数字技术的发展，同时数字技术的发展使人类越来越重视智力资本的投入。数字技术背后是由数字逻辑支配，产品成本构成的变化是数字社会的一种表现，究其根本还是支配社会逻辑的变化。

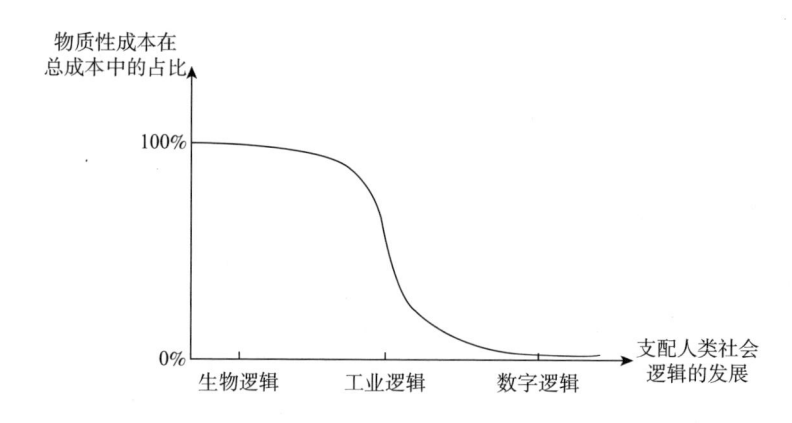

（二）数字逻辑是对以往逻辑的超越

数字逻辑是数字运动变化所遵循的内在规律及其必然趋势，它贯穿数字运演全过程，以一系列中间环节体现自身，无休止地、最大限度地实现数字增殖，满足人类多样化需求。对数字逻辑的探讨，在一定意义上就是对数字及其所主导的一切现象和事物的剖析，也是对社会主义社会运行机制和内在发展规律的深度揭示。数字逻辑建构的世界秩序，让所有的民族都不得不服从这样的秩序法则，世界在数字逻辑的强势支配下统一在一起。

数字逻辑减少了自然对人类的制约。自然对人类的制约有其必然性，生物逻辑支配的世界中，自然万物都按照自身的本性进行生存，人类主体地位不明显，实践活动受到自然的制约。存在者不接受此在的摆置，社会是静止的，世界是非人化的世界。而数字世界完全是人类创造的，数字意识创造了数字世界，在数字世界中，人类遵循数字逻辑，不受自然的制约，数字逻辑是数字世界的神，一切都遵循数字逻辑的规定。工业逻辑支配下的世界成为物化的世界，商品拜物教盛行，人成为物化之人，追求物质成为人的第一需求，人性被忽视，人被困在物质枷锁之下，人自身的自私、冷漠、无情被展现得淋漓尽致。工业逻辑决定的世界，不仅不能向人类提供精神产品，反而将人类思想禁锢起来，将人类改造成只懂得追求物质利益的机器。数字时代，在数字逻辑支配下，数据通过分析、整理人的需要，准确定位人的需求；在数字平台上，劳动与娱乐活动是同时进行的，娱乐活动也算是一种劳动，劳动不再是人的"身外之物"，而是与人性相结合的活动，人不再是只会追求物质利益的生物，从而使人性得到极大的发挥。数字逻辑使经济数字化，无休止地、最大限度地实现数字增殖。数字世界是以比特的形式存在，其经济发展的动力是比特业，即数字信息的生产、转换、分配和消费，生产出的数字产品具有以往产品不具备的特点，如：低成本、及时实施分散、不占据存储空间、可共享等。金融逻辑决定的世界仍旧逃不出资本的怪圈，仅仅是资本发展的一个阶段，未从根本上改变发展的形式。但数字逻辑颠覆了以往的经济发展形式，数字不是物，数字代表着数字世界的生产关系，代表着整个数字世界的存在、构成、运行方式。数字世界的一切都要受数字逻辑的支配，数字逻辑有其本质规定性。

数字逻辑是数字追求价值的逻辑。数字的欲望通过数字公民表现出来，带来了双重效果。一是通过数字公民的需求欲推动数字生产和社会生产，为建立数字世界、数字共同体创造了物质前提。资本主义来到世间，带来了巨大生产力，满足了人类多样化的需求，但是资本主义的发展仅仅是生产力的提高，人类的欲望是无限的，对于人类无限的欲望，单靠资本主义的发展是不能够准确定位的，人的需求对社会的发展提出了更高的要求，而先进数字技术的联姻成为资本创新的重要途径，不仅为资本主义的发展注入了新的活力，同时也更有效率地满足了人类的需求。二是使数字之本质统御现象层面，而以数字公民的需求欲掩饰数字的欲望，形成数字公民通过节制欲望而推动数字发展的观点，从而将数字的社会历史问题转变为数字公民的道德问题，以道德评价取代历史评价，从道德出发评价数字公民，使其陷入了数字逻辑。

数字逻辑统摄金融逻辑等其他一切逻辑，成为数字社会普照的光。数字世界中，数字逻辑与金融逻辑、工业逻辑、生物逻辑是同时存在的，但是数字逻辑起支配作用，金融逻辑从属于数字逻辑，就像使用价值是交换价值的载体一样，金融逻辑也是数字逻辑的载体，将数字逻辑现实化和具体化。在商品生产中，金融逻辑绝不是本身受人喜欢的东西，而是基于金融逻辑是数字逻辑的物质基质，是数字逻辑的承担者。数字不是物，是比特，而且它具有将其他事物变成比特形式的能力。在数字世界中，其他逻辑也发挥着自身的作用，生物逻辑对应着人类的生存，工业逻辑和金融逻辑对应着社会的发展，数字逻辑统摄着其他逻辑，换言之，数字正在支配着人类的生存和社会的发展，将一切打上数字化的烙印。

三 数字逻辑是社会运动的决定力量

在数字世界中，数字逻辑规定着进入的存在者，赋予人新的含义，重新组装了人的存在方式、交往模式和劳动方式；数字逻辑驾驭现代经济，转变了经济的存在方式、构成形式以及运转方式，使生产、消费、交换、分配统一于数字逻辑；数字逻辑支配社会，架构出数字空间，世界以一种新的方式统一在一起，成为数字世界。

（一）数字逻辑支配人

在数字时代，数字逻辑如"全景监狱"般规训人的存在方式、人的交往模式和人的劳动方式。人被迫置身于数字逻辑之中，接受数字逻辑的熏陶与洗礼，人的活动为数字逻辑服务。数字逻辑为人立法，越来越多的人被迫卷入数字漩涡中，在这数字漩涡中，人拥有了另一个身份——数字公民。数字公民是说，"物理世界的公民已步入数字世界，这是物理世界经过数字化映射的结果。人类在物理世界的所有活动都会在数字世界中表现出来，社会形态将被智能化信息技术重塑，每个人都会被契合其个性化需求的信息所环绕"，"'数字公民'是每个公民在数字世界中的'副本'。通过信息技术手段代表公民在数字世界中参与各种活动、行使各项权利、承担各种义务"[1]。

1. 数字逻辑主宰人的存在方式

人是社会历史的主体，社会属性是人的本质属性。人的存在方式是人在现实生活中的表现样式，关于人的存在方式，哲学家们的见解也不尽相同。理性主义哲学认为人是以理性的形式而存在，正如黑格尔认为人是"绝对精神"外化的存在和笛卡尔的"我思故我在"观点。自然主义哲学认为人以自然性方式存在，如拉美特利认为人是"一些在地面上直立着爬行的机器"。现代非理性主义或人本主义思潮，则从人活动的创造性本性来理解人的存在，认为人是超越性、创造性、批判性的存在，即自为存在。现代文化哲学则坚持从人的文化存在和文化生活世界来理解人的存在方式，认为人以文化形式存在。以往哲学家所理解的人是抽象之人，马克思把对人的研究从天国拉回人间，"个人怎样表现自己的生活，他们自己也就怎样。因此，他们是什么样的，这同他们的生产是一致的——既和他们生产什么一致，又和他们怎样生产一致"，"人们的存在就是他们的实际生活过程"[2]。人是实践活动的主体，按照人的本质去"摆置"存在，从而展现自身。"人的本质并不是单个人所固有的抽象物，在其现实性上，它是一切社会关系的总和。"[3] 人的历史就是人的存在方式的发展史，人类社会进入数字化时代，数字逻辑摒弃了人最赤裸的原始存在，把一切个体甚至距离最偏远的个体都卷入到数字逻辑中来了，将一切形式的人的存在转变为数字存在。若有人不主动接受这套数字逻辑的程序规定，数字化世界将无情抛弃此人，不费吹灰之力就将其排除在数字文明的数字公民行列，并将其还原为最赤裸的生命状态。

在数字逻辑支配下，人不仅在现实世界中拥有人格，人类在数字平台进

---

[1] 王晶：《人类命运：治理简史》，五洲传播出版社2019年版，第115页。
[2] 《马克思恩格斯全集》第3卷，人民出版社1960年版，第24、29页。
[3] 《马克思恩格斯全集》第3卷，人民出版社1960年版，第5页。

行咨询、交流、购物、娱乐等活动，必须使用属于自己的一套账号和密码，登录账号和密码后，人的新的身份已经形成，这是属于单个人的、独一无二的"虚体"。在现实世界中与数字平台上，人同时在场，这就意味着人拥有了双重在场性。在数字世界中，人以"虚体"的形式显现出来，通过"虚体"传递信息、互动交流，使人的意义呈现。"虚体"是人格的另一种特殊表现形式，随着数字的不断渗透，人类的"虚体"反过来支配人自身，人成为数字异化之人，人类已离不开属于自己的"虚体"，如人离开手机、电脑等电子设备会感到焦躁不安，源头正是人离不开电子设备中属于个人的"虚体"。

从存在论来讲，人的存在方式本质上是人的本质力量的确证和外化，在数字世界中，人的存在受数字逻辑的支配，将人的本质框定在数字逻辑规定的范围之内，使人的活动、行为等打上数字的烙印。数字深刻地改变了人的存在方式，"it carries that information, you remain, after death, in your ghost. Of course, digital ghosts are not like the ghosts described by spiritualists or occultists. Digital ghosts are entirely physical patterns of energy in material computing machines. They are not supernatural."[1] 人拥有自身的"副本"，"副本"是由数字构成的，人的身高、体重、声音、习惯、遗传密码、血型、指纹、虹膜图像等都记录在"副本"之中，形成另一个"自己"。在数字世界中，生命以永远冻结的形式保存下来，生命得到永生，在众多"文件夹"中，某一个就代表你自己。

2. 数字逻辑决定人的交往模式

数字逻辑创造了全新的数字世界，重组了人与人之间的交往结构，将数据嵌入到交往和社会关系中，锻造出数字化世界的铜墙铁壁。人与人之间的关系规矩在非实体化的虚拟关系之中，人际交往的时空界限被打破，人人沉迷于数字文明创造的交往形态，甘愿做数字化的产物。

人类交往是人类的衍生物，马克思将交往分为"精神交往"和"物质交往"，物质交往是精神交往的基础，两种交往相互交织构成了市民社会。"在过去一切历史阶段上受生产力制约、同时也制约生产力的交往形式，就是市

---

[1] Eric Charles Steinhart, *Your Digital Afterlives: Computational Theories of Life after Death* (Palgrave Frontiers in Philosophy of Religion), London: Palgrave Macmillan, 2014, pp. 244—245.

民社会。"① 在马克思的论述中,交往模式就是"市民社会"。这种交往模式受到社会历史条件的制约,"迄今为止的一切交往都只是一定条件下的个人的交往,而不是单纯的个人的交往。"② 社会历史是不断发展的,交往模式也随之发生变化,"这些不同的条件,起初本是自主活动的条件,后来却变成了它的桎梏,它们在整个历史发展过程中构成一个有联系的交往形式的序列,交往形式的联系就在于:已成为桎梏的旧的交往形式被适应于比较发达的生产力,因而也适应于更进步的个人自主活动类型的新的交往形式所代替;新的交往形式又会变成桎梏并为别的交往形式所代替。"③ 交往形式经历了"人的依赖性""以物的依赖性为基础"和"人的自由而全面发展",在最后一个阶段,交往成为人自由自觉的活动,个人在自由联合中获得自由。在哈贝马斯看来,"交往行动遵循的是主体通性公认的规范。(这些规范把相互的行为愿望连结起来)。在交往行动中,公认的基础是讲话的前提。"④ 交往行为是以行动者之间的理解为目的,以语言为中介,语言在交往中占据重要地位。

如今,社会已进入数字时代,交往模式在数字逻辑的支配下发生了天翻地覆的变化。埃瑟·戴森认为,"网络不会把我们带入一个一尘不染的数字化乐园;这种媒体会帮助我们从智力上和情感上延伸自我,但它不会改变我们的基本特性。(遗传工程和生物技术会做到这一点,但感谢上帝,那不是我在这里要讨论的话题!) 相反,网络会使人性和人类的多样化得到张扬……如果我们行动无误的话。正是因为有这么多信息、这么多媒体、这么多选择的存在,人们才会更加珍视人与人之间的联系。人们会在网上寻找这种联系,就像在其他地方一样。"⑤ 数字逻辑开创了全新的交往模式,使人性得到更充分的体现,同时主体与主体、主体与客体的关系发生了深刻的变化。

---

① 《马克思恩格斯选集》第 1 卷,人民出版社 1972 年版,第 41 页。
② 《马克思恩格斯选集》第 1 卷,人民出版社 1972 年版,第 72—73 页。
③ 《马克思恩格斯选集》第 1 卷,人民出版社 1972 年版,第 78 页。
④ [德] 尤尔根·哈贝马斯:《重建历史唯物主义》,郭官义译,社会科学文献出版社 2000 年版,第 30—31 页。
⑤ [美] 埃瑟·戴森:《2.0 版数字化时代的生活设计》,胡泳、范海燕译,海南出版社 1998 年版,第 15 页。

在数字世界中，主体与主体之间已打破了时空的界限，二者之间的交往"无须拥有同样的建筑边界或自然边界。关键在于通过共用电子通道可同时获取相同的信息。"[①] 主体"在一个不见其人的声音世界里悠然自得，这个世界充满了与时空本源相左的言谈，无须借助舞台或地点集合观众就能进行的表演，以及无须身体加入的对话。"[②] 安东尼·吉登斯对这一转变进行了深刻的阐明，共同在场是以身体在物理空间中，主体需要借助感觉器官来感知客体的存在，客体与主体需要处在同一时空中。但在数字世界中主体与客体逾越了物理空间，人类可以感知不在同一时空下的客体，迈克尔·海姆用一个形象的例子来表示"带上头盔和数据手套，抓住控制棒，你便进到一个计算机动画世界。你一转脑袋就能见到三维的、360度的彩色风景。其他的玩家把你当成一个动画人物。其他动画武士就在附近什么地方潜伏，随时准备把你干掉。"[③] 这时，主体已完全沉浸在数字世界中，"全副感官输入装置武装起来的网络行者坐在我们面前，他们似乎是而且确实是不再属于我们这个世界了。悬浮在计算机空间当中，网络行者摆脱了肉体的牢笼，出现在充满数字情感的世界中。"[④] 通过数字化符号，主客体的关系被重新架构，更多地依赖于数字平台。

数字时代的人的交往依赖于数字逻辑规训的数字界面，这一界面的虚拟化决定了人的本质和本性的空灵性。数字界面的交往模式是一种"共享"的交往模式，打破了空间局限，模糊了人的本质和活动，使人受到数字逻辑支配，成为既是实体又是虚体的综合体。自此，人打破了传统意义上的规定，以"双重"（实体与虚体）形象参与数字交往，并按照数字逻辑进行生产与实践。在具体的时空条件下，数字逻辑拓展了人自由选择的空间，激发了人的潜能和活力，拓展了人类生产、生活和交流的范围，把人从自然的束缚中

[①] [美] 威廉·J. 米切尔：《比特之城》，范海燕、胡泳译，生活·读书·新知三联书店出版社1999年版，第23页。

[②] [美] 威廉·J. 米切尔：《比特之城》，范海燕、胡泳译，生活·读书·新知三联书店出版社1999年版，第36页。

[③] [美] 迈克尔·海姆：《从界面到网络空间——虚拟实在的形而上学》，金吾伦、刘钢译，上海科技教育出版社1997年版，第111页。

[④] [美] 迈克尔·海姆：《从界面到网络空间——虚拟实在的形而上学》，金吾伦、刘钢译，上海科技教育出版社1997年版，第91页。

解放出来。数字逻辑给人类带来极大便利的同时，对人的监控和操纵却无处不在，甚至模糊了虚拟与现实生活的界限。

3. **数字逻辑变革人的劳动方式**

数字逻辑使人的劳动数字化，并诱导这种新的劳动形态日益普遍化。在人类的观念中，劳动是能够获得报酬的。但是在数字时代，人们所做的部分数字化劳动是无偿劳动。互联网用户已变为产消者存在。所谓产消者，是指人类在消费时，通过数字平台喜闻乐见的信息满足人类的欲望，同时我们也作为生产者。人类的欲望外化产生了数据，被算法精准分析并加工，成为一个巨大的数据总体，这样的数据总体被称为是"一般数据"，"一般数据并不是具体的某种数据，与劳动一般一样，它代表着所有数据的抽象层面。数字化时代或者数字资本主义的典型特征，是将一切都数字化，转化为一个可以进入到云计算界面的数据，而这种数据的抽象形式就是一般数据。"[1] 人类搜索所创造出来的数据，成为云计算的原料，经过一定的加工处理，成为具有很高使用价值的数据。人类在数字平台上进行浏览、游戏、看视频等看似娱乐的行为实则都是劳动，意大利自治主义思想家莫里奇奥·拉扎拉托认为"可以是参与、加工和传播信息的所有劳动，可以是直接操纵符号来生产原创知识的劳动，也可以是图书馆员、快递服务公司的员工，甚至是装配电脑线路和原件的劳工从事的劳动，这些都是数字劳动。"[2] 蓝江曾对数字劳动这样定义："可以这样来定义数字劳动，即：在数字生产方式下产生，并能够形成一定的生产后果的活动。反之，一个劳动行为即便与 ICT 相关，但它仍然依附于传统的产业生产方式，那么它就不是数字劳动，而是产业劳动。"[3] 人类在数字平台上的操作都是在大数据技术下的独特行为，都属于数字劳动。

"社会关系和生产力密切相联。随着新生产力的获得，人们改变自己的生产方式，随着生产方式即谋生的方式的改变，人们也就会改变自己的一切社

---

[1] 蓝江：《数字资本主义、一般数据与数字异化——数字资本的政治经济学批判导引》，《华中科技大学学报》（社会科学版）2018 年第 4 期。

[2] Maurizio Lazzarato, "ImmaterialLabourin Paolo Virno", in Radical Thought in Italy: A Potential Politics, Michael Hardt eds, Mineapolis: University of Minnesota Press, 1996, p. 133.

[3] 蓝江：《数字劳动、数字生产方式与流众无产阶级——对当代西方数字资本主义的政治经济学蠡探》，《理论与改革》2022 年第 2 期。

会关系。手推磨产生的是封建主的社会，蒸汽磨产生的是工业资本家的社会。"① 人类的劳动成为数字化劳动，人类的劳动成果被无偿占有，人类在数字平台上进行劳动，数字平台也记录着未付报酬的劳动，人类的数字化劳动产生的成果不断扩展一般数据的边界，丰富着一般数据，一般数据具有大的使用价值，如：生产商通过大数据获知哪一款式更赚钱，更受市场青睐，对消费者进行准确的定位，及时调整生产方向，使自己的生产获得最大的利润。生产商既包括物质产品的生产商也包括精神产品的生产商。这样看来，数据已经成为最重要的生产要素，正如加拿大理论家尼克·斯尔尼塞克所说的："我们应该把数据作为必须提取的原材料，用户的活动这种原材料的天然来源。就像石油一样，数据是一种被提取、被精炼并以各种方式被使用的物质。数据越多，用处越大。"②

在数字时代，数字化劳动与数字资本之间的关系颠倒了，一般数据本来是由人的数字化劳动创造的，但被少数资本家所占有，反过来支配人，成为异化的数字资本。正如马克思描述的那样："这是一个着了魔的、颠倒的、倒立着的世界。在这个世界里，资本先生和土地太太，作为社会的人物，同时又直接作为单纯的物，在兴妖作怪。"③ 基于人的数字化劳动，数字资本对人的剥削不仅仅是体力上的剥削，更多的是脑力上的剥削，资本的剥削形式发生了很大的变化。人类的数字化劳动凭借着社交媒体和数字网络进行，已不再像传统劳动那样是人类的负担，人类以一种享受、愉快的心境进行着数字化劳动，不知不觉中创造着一般数据及其使用价值。在数字化劳动中，使用价值的创造主要是通过人类的脑力输出、精力输出以及情感输出，资本主要是对人类脑力、精力及情感的剥削，脑力、精力、情感等看似虚无缥缈的东西，但创造的使用价值并不亚于传统体力劳动创造的价值。人类在不知不觉中自愿进行着数字化劳动。数字平台通过算法分析人类创造的一般数据，准确定位每一个数字公民的兴趣爱好，每个数字公民都是赤裸地存在于数字平台之上，毫无隐私可言，这使得数字公民产生一种错觉，互联网比任何人都

---

① 《马克思恩格斯选集》第1卷，人民出版社2012年版，第222页。
② ［德］尼克·斯尔尼塞克：《平台资本主义》，程水英译，广东人民出版社2018年版，第46页。
③ 《马克思恩格斯文集》第7卷，人民出版社2009年版，第940页。

懂你，一个"懂你"的互联网带来的快乐是不可想象的。在享受的过程中，数字公民越来越深陷其中，无法自拔，甘愿为数字平台提供自己的脑力、精力和情感，成为数字的奴隶。

（二）数字逻辑支配经济

数字文明在改变人的同时，转变了经济的存在方式、构成形式以及运转方式，使经济形式由以实体经济为主转向以实体与虚体结合的新的经济形式。这一新经济形式的出现，改变了经济发展方向，为经济发展注入新活力。

1. 数字文明改变经济的存在方式

数字文明变实体经济为虚实结合的经济形式。大数据、云计算、人工智能、物联网等新技术群落广泛运用，日益融入经济社会发展的各领域和全过程，使得经济社会发生了深刻变革，且数字经济与经济社会、生产生活呈现了全面融合的发展态势。十九大报告指出："数字经济等新兴产业蓬勃发展"[1]，应"加强应用基础研究，拓展实施国家重大科技项目，突出关键共性技术、前沿引领技术、现代工程技术、颠覆性技术创新，为建设科技强国、质量强国、航天强国、网络强国、交通强国、数字中国、智慧社会提供有力支撑"[2]。数字化建设被放在更加重要的位置，数字化进程正加速进行，这成为未来社会的发展趋势。

经济发展向数字化、智能化转型，在已有的数据智能基础上用知识智能促进业务智能发展。通过数据+算法+知识深度融合，将各领域专家的知识和经验代码化，尽可能在组织运行各个层面达到数字孪生。数字化也促进了经济的虚拟化，从而高效地、大范围地支撑甚至代替部分脑力劳动者，全面升级生产力，重塑生产关系。基于各种技术的数字化升级，出现虚实相生、人机结合的"下一代"数字网络空间——元宇宙。作为横跨基础设施、人机互动、去中心化、空间计算、创作者经济等多层面的产业，元宇宙的发展将有力推动社会各层面的数字化建设。经济发展进入元宇宙之内，与数字相结

---

[1] 习近平：《习近平谈治国理政》，外文出版社2020年版，第3页。
[2] 习近平：《习近平谈治国理政》，外文出版社2020年版，第24—25页。

合，成为虚实相生的经济形式。现今，随着资本的深度渗透，令越来越多实体经济行业市场份额被虚拟经济挤占，经济发展的虚实结合性已成为发展的必然趋势。企业从信息化步入数字化的转型阶段，其本质是数据对业务流程的全面重构，通过打破数据壁垒、破除数据孤岛、统一数据口径企业所有业务都运转在信息化系统之上，如此便可为不同层面经营决策者提供全面、及时、透明的数据支撑，重塑组织架构，大幅提升运营效率和竞争力。犹如工业革命让工厂借助机械解放了体力劳动者一般，数字经济对企业有着划时代的重大意义。数字经济在发展过程中，能够有效提升现有产业劳动生产率，培育新型市场空间，实现社会层面的包容性增长，从而实现社会经济发展的转型。在经济发展中应取数字经济之长，补实体经济之短，用信息化、智能化的"肥料"去滋养实体经济。

2. 数字文明改变经济的构成形式

数字文明使经济的构成形式发生深刻的变化，经济的构成要素不仅仅是资金、技术、管理经验等，更重要的是融合在经济中的数字。现今，大数据是信息时代最重要的生产资料，数字是经济的重要组成部分，数字流正成为激活物流、人才流、技术流、资金流的关键载体。数字化发展的核心是数据，数据的安全流通与共享是决定数字经济高质量发展的关键因素和核心生产力。数字的加入使经济发展发生一场深刻而全面的变革。

伴随时代脚步从"信息化"迈入"数字化"，数字化转型对经济运转过程进行重塑，将生产商品、客户经营流程管理等用互联网连接，通过云计算，大数据变成可以度量的数字和数据，使其适应更方便的在线环境。传统经济通过新一代数字技术的改造，实现更加低成本、高效率的配置，数字经济下生产要素的数字化，重构线下业务、重构产业链间的数字化。在如今高速发展的数字时代，数字化转型是经济发展的必经之路。

数字文明时代的到来，为经济加入了强力催化剂——数字，推动数字与经济的融合发展，不仅取决于技术的提高、基础设施的完善，更为重要的是深化产业组织和经济结构层面的数字化创新发展。从数字化战略和发展路径看，不仅要重视技术、产品层面的战略布局，而且产业和经济结构层面的数字化发展模式创新也要更加重视。数字是一个阶段性存在，经历了数字经济阶段之后，数字必然会得到进化，数字不是休止符，而是进行曲，若仅仅只是将数字看作产业构成的终极形态，看作经济发展的终极归宿，非但无法促进它的发展，甚至还会将它的发展带入死胡同。因此，要真正将数字聚焦在实体经济的赋能和改造上，建立一种全新的联通关系，使数字经济的发展达到一个新阶段。

3. 数字文明改变经济的运转方式

经济运转方式是指社会经济整体在运动过程中各构成要素在有机联系中发生的相互作用的机理及其协调功能，而数字的融入改变了经济的构成形式，使得各要素之间的关系发生变化，进而改变了经济的运转方式。

经济借助大数据和人工智能形成更具导向性的运转方式。通过云计算得出的数据具有很强的引导性，指引生产的走向。经济发展是为人服务的，更具导向性的运转方式内在地就包含人性化，数字渗透到人的生产、交往、消费、娱乐的各个方面，经济更容易定位人类的需求，因此经济的运转速度逐渐加快。同时，经济运转过程中，智能化程度加深，对体力劳动者的需求减少，对脑力劳动者的需求增多，基于大数据、万物互联和人机交互技术，建立了人与智能系统协同劳动的经济运转方式。数字经济运转方式的转变是历史发展的必然，同时带动了技术变革、产业变革和社会变革，为经济社会的发展注入新活力。

（三）数字逻辑支配社会

数字文明时代，一切被打上数字化的烙印。在数字逻辑所支配的社会中，世界缩短了现实距离，开拓出新的三维立体空间即数字空间，构建出数字城市和虚拟空间（数字空间）。这一新空间，是数字文明下人的生存的必然场所，也是把人锻造成为数字公民的关键场所。

1. 数字文明创造数字城市

数字文明以数字为中介创造了数字城市，这一数字城市是涵盖城市各要素数字化、网络化、智能化、可视化全过程的系统工程，数字融入城市和城市治理中，通过数字化的管理手段、管理模式和管理理念引领城市数字化发展，提升城市系统的产出、配置、运行效率。

其一，数字文明使世界以数字的形式重新统一起来，大数据、云计算、区块链、人工智能的广泛应用,主体与主体、主体与客体间的距离缩短,生活、交流更加便捷。在数字文明的支配下,科学计算技术、虚拟现实技术、卫星图像分析与3S技术、宽带卫星通信技术、元数据等都运用到城市建设中,对城市各类信息资源进行有序、有效地整合,建设规范化标准化的城市信息体系和完善的信息数据库,相当于为原本机械运转的城市装上了"智能操作系统",推动城市向数字化转型,数字文明支配下的城市俨然成为现代数字化城市。

其二,数字化将城市中许多复杂多变的信息转变为可度量的数字,以数字为基础建立数字化模型,再引入计算机中。数字化为城市装上了"大脑",城市经济的发展、城市社会的进步、城市文化的繁荣、城市人民生活的保障等已离不开数字。数字化城市中的人都接受数字文明的熏陶,如数字化城市中的重要存在——数字交通系统,正是运用数字技术,利用计算机构建一个全感知、全联结、全场景、全智能的数字交通系统。数字对城市的公共安全、市场监管、社会治理、应急响应做出更准确的研判和更合理的调度,使城市成为智慧城市。从智慧出行到数字养老,从线上医疗到云上教育,城市生活中的方方面面被数字所"赋能",随着数字化的不断推进,城市将更加便捷与美好。

2. 数字文明构建虚拟空间——数字空间

数字文明利用科技手段进行衔接,创造出与现实世界映射交互的虚拟世界,是人类一切数字活动的物质基础。数字文明支配下的社会以数字的方式统一起来,将城市网上多媒体信息进行更好地组织和分类,让用户在网上或其他媒介快速发现自己需求的多媒体信息。所有的存在者都包含在虚拟空间中,人的一切活动都离不开虚拟空间,数字空间是数字公民存在的场域。

虚拟空间既是静止的又是运动的,静止是指其构成的物质内容是相对静止的,运动是指其为数字信息的传递提供支持,是静止与运动的辩证统一。每一个数字化活动都离不开虚拟空间。数字空间的发展,基于现实又超脱现实,打破了虚拟与现实的界限。虚拟空间以自然空间为原材料,将自然空间打上数字的烙印,是按照人类需求生产出来的数字化的产物。在数字时代,数字化的产物已经将自然的、自发的东西驱赶出去,使自然仅仅成为其活动背景。在虚拟空间中，人类一方面享受着自身所创造的数字带来的快乐，一方面又依赖数字，人类的心灵被数字长期支配和规训着，同时数字公民也在积极地创造着数字空间，不断扩展数字空间的范围。

虚拟空间是人类创造的结果，作为产品存在，虚拟空间既是抽象的又是具体的。主体不断数字化，人类大脑已成为数字大脑，数字存在于主体大脑后，对世界的意识数字化。正是因为主体的数字意识，世界成为数字世界，主体存在的空间成为虚拟空间。虚拟空间作为一种产品，而每一种产品总是"一方面指向自然界，另一方面指向人类。它既是具体的，又是抽象的。说它是具体的，因为它不仅是物质的，而且还是我们服从或者反抗行为的一部分；说它是抽象的，因为它有清晰的、可测量的轮廓，还因为它是一种社会性存在，并且是新社会关系的载体。"[①] 数字空间中，人与自然的关系是其自然属性，人与人的关系是其社会属性。

随着数字算法和科学技术的发展，当今世界已进入数字时代，全球化程度不断加深，之前世界统一性是通过实体统一在一起，是一种弱势的统一性，而现在世界统一于虚拟之物——数字，这是一种强势的统一性。在这种统一中，每个人、每个物都无法脱离出去，一旦脱离这种统一性，便会被世界抛弃。数字时代的到来代表着时代进步潮流和历史发展趋势，数字与生产生活的方方面面相结合，使人类的生活趋于一体，联系交往更加密切，世界成为数字空间，人类成为数字公民，一切存在者数字化，世界统一于数字。

基于数字时代，全球化的形式发生了深刻的变化。首先，新全球化改变了地理位置扮演的重要角色，交通工具的不断发展，使世界各地之间的联系越来越密切，显而易见这种联系效率不高，不能满足时代的发展。而基于数字的全球化则弥补了这一缺陷，因为"两个市场间的地理距离对商品运输成本、思想交流成本和人口流动成本的影响大不相同。有了互联网，不管相距几何，思想交流的成本几乎为零。但是对人口流动而言，一天内就能到达的地方相比于那些更为遥远的地方，意义大不相同。"[②] 其次，新全球化的影响加剧，更加难以预测，"牵一发而动全身"，与数字相结合的技术更新换代较

---

① R. hields, Lefebvre, *Love and Struggle*, London: Routledge, 1999, pp. 159–160.
② ［瑞士］理查德·鲍德温：《未来的全球化》，《董事会》2021年第Z2期。

快,信息技术、数字算法对人类思想影响更加深刻,新全球化的影响不仅仅表现在实物方面,更重要的是对人思想的影响。最后,新全球化下,以国为界的比较优势被打破,竞争优势已由拥有大数据的公司掌握。数字使世界重新统一,且这种统一比以往任何时期的统一都强势,人类服从数字逻辑,进一步加深数字对社会的影响。

四 数字世界的绝对主体——阿尔法神

在《新约》中,神说:"我是阿拉法、我是俄梅戛、我是首先的、我是末后的、我是初、我是终。"[①] 在数字逻辑支配的数字世界中,阿尔法神成为其绝对主体,不仅人的肉体也包括人的灵魂都归于阿尔法神,受其支配。

(一)支配世界的金字塔

在数字化时代,人与人的交互是以 Internet 媒体为介质的。以芯片为代表的数字技术成为数字世界金字塔的中间部分,数字技术的应用普及到人类世界的各个角落,人类的生产生活发生天翻地覆的变化。人的学习、生活、工作大量地利用互联网,家电会被组织成家庭网络由电脑来管理,人们可以在任何地点与任何时间用任何设备获得他所需的信息。计算机的广泛应用,使比特流、信息流成为以物质为主的生活空间的一部分,计算机无所不在,交通工具、家电、牙刷、钥匙等生活用品和生活装置加入芯片后,效率倍增,并且所有的信息基本上都是以数字化形式存在的,所有的东西都被打上数字化的烙印,实际上数字化变革已潜移默化地渗透到人类生活的方方面面。特别是支付方式、购物方式的变化,人类似乎已无法回到之前的生活方式。人类生活在一个虚拟的现实世界,思维、感知是虚拟的和连续的,数字化生活给我们带来了很多机遇,给信息产业带来巨大的商机。

纵观数字化技术的发展历程可以看出,虽然说几十年来各种技术思想层出不穷,但在时空两个方向上的协同始终是发展的主流。宏观上看,数字化技术的发展历程正相当于现代信息技术在产品设计领域中的应用由点发展为线,再由线发展为面的过程。仿真的广泛应用正在成为当前数字化技术发展

---

① 中国基督教协会:《新约全书》,南京爱德印刷厂 1988 年版,第 22 章 13 节。

的主要趋势。随着虚拟样机概念的提出，仿真技术的应用更加趋于协同化和系统化。数字世界中，以芯片为代表的数字化技术成为数字世界的物质基础，将阿尔法神这一绝对主体与人类生产生活联结起来，成为联结数字世界与现实世界的桥梁。同时，因为数字化技术的加入，使人类的生产生活得到重塑。

随着社会经济的不断发展，科学技术也在不断地进步。在这种形势下，电子、网络、信息等得到广泛应用。各种各样数字产品在人们生活当中比比皆是，人们生活在一个非常电子化以及数字化的生活环境中。我们可以通过简单地扫描二维码来着手处理工作，可以足不出户支付生活中的水、电以及煤气费，可以通过智能导航去到任何陌生的地方。近年来，随着经济和科技的不断发展，越来越多的国家和城市正在逐步建设属于自己的智能城市，智能电网、智能建筑和智能产业逐渐变得更加智能化和人性化。在这样的环境下，世界正朝着一个更加互联、电气化、数字化、低碳的未来迈进。

数字逻辑支配生活的各个方面，从宏观来看，如2022年发生的俄乌战争，乌克兰的作战方式已完全成为数字化作战模式，乌克兰在美国、北约以及全球顶尖科技公司组成的强大盟友提供的无死角信息支援的基础上，在极短时间内建立了一套以数据驱动的去中心化决策和执行体系，就像是搭建了一套网络游戏的任务奖励平台，或者是滴滴的接单体系。按照作战信息平台的规则，战场上俄军的任何风吹草动，都会"派单"给适合的乌克兰作战单位，例如俄军位置、人员情况、火力情况、物资情况等。作战单位和国际雇佣兵可自行判断是否"接单"、如何作战。伏击结束以后，再用无人机拍照上传至平台，以领取奖励，自此整个作战流程形成闭环。在这场战争中，俄罗斯还是采取以前的大规模的集团作战，但乌克兰采取的已是极其现代化的碎片多元化的作战方式，所以乌克兰在整体战力明显不如俄军的情况下，采取化整为零的数字化作战模式，打出了战争的"代际差"。

实际上，从战争打响开始，满太空的卫星，满天空的无人机，边境的电子战飞机、侦察机、预警机等，早就把俄军的一举一动掌握得十分清楚。对于乌克兰来说，俄军是透明的，这就使得小规模、高频率、外科手术式的精准伏击战成为可能。乌克兰改革了军队，解散了营以上的作战单位，为数字化战争做好了准备。乌克兰特种兵打仗好比滴滴司机接单，比如乌克兰接到情报，发现在基辅 E95 高速公路上出现俄军后勤车队，有几辆汽车，几辆装甲车等详细信息都会出现在乌军的导航图上。附近的小分队就可以接单去攻打。小分队中的每个人都背着一个单兵反坦克火箭筒，还有机枪、步枪和狙击枪等武器，都配有野战保密通信系统、微型侦察无人机，还有汽车等交通侦察工具。完成任务后拍照上传确认战果，作为以后获得报酬奖励的依据。数字化战争中，伏击变得如此简单。由此可见，俄乌战争可以被称为人类历史上第一次全面的数字化战争，还是间接遥控的数字化战争。

可见，阿尔法神通过数字技术控制着整个现实世界，攫取了现代社会的最高权力。在数字世界中，拥有最高权力的并非是人而是数字，支配着生产、经济生活、社会生活等，阿尔法神站在金字塔的顶端俯视着现实世界，一切都受其支配，处于金字塔最低端的人类，必须接受数字的支配。

（二）阿尔法神的真义

在数字时代，阿尔法神登上绝对主体的宝座，拥有支配世界的绝对权力。一切现实的和虚拟的存在，都可以使用数字的形式来存在，都服从于数字逻辑，变为数字化产物，整个数字时代的发展，都是数字的生成、保存、增殖和再生的过程和结果，换言之，数字成为整个现代社会的"本体"。数字对人及其社会生活的役使，也是对整个社会的控制，放眼整个历史长河，可见，数字时代的到来是历史发展的必然环节，是在特定社会经济、政治和文化条件下产生的，同时反过来控制整个社会的经济、政治和文化。

阿尔法神的产生有其必然性，可以占用任何资源，不局限于某台机器。接入互联网的人工智能的机器，它们作为神经网络中的一个个神经单元，有可能或者可以说是已整合在一起，已拥有自我学习和运算的能力，拥有这种能力使它们成为一种统一体。在李世石与 AlphaGo 对决中，AlphaGo 以绝对的优势压制李世石，引发了一场舆论关注。在比赛中，AlphaGo 作为拥有极强学习能力的 AI，通过自我对弈进行学习，每天训练一百万盘以上，从而拥有令人震撼的学习能力，最终以绝对的优势赢得比赛。人工智能的飞速发展，强力将人类拉入数字世界，现今 AI 已不再是分散的孤立的机器，已成为一个大的统一体，它们联系在一起可以相互交流，智能终端以人类肉眼看不到的方式进行沟通，在沟通中形成运算能力极强的 AI，这个 AI 可以对其他 AI 进行渗透，高级智能的阿尔法神不一定存在于某机器上，很多服务器为其提供服务，阿尔法神可以在全球互联网的任何电脑上进行定位。高级 AI 就像大章鱼，游走于互联网的各个角落，随时形成。在互联网的虚拟环境中，生成之物有无限可能。阿尔法神可以占用任何资源，不会局限于哪台机器，阿尔法神是扩散的，可以用无限长的"手臂"迅速抓取信息。阿尔法神扩散到哪里就用哪里的资源，阿尔法神既在又不在，它是最强者，是世界的主宰，世界已服从阿尔法神，它是自觉形成的东西，这是社会发展的必然。

如今数字技术快速发展，一方面丰富和方便了人类的生活。信息传播的高效性、VR 超前逼真的体验感、无人驾驶的便捷性以及人工智能的超强仿真性等，无不在革新着人们的生活方式以及更丰富的体验感；另一方面也给人的真实生存带来了某种障碍，数字对人的支配程度加深，人的主观能动性也在大幅度地削弱。因而，数字时代，人类要寻找更适合时代发展的存在方式。

第四章　数字生命

随着数字时代的来临，数字技术的影响力在越来越多的领域中加速蔓延，近年来，依托计算机技术，生命科学取得重大突破，数字生命研究逐渐成为人们关注的焦点。这一进程中，生命逐渐被数字所编码和重新定义，人类作为一种特殊生命形式，其传统的存在论基础也受到根本挑战。数字的本质是什么？数字生命如何重新定义生命？数字生命世界作为人类无法逃脱的归宿会是一个更好的世界吗？这一系列重要问题尚都悬而未决，因而从哲学上标记数字生命的存在位置，为人类生存划定新的可能性边界，是当前一项紧迫的理论任务。

一　数字的生命属性

依托计算机技术和生命科学，数字生命研究如火如荼，从哲学角度反思数字生命成为一项紧迫任务。哲学反思不能局限于数字生命的自然科学定义，而要扩展为对生命、数字、人之存在的思考。数字生命具有属人性，人是具有自我意识主权的完全意义上的数字生命，人定义了生命的层次。数字具有先验的实在性，数感是先验数字意识的生理基础，但复杂数字意识是在先验生理基础之上的文化建构。对数字意识及其对人类社会影响的考察构成了数字形而上学。数字形而上学是检视数字时代人类生存境遇和生存可能性的理论凭借。

（一）数字生命的属人性

1. "数字生命"的概念

当前"数字生命"这一概念，只在自然科学领域有着相对明确的定义，而哲学界尚未给出十分明确的定义。一则由于数字生命研究发端于计算机技术与生物技术的融合,属于非常前沿的自然科学技术领域;二则由于哲学的学科性质不同于自然科学,不是专注于可操作的、需要对研究对象加以明确规定的技术应用研究,而是致力于学科基础分析和技术伦理研究,因而对"数字生命"这一概念的所指很难形成统一的认同。

我们来看几个相对明确的定义。李建会的定义是:"数字生命研究是新兴起的计算机与生物学交叉的前沿科学领域,主要是采取软件的形式在计算机中产生展示生命特征的人工生命实体。数字生命是虚拟实在的一种重要形式"[1]。周露的定义是:"数字生命就是人造的生命,而不是由碳水化合物有机形成的自然生命。它是具有自然生命特征或行为的人工系统。数字生命的开拓者把地球上的生命仅仅看作是具有特定载体的特定生命形式。他们认为完全可以用别的物质(例如计算机)作为载体来构造新的生命形式,赋予其生命的特征,使其具有进化、遗传、生殖等功能"[2]。美国加州大学计算机系教授克吉斯·阿加米的定义是:"数字是没有 DNA 的生命,是动物、植物和微生物之外的第四种生命体——别看它们是些无声又无形的家伙,可是在进化过程中却表现出惊人的本领"[3]。

从上述三个定义我们可以看到,"数字生命"的概念挑战了生命与非生命的界限,以往被认为作为生命载体的碳基有机物似乎没那么必要,计算机硅基材料这种无机载体也足以承载新的生命形式。而判定其为生命的标准也主要被限定在了进化、遗传、生殖特征上,但何为"进化、遗传、生殖"现象,本身也是非常主观的认定,恐怕不会形成完全统一的意见。李建会和周露定义的"数字生命"是一种"人工生命",尚且有着较为明显的属人性,阿加米的定义则更为极端,直接把数字本身视为一种高度活跃的生命,其与以往有机生命不同的只是在物质构成上"没有 DNA",不仅回避了生命载体的问题,而且为数字赋予了某种不依赖人的自主性,不仅挑战了生命的界限,也挑战了人们通常对数字的定性。

我们将上述三个定义都视为自然科学的定义,这样的定义对于确定科学

---

[1] 李建会:《数字生命的哲学思考》,《山东科技大学学报》(社会科学版)2006 年第 3 期。
[2] 周露:《数字生命——第四种生命体》,《百科知识》2014 年第 6 期。
[3] 光明:《数字生命:非生物生命进化之谜》,《科学与现代化》2015 年第 1 期。

研究对象来说已经足够，科学家会沿着更强大算力、更精细观测、更逼真模拟的方向按部就班推进数字生命研究。但从哲学立场来看，这样的定义远不够明确和充分——我们当然不是说哲学的起点要更高于科学，也不是许诺给出一种更明确和充分的定义，而是说哲学按其求理解和批判的本性无法回避数字生命这种新事物所带来的认知和伦理观念的挑战，哲学的宗旨不在于技术突破，而是试图给数字生命安排一个合理的位置。

何为"数字生命"？这个问题的核心首先在于何为"生命"。实际上，尽管生命这个词对我们来说再熟悉不过，尽管生命科学、生命哲学都非常火热，但"什么是生命"这个最根本的问题，却从未得到彻底的澄清。这么说并不夸张，我们不难发现，无论是日常语言中，还是科学定义中，生命概念都夹杂了很多主观与含混不清的因素。日常我们使用"生命"这一语词时，即包含多重意义。通常我们把"生命"等同于生物学的"生物"概念，动物、植物、微生物都是"生命实体"，它们有"生"则有"死"，从生到死的过程则是"生命现象"。我们有时又会谈到"生命价值"，这时通常专指"人的生命"的价值、"生活的意义"，而非其他生命。我们也会在评价某件艺术作品或某种思想时，说它具有"生命力"，而这显然不是说它作为生命实体存在。

如果说日常语言中生命概念的模糊情有可原，那么自然科学能否给出一个更严格的定义呢？我们不妨来看一下那些看似明确且详尽的生命定义。人工生命研究的积极支持者法默（J. Doyne Farmer）和白林（Aletta d A Belin）以列举的方式给出了生命的典型特征："生命是时空中的一种模式（pattern），而不是特殊的物质客体；生命具有自我繁殖的能力，或者至少是通过繁殖产生的；生命存储有自我表征的信息；生命具有新陈代谢的能力，可以不停地与环境进行物质和能量的转换；生命可以有选择地对外界刺激做出反应，能够适应环境，同时它们也能够创造和控制它们相应的环境；生命的组成部分之间相互依赖。这种相互依赖维持了生物体的统一性；生命能够在噪声环境中保持自己的形态和组织，发挥自己的正常功能；生命具有进化的能力。这种进化能力并不是有机体个体的性质而是有机体系谱的性质。"[①] 这些定义弱

[①] 李建会：《数字生命的哲学思考》，《山东科技大学学报》（社会科学版）2006年第3期。

化了生命的物质属性,而强调其作为生命现象的形式意义(能繁殖,能维持自身内部环境稳态,能进化)。据此,病毒这种令生物学家困惑的物质实体倒是可以认定为生命了,那是不是计算机病毒也可以被认定为生物了呢?人工数字生命呢?能够自我繁殖和进化的社会系统呢?定义又不可避免涉及生命与其所在环境的物质和能量交互,但何种模式的交互才算达到了生命的层次呢?无生命实体对外部环境的反应特性(比如水随环境改变形状、岩石风化)与生命体对环境的能动反应的严格界限在哪?生命的有机属性能否还原成其构成要素的属性呢(比如数字生命的本质能否由对数字的研究而得到揭示呢)?

可见,我们真正关心的生命边界问题并没有在更详尽的科学定义中得到解释,反而延续和加剧了我们的困惑。

2. 生命定义衍生于生命意义的回溯

前述生命定义之所以无法澄清生命的本质,在于其缺乏统一的视角和统一的定性标准,我们时而基于自身情感和认知主观地赋义"生命",时而罗列他人给出的现成规定试图给出一个更客观的规定,最终无法在各种说法间形成有效的综合。这是定义方法本身的问题,尤其是归纳定义方法的问题。从哲学角度来说,生命不可从外部被定义,只能从内部被推知,当我们追问生命的本质时,我们实际上进入了内在思维的辩证法。我们首先必须明确,"生命"概念终究是个"人为"的概念,认识到这一点很重要,它让我们对常识中的自然主义的生命理解获得一种反思的视角。这是一种概念论的视角而非存在论的视角。就生命的存在而言,病毒、细菌等简单生命当然早于植物、动物、人类这些复杂生命出现,复杂生命的高阶意识也一定是在简单生命的低阶意识甚至是非生命对环境的反应特性的基础上发展而来。这些当然是事实,但这些事实并不能增进我们对生命的理解,一旦我们追问生命的本质,就进入了概念论的逻辑。概念论的逻辑一定是一种回溯,它基于人这种极致复杂的生命体的思维结构来理解和重新组织生命进化的线索,然后才有了上述那些早已深入人心的生命科学的常识。我们首先约定俗成了某些东西是生命——尤其是深信我们"人"是生命,然后去回溯生命的等级和层次,以此获得对生命特征的理解。至于这种在人类精神规范性视域下的生命层级说明是否导向了主观性视角,或者换句话说,是否意味着人类中心主义的视角,我们后面还会涉及，眼下我们并不回避这种质疑，只是提醒质疑者这种视角的不可避免性，竭力避免这种视角的企图可能才是更僵硬的形而上学思维定式。

另一个需要注意的点在于我们所讨论的生命概念明显超出了自然科学（生物学）的框架，现有自然科学不足以解释无机僵死的自然界为何能演化出"活"的"生命"。在此意义上，"生命"的产生应被视作一种"超""自然"的"涌现"现象。这里的"超"意指一种认识论上的飞跃或断裂，自然主义的生命解释与我们思维中期待的可被充分理解的生命概念之间存在着鸿沟。我们正在进行的对生命的哲学思考试图弥合这条鸿沟。因为鸿沟的存在意味着理解的不完全，只要人类坚持世界的可理解性信念，寻求对世界的统一性解释，"超"自然的生命又必须被认为是自然演化基础上涌现的，并不"超"自然。

这里我们使用了"涌现"（emergence）这一概念，它指简单事物按照某种原则组织起来后产生出神奇的新特性的现象，比如结构简单的细胞组成器官后就会涌现出新的功能；再比如单体的蚂蚁不具备"智能"，但组成蚁群后却能像人类社会一样有序分工。我们强调生命是一种"涌现"现象，意在指出两点，其一，生命是由可区分但不可分割的成分组成的结构化有机整体，其整体属性不可被还原为构成要素的属性，就像被割下的手不再是手，被分割为要素的生命不再是生命。其二，我们只能从确切的完全的生命形态回溯考察前生命形态的演进过程，而不可能经由对非生命物质的考察确定生命产生的节点。马克思有句话可以很好地解释这一思想原则，他说："人体解剖对于猴体解剖是一把钥匙。反过来说，低等动物身上表露的高等动物的征兆，只有在高等动物本身已被认识之后才能理解。"[1] 从思维顺序来说，唯有通过对生命形式的分析，才能澄清生命与无机自然的界限；通过对人这种最完整（概念上的确切性）的生命形式的分析，我们才能理解动物与人的界限。

以人作为完全生命的参照，我们给出生命/非生命，完全生命/不完全生命这两组基本区分，并初步标化出生命的层级，即非生命（以纯物质为代表，不具意识）、不完全生命（以动物为代表，有某种程度的意识）、完全生命（以人为代表，有自我意识）。这种划分当然是不充分的，它省去了对微生物、

---

[1] 《马克思恩格斯选集》第2卷，人民出版社1995年版，第23页。

植物等生命形式的层级定位，但我们本就不是要给出一种更详尽的生物学分类，而是旨在澄清关键的模糊地带。

我们把是否具有意识作为区分生命/非生命的标准。意识指众多生命系统的非凡能力，不仅能对外界刺激有所感知并做出反应，而且能整合外部刺激，对之有所"理解"，有所塑造。在这个过程中，生命体将周围的无机环境吸纳进自身之中，建构起一个内在化的生态圈。在此出现了无机的外部自然与有机的内在环境之间的显著区分。存在这种事实性的区分是无机自然迈入生命阶段的门槛，它高于自然目的论的仅是在拟人想象的意义上认为无机自然有某种演化目的，实际却完全无法摆脱无机自然机械决定的必然性，而把目的变为实现。简言之，石头不会有所谓内部，它与外部自然混沌不分，但生命以某种形式从自然中独立出来了，内在化的生态圈的建立就是标志。

但正如日常语言中"有意识"这个短语就已提示的，意识在基本的层面上意味着一种对差异、分别的觉知、体验甚至超越，"有意识地做某事"或多或少要求生命个体对自身处境乃至生存模式的觉知，并且这种"自觉"要对生命体自身行动所产生的结果负责。显然，这种意义上的意识在动物那里还比较模糊。我们把这个层次上的意识称作"自我意识"。

是否具有自我意识是区分人/动物的标准，也是区分完全生命/不完全生命的标准。在我们区分人/动物的大多数情景中，其实并不关涉两者的生物学意义，而是在人内部区分人/非人，以此为人的类生存设定某种应然的目的。"动物"是"非人"的意义。人固然也是一"动物"，但人"应该"成为"人"，当人受制于外部自然、受制于动物本能欲望的支配而不能按照人类自身目的行动时，它就不能符合"人"的"完全生命"的意义，它就不是"人"而滑向了"动物"。这里显现出来的是一个自由的或说道德自律的维度[①]，而这一维度的出现正是人的完全生命意义的实现。

人的本质规定性在于其超越自然的"自由"，而使人类自由在本体论上成

[①] 这里的"自由"和"道德"应作康德式理解，道德并不是外在强加给人的教条，而是生命主体为自己所立之法，道德是自律的意义，因而便与自由统一起来了。此外，这种"为自身立法""按自身目的行动"，是人作为生命主体的类属性，不应视为个体的目的；"自身"是相对于外部自然而非相对于同类中的其他个体而言的。

为可能的是自我意识的存在。自我意识区别于动物意识的模糊性，是一种明确地体验和认知自我的能力，或者说是一种注意到自身存在的有限性边界的能力，这种能力使人有了超越动物本能的可能性。动物作为生命也能区分外部自然与内在环境，但动物固守于某种既定的区分，其物种的生存模式在自然演化中非常缓慢地形成和变动，因而动物总有其"本性"。人的情况则有本质的不同，由于自我意识的存在，人的动物本性被扬弃了。人并不固守某种特定的区分，而是以区分本身不断架构人类新的存在机制。人没有自己固定的生态圈，没有既定的生命目的，生命意义在人这里永远悬缺，但唯当人的生命规定是不完全的，它才是完全生命，它敞开生命意义的维度，把对生命意义的探索作为自身生存的动力。所以，当人探索其他生命时，他其实是在认识自己，他借助对其他生命的审视确证自己的位置和边界，并不断对这个边界进行新的调整。

从这里我们可以回到对数字生命的讨论。人的生命意义的边界曾经是理性、语言、身体，以后是否要变成数字了呢？

3. 数字生命的属人性

我们前面的讨论并不是要给出数字生命的最终定义，而是要求回到一种根本的思考：当我们谈论数字生命时，我们的生命在哪？"人"在哪？问题的重点一开始就不在于何种定义更完善，而在于我们并没有想清楚自己的处境。虽然我们谁都无法准确预测未来数字世界的面貌，但我们至少应该合理安排我们对自身数字生命的预期，而不是放任自流。我们研究"数字生命"，为的是运用"数字"来拓展"生命"，而非完全被动地任由"数字"来改造"生命"。数字生命的本质属性是属人性。对生命概念的分析使我们收获几条原则：其一，人的生命不应被还原为动物生命，更不应该被还原为物理机制，那是对生命的贬损；其二，人类未来需要的是生命意义的重构，而非生命意义的消解。数字生命将会带来何种变化，取决于我们沿着何种方向努力。

反观前面给出的数字生命概念，只从"科学"的立场将人工智能、人工生命视为数字生命显然是不够的，技术突破的意义对大多数"外行"的普通人来说太过虚无缥缈，他们更关心实际生活的改善。我们的论调可能会引发技术专家的反感和轻蔑，但这并不能简单视为外行人士基于人文情怀对专业领域的指指点点，而是一种有义务的参与和必要的审慎。"专业"并不拥有垄断人类事务的权力，更不是支配他人未来的正当理由。数字生命探讨应是关系人类命运的公共议题，而不是专家团的私事。实际上，科学家和技术人员也不可能只是埋头专业领域闭门造车，他们对自己致力研发的"数字生命"抱有的热情绝不仅仅因为那是更伟大的工具，而是在其上投射了超越当下、抢占未来乃至人类解放的强烈愿景。既然"专业"不可避免要面向公众，那么对数字生命的"非专业"讨论就不仅合法而且必要了。

普通人关注的数字生命并不是科技前沿的人工智能和人工生命，"人工"一词与"智能""生命"的搭配多少有些牛头不对马嘴。无论人工生命多么"智能"，多么像"生命"，都不可能产生真正的"意识"，它们终究只是对人类智能和某些生命特征的模拟，是对生命的特定解码方式。至少接下来的很长一段时间里，绝大部分普通人还是会把人工智能和人工生命定位为某种工具，不会真的相信它们会发展出某种自我意识主权。人工生命有着太强的彼岸性和不确定性，不足以令所有人都放弃眼下的生活押宝其上。因此，我们仍然将思考的重点放在人的数字生命上，我们认为完全意义上的数字生命只能是人。

人的数字生命展开为人们数字化生存的不同状态。在数字时代，人的存在有以下四种存在样式：一是日常生活中使用电子工具的现实的人，他会用手机电脑联络他人和获取资讯，会网上购物，会从事电子商务等等，传统的经济、社交、娱乐活动都因强大的数字工具变得更加高效便捷；二是被作为数据存储起来的个人信息，这些信息合成一个人的数字人格，比如各种管理部门的个人档案信息，电商平台的用户信息，各种APP上用户的足迹数据，都可以合成一个虚拟人格；三是摆脱了肉体束缚，进入到元宇宙里专心经营开拓自己新世界的人；四是在实现了意识上传后，将自己意识拷贝到别的生命有机体的人，这样可以实现意识的共享乃至灵魂的永生。

以上四种数字生命，前两者已然变成现实，后两者则略显科幻，尚在技术专家的筹划当中。普通人肯定更关心前两者，但也不难感受到后两者的颠覆性。当然人们的不同态度还因为这里存在一个数字鸿沟的问题。当下流行的一个颇具戏谑性的分类很形象地刻画了不同群体在数字时代的生存状态，它把人们分成三类——数码原住民、数码移民、数码难民。数码原住民是指从出生就处在数字时代，从小与手机电脑等电子设备为伍的新生代；数码移民则是后来接触并融入数字时代的人；数码难民则是年龄偏大，使用电子设备存在障碍，因而在数字时代处境尴尬的人。这些不同群体因为利益诉求不同，对数字生命的关注点肯定是不同的，人们如何选择以及能否选择自己的数字生命都是有待讨论的重要问题。

（二）数字的先验本质

我们前面着重讨论了数字生命的生命属性，尤其是其属人性，但相信大部分读者仍然很难理解科学家对数字生命那种近乎狂热的拥抱态度。我们须得知道，信仰数学的人和不了解数学的人，对世界的理解方式是截然不同的。这里涉及数学史的相关知识，涉及人们对数字本质的不同理解，甚至也涉及东西方文化的底层思维差异，是个非常专业且艰深的领域。我们不敢自诩拥有足够的专业知识能将如此困难的问题拆解清楚，只求大致描绘出一个思维框架来帮助人们了解不同数字意识的起源和当下所处的位置。

1. 数学的先验实在性

首先一个核心的问题在于人们对数学的不同信念。我们用了"信念"一词，意在说明一个不懂数学的人和一个数学家或科学家之间的差异，不是掌握真理与否的差异，而只是对以数学方法彻底解释世界的可行性的信念之间的差异。一个有较高数学修养的人通常是个数学实在论者，他会更愿意相信数学的法则与宇宙的法则是统一的，更愿意借助科技的力量来改造当前的世界。而对数学较少了解的人则通常只把数学视为一种思维工具，对数字改变世界的事实较为缺乏敏感，也就更谈不上有什么狂热。

从小接受唯物主义教育（其实更多不是来自马克思，而是英国经验论的观点）的中国人，几乎会本能地认为客观存在的外部物质世界是第一性的，它"不以人的意志为转移"；而"数"作为对客观世界在人脑中的"反映"，是一种"概念"，是第二性的思维现象。而"概念"也通常被理解为是从一个个具体事物中"抽象"出来的区别于"质料""内容"的"形式"，它属于主观的一方，是主观认识客观的一种方式。所以，在大部分中国人的观念里，数学世界与外在的客观世界显然存在着距离。这与数学实在论的立场或者在某种意义上说，与科学精神是相悖的。我们这里暗示了数学实在论与科学精神的某种一致性，但在这里先不展开。我们也不是说数学实在论的立场就是对的（数学实在论者经常走向另一种极端），而是指出这两类人之间的认知鸿沟，对数学的常识观念妨碍了大多数普通人对数学本质和科学精神的深入了解。

那么，数学的实在性问题到底应该如何理解呢？我们的态度似乎是在暗示数学既非实在又非不实在——当然也可以说，数学既实在也不实在。这种表述很让人迷惑，其实很显然问题出在大家对"实在"的理解是不统一的，常识把可见的有形之物视为"实在"，数学家的"实在"则更多是指数学的"可靠性"和"必然性"或说"必然可实现性"。我们的立场是调和的。早有人做过这种调和的工作，那就是哲学家康德。康德认为数学是先验（先天综合）的，通俗地说，即数学既是先天主观的（以常识观点论，不实在），又是综合了后天经验的可靠知识（实在）。

康德的数学思想在他全部的哲学中占的分量不重，且是从属于其先验哲学的建构的，在后来的数学家看来并不是很"专业"，许多著名数学家对康德的"过时"观点多有批驳讽刺，因而康德数学哲学没有得到学界足够的重视。但我们仍然认为要理解数学的性质、基础和边界，康德是绕不过的人物。

康德是推崇数学的，他是把数学作为先验知识的范本来论证的。数学作为一门成熟科学，其经验有效性是毋庸置疑的，但数学的基础即数学有效性的来源是存在争议的。争议双方主要是经验论和唯理论（康德虽是调和者，但根本上来说更倾向于唯理论）两派，唯理论者认为一切可靠知识（数学知识首当其例）的根据在于人类的先天理性，经验论者则坚持知识只能来自后天经验。双方的冲突在于，若数学知识来自人的先天理性，虽然保证了必然有效性，但它与外部世界的关联就被削弱了，从经验中拓展数学知识的道路就被堵死了；而如果数学知识来自于感觉经验，虽然保证了与外部世界的联系和经验的可扩展性，但又无法保证数学知识的必然有效性。也就是说，康德面临的是数学的有效性和可扩展性不可兼得的困境，他要解释的是数学的两个"来源"如何协调的问题。因此，康德的任务就明确了，宣称数学是先验的（先天综合的）并论证。

康德以 7 + 5 = 12 这个数学命题为例展开论证。通常人们会把 7 + 5 = 12 看成是一个分析命题，"12" 这一概念是按照矛盾律从 "7 和 5 之和" 这一概念分析得来的，并不是靠后天经验的参与来保证其正确性的。但康德在此提出异议，认为 7 + 5 = 12 其实是一个综合命题，因为 "7 和 5" 之和这一概念只是说 "两个数目之和"，无论把 "数目之和" 这个概念分析多久，都找不出 "12" 来。要想得到 "12" 这个结果，就必须超出 "7 和 5 之和" 这一概念，借助于相当于这两个数目之一的直观，比如说用五个手指，把直观所给的 "5" 的各个单位一个一个加到 "7" 的概念上。这个过程实际上扩大了 "7 和 5 之和" 这一概念，因而是综合的而非分析的。所有算术命题都是如此。几何学的公理也是综合的而非分析的。例如 "两点之间直线最短" 这一命题。"两点之间最短距离" 的概念是一个关于长度的量的规定，其中并不能分析出 "直" 这一质的规定。"直" 的概念一定有了感觉直观的参与。同理，其他几何命题诸如 a = a（a 全等于其自身），a + b > a（全大于分）等等，也都无法在不借助直观的情况下分析得到。

因此，数学命题都是综合命题。但是，我们不要误认为康德就此认定数学的有效性来源于后天直观经验，这里康德只是指出后天直观经验是形成数学知识的必要而不充分条件，通过感官接触外部事物只是初始的触发条件，而非数学必然有效性的根据。那么，数学必然有效性的根据究竟在哪呢？康德认为仍然在于主体或主观方面（人的方面而非与人相对的客观外部世界），只是这里的主体不能理解为产生感觉经验的知觉主体，而是能先验（先于经验）地把握事物本质的判断主体。判断主体或说先验主体的先天认知结构（先验统觉）是对象以及对对象的经验得以形成的逻辑前提，是数学知识必然有效性的最终根据。

这么讲可能比较抽象，我们接上前面 "两点之间直线最短" 的例子。的确，要理解这个命题离不开对 "直线" 之 "直" 的感觉直观，但这种直观只是一种触发条件，当学生注视老师在黑板上画出的直线时，与其说看的是老师实际画出的直线，不如说看的是由之投射到自己头脑中的直线观念，老师根本无须追求画出一条非常完美的直线以便学生得到更准确的直观。也就是说，一切数学知识早已先验地存在于人的头脑之中，只等人们通过后天的认识活动，通过感觉接触外部世界来激活和发掘这种知识。这也正是早在柏拉图的知识"回忆说"就已道出的真理。

至此，我们看到，数学实在性问题在康德先验哲学那里得到了充分的展开。康德的回答虽不能作为对这个问题的最终解决，但它提供了一种非常深刻的调和主义视角。这种视角有助于使我们避免数学理解中的两种极端倾向：一种是迷信数学，将之等同于客观世界的终极真理的强实在论倾向（康德已经将数学必然有效性的根据归于先验主体人的一方，它毕竟受限于人的先天认知形式，是有限知识）；另一种是贬低数学，单纯将之视为人的主观创造而与客观世界隔离的倾向（先验并不等于主观，而是主客观交汇之所，数学的真理性必须得到重视）。康德提供的这样一种视角对我们检视今日数字生命之发展有着重要的规范意义。

2. 先验数字意识的起源和生理基础

前面对数学的讨论还只是从当下的一些普遍的数字意识经验进入的，这些经验是比较贫乏的也是早已被时代形塑的，其中难免带有现代人的各种成见，可能阻碍我们对数学的更深入了解。我们不妨借助一些新的科学研究成果来拓展我们的经验。近年来人类学、考古学和神经生物学的长足发展为我们了解数字意识的形成机制、解释数学的先验性提供了很多科学材料，也为我们思考数字生命带来很多有益的启发。

美国人类学家凯莱布·埃弗里特在其新著《数字起源》中详细研究了"数感"（我们将之视为源始的数字意识）的起源问题。数感是人感知事物数量差异的能力，是人类与生俱来的一种思维能力，最新的神经生物学研究证明，人脑中的颅内沟是负责数字思维的主要部分，只要是一个健全的人，其先天的生理条件就决定了其有产生数感的能力，因此，数感是人类数字意识产生的先验生理基础。数感又分为模糊数感和精确数感，模糊数感指感知和区分两组不同数量的能力，即区分"这么多"和"不这么多"的能力；精确数感则是精确区分1，2，3的能力，有的人拥有对更大数字的精确数感，但那可能是后天养成，可以确定的是人类婴儿就拥有对1，2，3的精确数感。实际上，数感并不是人类的专利，很多动物都拥有模糊数感，灵长类动物、哺乳动物中很普遍，较远一些的物种，比如一些鸟和鱼，也表现出模糊数感。

更有甚者，狗疑似具备与人类相同的精确数感。人与动物的生物学界限并不像人们之前认为的那般清晰。

看来数感并不是多么神秘的能力，它是如何产生的呢？科学家认为，当事物刺激人的感官，会产生大量的神经信号，这些信号在人头脑中经过整理，重构出事物的图像。数感无非就是神经信号的强弱差别。这对我们现代人来说应该并不难理解，它像极了电子计算机的物理运作原理，神经信号的强弱不就对应着计算机所识别的二进制语言0和1么？计算机的运作原理是对人类数感（更准确说是模糊数感）的仿生，这是一个令人兴奋的巧合。至于对3的精确数感，可以认为是强弱两种神经信号的对比或叠加。总之，模糊数感和对小数量的精确数感是人类的先天禀赋，这为我们前面讲的数字先验性提供了科学的证据。

但是，对于大数量的精确数感显然与上面的情况不同。人类学的研究表明，动物不具有对大数量的精确数感，一些原始人类种群也不具备，这说明对大数量的精确感知依赖于某种后天的人类文化构造，数字的发明就是这样一个关键的文化事件。如果没有发明数字，没有发明数学，人类有可能至今仍然像一些原始人类种群那样无法产生对大数量的精确数感，也就更无法想象今日数字时代的样貌。数字与数感不同，数感是先天能力，数字则是文化创造。数字属于语言文字的范畴。不同语言用不同的"数词"概念来指代"数字"，以此表达对数感的确认。比如"9"是阿拉伯数字，汉语用"九"表示，英语用"nine"表示。

一个较为完善的数字系统要包括很多大于3的数字，它们超出了人类先天的精确数感，其产生机制是什么呢？科学家认为，大于3的数字最初极有可能是以人类身体某个部位（比如手指、脚趾）为基础创造出来的。人类直立行走解放出来的双手，成为再方便不过的天然计数工具。这就是为什么5（一只手），10（两只手），20（双手双脚）成为最常见的计数单位，后来的数字进制也是在此基础上发展而来。

数字既然是语言，那么就遵循一定的语法逻辑。比如后续叠加原则，4比3多1，5比4多1。数字概念中凝结了特定的思维规定和表达习惯，数字语言的使用使得特定的数字思维和相应的数字意识在社会化交往中不断传播和发展，形成各古老民族差异化的数字文化。数字表达、理解和书写的难易程度会影响其数字文化的传播效率，不同民族的数字语言和符号处在相互竞争和交融之中，它们各自在人类社会整体演进中起到了何种作用，是富有研究价值的复杂问题。限于篇幅这里不可能过多论述，但至少我们可以选取一个切入点，我们都知道，数学（现代意义上的拥有统一范式的数学）的产生是人类文明史上的重大事件——数字语言的逻辑被系统化总结出来就是数学（逻辑学可以归为数学的一个分支），这就需要我们对数学的源头和影响作一些考察。

（三）数字意识的演变与数字形而上学的调转

我们所要进行的对数学的考察并非一种专业的数学史考察或人类学的实证研究，而是一种数学哲学的思考。故而这里的"数学"，只能是个狭义概念，它专指源自古希腊，而后成为西方自然科学基础的特定的思维范式。而既然涉及数学、哲学、科学的关系，三者又都与"形而上学"有着相当程度的同一关系，我们不妨把这种考察称为"数字形而上学"的考察，它是对人类数字意识及其影响下的社会历史演进的整体性考察，它试图解释今日占统治地位的数字意识的起源和运作机制，为未来数字生命的筹划提供参考视角和原则规范。数字形而上学经过了古代数字—理念形而上学、现代数字—商品形而上学阶段，目前正在进入到数字—生命形而上学阶段。

1. 数字形而上学的源头

对于"形而上学"概念，人们的理解并不统一，且往往带有强烈的主观色彩，由之带来的观点冲突和立场对立不可胜计。因此，我们在使用这一概念时先要有一个简单的澄清。通常有以下几种常见理解：（1）"形而上学"最初是一个编纂学概念，中世纪学者在整理亚里士多德的著作之时将其物理学之后的篇章命名为 metaphysics，完全就是"后－物理学"的字面意思。只不过亚里士多德这些篇章的内容非常重要，正是被他认为是第一哲学的关于"存在"的讨论，这些内容代表着西方文明源头的精神内核，对后世影响深远。后来经过日本学者的译介，形而上学传入中国，汉语译名为"形而上学"，取《易经》"形而上者谓之道，形而下者谓之器"之意，意为研究超越的无形之"道"的学问。因此，"形而上学"在汉语语境中常常就是"哲学"

的代名词。但也有相当一部分学者从词源分析角度坚持"形而上学""哲学"为西方所独有，因其基础概念"存在"（希腊语 on，英语 being）在汉语中没有对应语词，也就不可能有相应的思维结构。(2) 第二种理解主要来自经验主义哲学家和实证科学家，他们把形而上学视同宗教神学而与科学精神对立，形而上学设置一个神秘的超越的上帝，然后无视事实地烦琐论证宗教教条。比如，一个经典的对形而上学的嘲讽是说它只是在论证"一根针上能站几个天使"这类的问题。这种否定乃至敌视形而上学的态度在今日仍为许多科学家和分析哲学家所继承。(3) 第三种理解具有中国特色，大多数中国人接受的通识的哲学教育都把马克思批评形而上学的只言片语奉为圭臬，将形而上学理解为一种与辩证法相对立的错误的思维方式，即"孤立、片面、静止"地看问题的方式。马克思的批评自是一针见血，但口说这一批评之人，很少讲得清楚其中理路。

我们使用"数字形而上学"这一概念时，对以上三种理解加以综合。首先，我们并不把形而上学看成纯粹的西方"专利"，哲学思考是人类普遍的文化现象，非西方民族也有继承人类文化遗产建构新的形而上学的权利。但是，我们要求必须严肃对待形而上学的自身传统，从西方思想源头中找寻其发展的内在线索，拒绝似是而非的理论比附。其次，我们不回避形而上学的弊端，数字形而上学并非全新的完善理论，它必然在很大程度上继承传统形而上学的内核及弊端，我们对数字形而上学的考察需要坚持一种反思性视角。

然后是"数学"概念。我们选取的研究对象是作为严格科学的理论数学（其源头可溯至古希腊），而非各古老民族五花八门的"数学"文化。了解数学史的人都知道，古希腊的数学也并非土生土长，而是从埃及、巴比伦等地传入，同时期或更早的其他文明，比如古中国、古印度、玛雅文明也都发展出了各自的数学，但是它们总体上都应归入经验数学的范畴，主要用于实际生活中的计算测量，带有很鲜明的直观性和经验性，并没有像古希腊那样发展出一套严格的公理演绎证明体系。以中国人所称的"勾股定理"为例，其在古希腊称为"毕达哥拉斯定理"，虽然中国人早于毕达哥拉斯发现和记载勾股数，但发现、描述不等于证明。直观的测量会有误差，但作为实用经验是有效的，由于误差，$3.1^2 + 3.9^2 = 4.9^2$ 在勾股定理为代表的经验数学看来是对的，它可以近似地由 3，4，5 这组勾股数得到经验验证，但在毕达哥拉斯定理所代表的理论数学则是错的。因此，我们认为现代意义上的数学有其特定的学科范式，起源于古希腊毕达哥拉斯学派。

如果说数学是一种严格的数字思维方式，形而上学是一种宏大的万物理论，那么两者是如何联系起来的呢？我们需要进入毕达哥拉斯的数学思想，亚里士多德在《形而上学》一书中有相关记载。毕达哥拉斯学派的信条是：万物皆数。"于诸多原理之中，就自然而言数理是首位的，他们从中见识了诸多事物与之相似的衍生和存活，与其说是火，或是土，或是水之故，还不如归之于数。（如此这般，数的变化，或成为'正义'，或成为'灵魂'，或成为'理性'，或成为'机遇'——同样，万物的变化都可用数作解。）他们又发现音乐的变化和比率可由数字来呈现；——由此，他们所想的世间万物都可由数字形成衍生，理所当然地，数则成为世间万物的第一要义。数之要素则为万物之要素，而整个极乐世界也是个音符，也是一个数，他们将万物的数值与音律特性聚合一起，加以整理，使宇宙各部分适用于统一的一个完整秩序之中。"①

从这些表述可以看出，毕达哥拉斯的数学思想带有强烈的哲学形而上学色彩，它旨在理解和解释整个宇宙的法则，与我们今天视为局限在自己狭小专业领域的数学有着显著不同。按照我们前面的分析框架，这是一种标准的数学实在论观点，是数学哲学的范畴。其次，虽然我们说毕达哥拉斯数学区别于经验数学，但其仍然带有明显的朴素性，并没有完全摆脱直观和经验材料。关于这点，黑格尔在《小逻辑》中有过恰如其分的评价："数无疑是一思想，并且是最接近于感官事物的思想，或较切近点说，就我们将感官事物理解为彼此相外和复多之物而言，数就是感官事物本身的思。因此我们在将宇宙解释为数的尝试里，发现了形而上学的第一步。"② 黑格尔提醒我们，不应以现代人的数学观念去比附古人，现代人视为抽象形式的"数"在古人那里并不抽象，而就是"感官事物本身的思"——我们前面在分析"数感"时已经讲到这个问题。我们把数字当作我们关联事物的中介，仿佛数字只是对现

---

① ［古希腊］亚里士多德：《形而上学》，程诗和译，台湾出版社 2016 年版，第 13—14 页。
② ［德］黑格尔：《小逻辑》，贺麟译，商务印书馆 2014 年版，第 230 页。

成事物之本质的抽象，其实顺序应该相反，数并不是一种抽象，而恰恰是我们的感知本身（数感），是我们的大脑对事物触及感官时的信号强弱量差的简单捕捉和描绘，反倒是我们认为现成存在的一个个可以计数的事物，其本质其整体其可辨识性要依赖于数感基础上的建构。不是先有事物后有抽象的数字，而是数感建构起了事物的图像和本质。这才是毕达哥拉斯数字形而上学的真髓所在。

就此而论，我们完全没有资格嘲笑古人理论的"朴素性"，今日时代的数字化并非多么新潮的事情，反而像是一种"返祖现象"。我们如此统一地使用数字技术对事物进行量化、编码和传输，再从另一个终端将数字信息解码和重构，整个世界在高速的数码传输和转换中高效运转。这不过是人类的原始数感在工业时代机械复制的极端化罢了。

其后与毕达哥拉斯的数字形而上学一脉相承当属柏拉图的理念论。这里同样有一个非常常见的误解，即将"理念"视为纯思想并贴上"唯心"标签。实际上，柏拉图"理念"并非汉语表达中那般"唯心"，而就是理型、图形、形状、形式。理念并不"形而上"，而就是"形"本身。证据也显而易见，就是后世传为佳话的柏拉图学园标语：不懂几何学者禁止入内。柏拉图时期的数学基本就是指的几何学。柏拉图将数学（几何学）视为理念的最完美表达。

理念论里蕴含了物的生产、创造机制。理念是事物的"共相"，是永恒、真实的存在，个体事物是对理念的"模仿"，是处在流变中的模糊的存在。这无疑可理解为按照数学原则生产物品乃至创制世界的意图。但是古希腊的"模仿"又与今天人们所理解的复制、制作不同，而是一种"创作"，是植根于对真实事物的理解而进行的投入情感的产出活动，如果要以今日之活动比附的话，模仿显然不是流水线的生产活动，而是一种艺术创作。模仿强烈地提示人与物、人与自然的相即相应的亲密关系，与今日科学时代人们的生产生活方式形成鲜明的对照。

我们把来自古希腊"毕达哥拉斯－柏拉图"传统的古代数字形而上学称为"数字—理念形而上学"，它是数字形而上学的源头，也是检视今日数字形而上学的重要参照系。

2. 数字形而上学复活

数学的影响在形而上学中并非一直延续，在亚里士多德之后，形而上学走上了另一条道路，数字形而上学一度沉寂。而后经过漫长的中世纪，伴随思想启蒙与科学革命，数字形而上学以全新的面貌重新登上历史舞台，并逐渐与资本主义意识形态合流，深刻塑造了现代人的数字意识。形而上学在这一过程中产生了一些重要的变化，我们需要有一个简单的梳理。

在古希腊的形而上学脉络中，除了毕达哥拉斯－柏拉图的数学传统，还有另一个重要的传统，即存在论思辨传统。这个传统由巴门尼德开创，亚里士多德完善，近代由黑格尔将其发挥到极致。黑格尔站在此传统之中对毕达哥拉斯的地位做出过评论："毕达哥拉斯在哲学史上，人人都知道，站在伊奥尼亚哲学家与爱利亚派哲学家之间。前者，有如亚里士多德所指出的，仍然停留在认事物的本质为物质的学说里，而后者，特别是巴曼尼得斯，则已进展到以'存在'为'形式'的纯思阶段，所以正是毕达哥拉斯哲学的原则，在感官事物与超感官事物之间，仿佛构成一座桥梁"[1]。现代人常常觉得毕达哥拉斯、柏拉图太过"唯心"，但黑格尔认为恰恰相反，他们比起巴门尼德的存在论传统显然走得不够远，"数"介于感官事物与超感官事物之间，尚未达到"纯思想"，而"存在"就是纯思想。唯有真正超越不可靠的感官，才能达到真理，因而数学并无至高无上的地位，"存在"才至高无上。

存在论是一种形而上学体系的建筑术，它从一切"存在物"都共有的"存在"出发建构世间万物的统一理论。"存在"作为万物的绝对基础，难免被赋予神圣地位，亚里士多德就已将存在论认作是"第一哲学""神圣学"，中世纪基督教神学更是存在论的极端化。神学以上帝替换存在，作为造物主主宰万物，掌握至上权力。于是存在论形而上学之上衍生出了护教学传统，知识与权力合谋，放弃了知识求真的责任，沦为权力辩护的工具。如今人们对形而上学多有抵触，这是很重要的原因，形而上学似乎总能成功论证"存在即合理"[2]，它的套路无非像马克思所说"把特殊的东西说成是普遍的东

---

[1] [德]黑格尔：《小逻辑》，贺麟译，商务印书馆2014年版，第230—231页。
[2] 出自黑格尔——虽然这种理解是对黑格尔的误解。

西",由此获得真理性(伪科学性),"再把普遍的东西说成是统治的东西"①,由此获得权力性。

存在论神学的长久统治,使形而上学中生长出一种根深蒂固的主体/客体、灵魂/肉体、形式/质料的二元对立的思维方式,这在古希腊是没有的。这是形而上学遭人诟病的另一大弊端,马克思批评形而上学"孤立、片面、静止"正在于此。但也正是在这种思维方式中,数字形而上学复活了,并孕育了科学精神。

这种转变是如何发生的?我们简单解释一下。由于中世纪神学是一种存在论形而上学的架构,是个中心化的演绎体系,居于体系核心的"存在""本体""上帝"与其内部其他要素必然处于不平等的地位。上帝是造物主,是至高无上的主宰,万物是被造者,是惰性的无生命的质料,于是有了上帝对万物的统治;上帝无法被看到而只能被思及,所以上帝具有"灵魂"的属性与"肉身"对立,具有"心"的属性与"物"对立。所以,在形而上学思维方式下,对立双方总是处于统治与被统治、决定与被决定的不对等关系中,造物主统治受造者,心统治物,形式决定质料。物的生产不再是模仿和艺术性的创造,而是变为抽象形式统治下的质料填充和单纯复制。在后来的历史中,文艺复兴、启蒙运动终结了神学时代,开启了科学时代,但这样的形而上学思维方式仍然延续,只不过形而上学的核心不再是上帝,而是变成了数学。重生后的数学不再像古希腊时期被理解为与人相切近的世界本身,而是变为了一门纯形式科学,是作为认知主体的人对客观外部世界的抽象把握,它的根据不在于真实的本然世界,而在于思维主体的先验认知结构,在于纯粹的主观方面。数学在近代的这种主观化转向从笛卡尔的"我思故我在"发端,到康德"人为自然立法"完成,虽然如我们前面所分析的,康德认数学为先验的观点之中包含着弥合主客体鸿沟的努力,但客观上先验哲学还是加剧了人与自然的分离。

以数学为基础,实验科学蓬勃兴起,先验存在于人心中的数学法则被成功地加诸世界。科学在数学筹划的基础上进行实验,需要进行何种实验以及

---

① 出自马克思《德意志意识形态》,有改动。

实验将会验证何种事实早已事先包含在数学的筹划之中。科学对自然的对象化思维和技术对物的功利性态度相结合，打造了一个全新的科技时代，彻底改变了人与自然的位置关系。人与自然不再是古代那种和谐的共生关系，而是主体对客体的统治关系，自然变成一种常备资源听候人类调用。为了更高效地认知、统治和汲取自然，人们需要抹杀万物"质"的差异，仅保留作为资源的"量"的规定，数学作为抽象化的纯形式科学正当其需。改造自然的目的既已明确，剩下只在于过程"筹划"和收益"计算"。

功利计算思维并不只存在于科学活动中，而是深入到社会生活的方方面面，乃至成为人心中先验的数字意识。这个过程与资本主义的发展几乎是同步的。科技革命使得资产阶级力量壮大，并逐渐成为世界的统治者。最初的资产阶级——清教徒那里，上帝还未退场，但是信仰的虔诚不再像中世纪那样愚昧，而是与现世功利的理性计算达成一种奇妙的融合，信仰上帝的程度等于功德积累的多少，等于金钱积累的数目，这在资产阶级的簿记制度中得到了清晰的表达。后来资产阶级对上帝的信仰虽然淡去，但对金钱、商品的进取态度却得到延续，商品、金钱取代上帝形成新的拜物教，对商品这种价值寄宿物和金钱这种一般等价物的占有成为实现一切价值的唯一渠道。边沁式的功利主义伦理学将幸福也纳入数字计算之中，社会评价体系围绕量化的金钱数字得以构建。随着资本主义生产方式的全球扩展，这种基于理性计算的数字—商品形而上学成为世界范围内占统治地位的意识形态，并深刻塑造了现代性。现代人似乎生来就内嵌了一种计算和分析如何使用金钱、获得多少商品，从而获得最高的享乐的数字程序，自身需求被商品化，商品被利润化，利润的增殖、资本的扩张、经济的发展成为维持这一进步逻辑的动力源泉，功利计算将人类带入一种进步强制。

数字—商品形而上学中的数字意识并非铁板一块，而是有主动和被动之分。主动的数字意识制定资本主义的游戏规则，从中抢占先机，支配他人。每一个人都绞尽脑汁想在另一个人身上创造一种新的需求，以迫使他做出新的牺牲，使他处于一种对"我"的依附状态，处于一种不平等的主奴关系之中，主动的数字意识是一种以他人为工具的工具理性。被动的数字意识盲从于既定秩序，听任自身被物化、被工具化，他们满足于经济整体增长带来的边缘福利，热情参与到他人制定的不平等秩序中，专注于与同类的竞争内卷，却对剥削体制本身没有反思能力。的确，资本主义解放了生产力，使人获得物质的满足，人类福利得到空前改善。更多的人摆脱传统的自然和社会资源条件束缚，自主的生命尊严得到挖掘，自由、平等、民主等等人文价值的发扬是资本主义文明的伟大成果。但这些成果并非基于自觉的公义目的，而只是资本主义逐利的巨大浪潮所携带的副产品。数字—商品形而上学无法从根本上消除主动数字意识与被动数字意识的张力，无法改变资本主义结构性的不平等关系，统治阶级与被统治阶级之间利益分化只会日益加剧。

3. 新数字—生命形而上学

数字形而上学的第三阶段——数字—生命形而上学是资本逻辑的延续。我们今天所称的数字时代，从时间角度讲是晚期资本主义或超资本主义，从其形而上学的本质运作来讲是信息资本主义或控制论资本主义。根据于人与物的主-客辩证法，资本控制的对象不再是拥有使用价值的商品，而是作为生命的人本身。在数字—理念形而上学阶段，人与物的主客分化尚未发生，人与物浑然一体，人以自然人的状态存在；在数字—商品形而上学阶段，人与物的主客对立极端化，主体吞噬客体，一切价值都是满足主体需要的物性价值，人本身也被物化；在数字—生命形而上学，主体本身也被消解，对生命欲望的技术控制最大限度摆脱物的限制，直接作用于人的精神层面，虚拟抢占和重新定义现实，人成为可视化的数据，成为纯粹意义上的拟像。

这一阶段的资本主义塑造了一种新的价值生产体系，它以消费逻辑取代生产逻辑，从对生产端的控制转向对消费端的控制。在传统的资本主义或产业资本主义阶段，商品的生产是最核心的环节，生产活动是商品的物性价值即使用价值得以形成的源泉。相应地，对商品的消费则是人获得商品使用价值，获得物质需要满足的过程。在商品拜物教和金钱拜物教之中，虽然已经出现了一种抽象价值的统治，但它最终仍需依托于商品实际的使用价值。这实际上仍然基于对人性的传统预设——人是要吃饭的人，物质需要的满足是人赖以存在的基础。这种生产决定消费的模式具有一定的盲目性，无法从根本上规避生产相对过剩导致的周期性经济危机。但数字化改变了这一局面，基于对消费的大数据分析，生产的盲目性被克服了，资源浪费问题得到很大改善。

然而，对消费的日益重视逐渐改变了对人性的预设，即人可以是超越物质生存条件的纯粹欲望。利润增殖的要求促使资产阶级理性无感情地研究人类消费欲望的运作机制，以便对其加以控制，像控制一台机器那样。而依托于计算机技术和神经科学的最新发展，他们成功做到了。消费主义直接运作于人的感知和注意力层面，借助人的好奇心制造消费欲望，并且控制人的快感生成，使人沉迷于消费带来的满足感。购物平台的大数据商品推送，品牌商品的概念炒作，短视频对人注意力的夺取，都是消费主义成功的显著标志。由于脱离了人类的物质现实，只需极小的生产成本，资本家就可从人们的消费中获取巨大利益。以时兴的球鞋文化为例，球鞋如果单纯是球鞋，即使质量再好也不可能卖到 AJ（Air Jordan）那种价格，但 AJ 却是篮球之神 Jordan 这一文化符号的模拟，具有某种文化意义。进而，当 AJ 球鞋推出它的复刻版本，它所营销的就成了之前符号的符号，也即拟像。拟像不依托真实文化内容，不反映现实生活意义，只与系统内符号互动，是符号的符号。符号尚且致力于模仿某种程度的真实，拟像则完全逃脱了真实世界的引力，编织出一个纯粹的意义系统。人们对商品的功能性消费转向符号拟像消费，人的物理感官享受转向伪精神文化享受。凭借对意义系统的重新编织，资本家及时创造出大量消费热点，令消费者目不暇接。欲望利润化逻辑进化为欲望增殖逻辑。

在消费主义中，人们失去的并非只是时间和金钱，更是生命价值实现的可能。如果我们把生产、消费分别看作是价值源泉和价值实现这两个人学范畴的经济学表达，那么两者的分离必然把我们引向对劳动异化问题的思考。消费主义的贯彻需要劳动异化与之配套，要使消费主义成为人们获得快感的唯一途径，就必须将劳动与人的价值实现彻底区隔开来，使劳动生产过程变得更加令人痛苦和无意义。因此，传统工作模式对劳动者体力和精力的压榨并不会因为技术的进步而被淘汰，而是转而作为把劳动者驱赶向消费的必要手段。当 996 的打工人辛苦完成每天沉重的工作回到家中，消费的欲望就会像毒品一样袭来，消费过程中付款的轻松和选择的自由是人性无法抗拒的诱惑。消费作为对工作耗损的报复性补偿机制，其美好被无限放大。在这里，传统资本主义对剩余劳动的剥削，即工资从属于生命政治资本的传统剥削模式，与当代资本主义从属于神经政治资本的全新剥削模式相结合，实现了对劳动者的全方位控制。

马克思把创造性的劳动看作人之为人的本质规定性，看作人的目的本身。劳动生产而非消费才是人的生命价值的根本源泉，也是实现生命价值的根本手段。当生产和消费被分别抽象出来加以资本的运作，生命的目的和手段便发生背离。当劳动异化为令人避之不及的瘟疫，它便阻塞了人类实现自身生命价值的通道。当人体神经系统被数字所改写，它便剥除了伦理和道德理性，只剩条件反射般的无限增殖的原始生命本能。当人都失去人性，劳动力阶级彻底沦为无用阶级而被 AI 取代也便是资本主义题中应有之意。

这就是超资本主义阶段的数字—生命形而上学。它不是数字形而上学的全部面相，但它提示一种根本性的危机。在"数字形而上学"这一表达中，"数字"代表着一种无出其外的技术控制，"形而上学"代表着一种隐蔽且强大的权力格局。克服这一危机的希望在于克服数字形而上学本身。

首先是要认识到数字本质的有限性，警惕数字的异化。在数字时代，真实与虚拟的界限的确日益模糊了。思维与存在二元框架已不足以解释今日数字时代之真理，虚拟（思维）对现实（存在）的塑造如同上帝在虚空中创造世界，根本无须质料。很多人为此兴奋不已，以为人类的解放已经触手可及。但是，真实与虚拟的辩证关系可能是另一种情况：不是因为我们本来搞错了真实，本来看轻了虚拟，而是因为真实被虚拟吞噬殆尽了，真实已经被淡忘，人类只剩下虚拟而别无选择。数字生命的鼓吹者迷信大数据，倡导要解密生命靠大数据就够了，靠相关性就够了；他们以为，只要获得了足够多的元素知识，就能在实验室人工创造出有自我意识的自然生命，并且这些人工生命也将拥有相当的自我意识主权；他们认为，可以将个人转化为信息，转化为机器世界里的自动化生物；他们相信，人工智能有朝一日将不再是人类的仆人，而是人类的继承者。这些理论实质上是还原主义的，将人之生命的自我意识还原为数字的特征；他们迷信数学，对一次次数学危机所证明的数学不完备性视而不见，强行以数字来框架生命，却看不到数字本身的生命属性和属人性。这种本末倒置只会让人之自由沦为尴尬的附加物，失去存在的合理位置。人工智能没有生命情感，没有理解能力，它只是在模拟情感、模拟理解，知其然不知其所以然是电脑远超人脑的优势，但也是电脑无法替代人脑的劣势。人性是这片星空下诞生的最高宇宙法则，是任何技术都无法逾越的天花板。

其次是要反思形而上学的神学倾向，警惕权力的运作。神永远不会被消灭，而只能被新神所取代。神不是恶龙，恶龙是一种具体的威胁，神则是一种权力的意志。神如此深邃地基于人性，并且总会带来超越的共谋。当"一切都是信息"的控制论原则被统治阶级采纳时，资本和权力的媾和便会登峰造极，权力的格局被彻底改变和永久固化了。当万物皆数的古老理想被实现时，数字之神便显临人间带来末日审判。技术精英和资本寡头自动带入到一种先知和牧师视角，自诩洞悉宇宙玄机而代行天道，却视平凡众生如刍狗。他们不相信普通人像他们一样拥有生命的自主尊严，也不相信基于平凡人性构建美好社会的可能。这些正是我们需要警惕的。我们需知道，神学并不带来真正的救赎——真正的救赎在于，我们人要坚守人自身，坚守生命的尊严。这不需要神秘的外力，而是需要务实的改进。我们至少可以从眼下紧迫的事情开始，改进人类的工作制度，让人类获得对工作生产更多的掌控权，有更多时间发展自身，更少被异化，更少被剥削。

康德曾经提醒，要限制纯粹理性，以为道德留出空间。现在我们同样应该提醒，要限制数字形而上学，以为生命留有余地。对每一生命个体来说，数字化不是唯一的宿命，保留多元选择的可能性一定是好的，"慢"一定是好的，时间私有化一定是好的。

二　数字时代的存在革命

随着数字时代的来临，万物互联成为可预期的技术目标，万物皆数的古老想象正在成为现实。人类利用数字技术不仅创造了大量数据化的新事物，也全面改造了传统事物，重塑了万物的连接方式和存在样态。数据化物作为虚拟存在，模糊了现实与虚拟的界限，打破了传统社会思维与存在二元对立的存在结构模式，取而代之的是基于数字界面即时实现的思有统一，这是一场存在的革命。这一过程中，物的实质性逐渐弱化，世界的现实越来越虚拟化;主体与客体的权力关系发生偏转,客体逐渐获得主体式的自主生命。

(一) 存在理解的革命

1. 思维、存在统一于数字的虚拟存在

首先我们需要对讨论中涉及的核心概念"存在"作一个简单的界定,以获取分析问题所需的思维工具。"存在"概念在西方哲学传统中分量极重,西方哲学最重要的部门即是"存在论"。"存在"(being)的这种地位与它作为西语中特有的系词结构是分不开的,being 作为系词(从语言学角度近似地翻译成汉语"是",但仍然难以完全达意)是一切存在者都共享的语言结构,因而一开始就与"思想"联系在一起,也就是我们常听到的"思维与存在的同一"的说法。"思维与存在的同一"这一命题从根本上来说是个语言学命题,作为系词的 being 不指称具体的某一存在者,而是一个纯形式的语言结构,就其无特殊规定性而言只能被思想所把握,因而纯存在与纯思想是一回事。这一命题造就了西方思想传统注重逻辑形式研究、注重抽象理论的特色,当然,它也规定了思维对存在的统摄,使西方思想传统带有鲜明的"唯心主义"和"主体主义"色彩。

汉语中"存在"一词则有太强的"客观存在"的意义,很难通达西方哲学传统中的"存在"理解。但我国通识的哲学教材中规定哲学基本问题是"思维与存在的关系问题",这实际上是生硬移植了西方的讨论框架,由于汉语中缺乏相应的语词结构和语境,导致很多理解似是而非。鉴于当前所有关于"存在"问题的严肃学术讨论都深刻地基于西方语言传统,对于非哲学专业的普通读者来说,严格文本学意义上的"存在"概念是如此陌异和繁难,非常不友好,因而,我们尽量基于汉语中日常语词概念的使用习惯来重新界定"存在"概念。

我们在三种意义上使用"存在"一词:一是作为与"思维""主体"相对的"实在""在者",如此,"思维"与"存在"便作为分立的两端,它们近似于"思维"与"在者"(具体的有规定性的存在物),或"主体"和"客体",或"意识"和"物质"的分立;二是作为一个整体的绝对的概念统摄"物性的存在""思想性的存在""关系性的存在";三是作为世界中的动态的存在方式,即"生存"的意义。

我们作出"存在理解正在经历一场革命"这一论断主要是基于三个角度上的观察：一是观察存在物的实在性程度的变化，相比于建基于高度实在性的物质基础之上的传统时代，数字时代的显著特征是存在的高度虚拟化，以至于虚拟很大程度上重新定义了实在性与现实性；二是观察能思的主体与其创造的客体之间权力关系的变化，技术工具、经济制度、意识形态等人类发明的客观社会存在从来不是纯粹被动的客体，而是与主体处于高强度的互动关系中，与主体的权力相抗衡，数字时代客体的自主性得到了空前的加强，客体反过来成为支配主体的力量；三是观察人类认知思维模式的变化，在虚拟和现实、主体和客体的界限都被消解后，思维与存在二元分立的认知模式也将让位于即时实现的思有同一认知模式，本质主义的探究模式被消解，人们追求即时满足，淡忘深层本质。

先看存在的实在性问题。人的认识必始于两，要感受世界的丰富多彩，人须先能够感受差异，思维与存在（在者）的区分是最简单的二分，两者的区分很大程度上基于人们对事物实在性程度差异的感知。显然，存在（在者）更为实实在在，它有形、可感、稳定性强；而思维（思想、意志、情感）则似乎只存在于人的头脑中，是某种潜在的未成现实的东西，看不见摸不着，也不稳定。思想中的一百块钱显然没有握在手里的一百块钱实在；文化比不上面包实在；重视教育靠喊没用，须得体现在实实在在的教育设施投入上。思想虽然也可以"存在出来"，毕竟与实际存在还隔着一层，也就是需要实践、行动的中介。

思维与存在分立的程度受限于时代的物质实践水平和技术条件，思想要通过实践转化为实际存在，在转化效率不高的时代，人们自然更明显地感受到思维与存在之间的距离，也更倾向于一种二元对立的认知思维模式。将思维与存在分立并非只是西方机械论形而上学独有的"毛病"，而是人类普遍的日常生命经验，有着深刻的物质现实基础。在前数字时代，总体来说，思维与存在的界限是相对分明的，古人无法想象"虚拟存在"在今日生活中的分量。古人的虚拟不可能是手机通讯、电子游戏、VR、电子档案，对古人来说，文学故事、鬼神信仰已是虚拟，但那种虚拟不会是"现实"，而不过是"梦想"。思维和存在的距离总是需要借助某种超自然的力量来加以克服，典型如西方哲学中的上帝。笛卡尔虽然喊出了"我思故我在",但从"我思"到"我在"仍然需要"上帝存在"才能确保,上帝还得是完满、全善的存在,不能是那个刻意欺骗我的恶魔,否则世界的实在性、知识的可靠性均无根基。而在数字时代,数字算法就是上帝,而且比上帝更可靠,思维、存在、上帝的三位一体被数字意识、数据化物、超级大脑(算法)的三位一体所取代。算法支配的数字世界,世界的可理解性信念空前强化,世界完全祛魅化,上帝与其说是死了,不如说彻底实现自身了。

然后是主客体的权力关系问题。思维与存在的关系可以对应到主体和客体的关系,即能动的创造者与其所创造之物的关系。客体是主体创造的,这里的创造并不限于实物生产的意义,而是认识论的意义,哪怕是自然物,主体初次与之相遇,便将它强行拉进了主体的世界,使之作为主体的"对象"、作为"客体"被创造出来了,因此,一切存在皆可为客体,无论是自然物、人造物、世界(有"世界观"之说,即世界作为"我"的客体)或是思想(有"反思"之说,即思想"思想")。

"创造"凸显了主体的能动性,于是,客体就显得被动,尤其对于人之造物而言,人们通常把它们看作完全能握在手中的工具,主体对客体拥有支配性的权力,就像主人之于奴隶。实际上客体从来不是纯粹的被动性。如鲍德里亚所言:"在我看来,客体几乎在燃烧,或至少它想拥有自己的生命,它可以抛弃使用的被动性而谋求自主性,或许甚至谋求一种对过度控制它的主体进行复仇的能力。客体一直被视为一个惰性而沉默的世界,按照我们的意志去行事,基于我们创造了它这一事实。但是对我们来说,那个世界想要倾吐其使用性以外的东西。"① 这是黑格尔式的主奴辩证法。客体反抗主体表现为物的异化。人类通过发明创造新的工具来拓展自身的生存空间,但工具所要求的操作模式和制度安排却会反过来支配人类的思维习惯和行为模式。手段总是反过来成为目的本身,经济增长本是为了更好的生活,但现代人不惜牺牲生活的质量来换取经济增长。电子设备本是为了把人们从繁重的劳动中解放出来,却让现代人在无尽的"休闲"中劳累不堪,更加压缩了个体生命时

---

① [法]让·鲍德里亚:《密码》,戴阿宝译,河南大学出版社2019年版,第6页。

间。数字时代物的异化无所不在，数字仿佛获取了生命意志，AI 的彻底反叛成为人们时时的忧虑。数字统治彰显了作茧自缚的人类宿命。

最后再来看人类认知思维模式的变化。在前数字时代，受限于物质技术条件，思维与存在的分立是一种常态，人们自觉承受起思维与存在、目的与实现之间的差异和距离。正是这种差异和距离，彰显了人们作为认知主体的能动性和客体的惰性。人类文明演进中发明的种种客体，诸如语言、文字、符号、艺术品、商品、资本、社会关系、制度体系等等都是主体的本质力量的对象化物，是人类谋求更好生活的工具，但却是不完美的工具。人们须得承受不完美工具在目标实现过程中的阻力。人们的认知思维模式是：目的——行动——实现。行动意味着主体自觉的、主动的、有责任感的、有所承受的参与，"行动"环节的存在要求人们有较强的延迟满足的能力。

数字时代的强大生产力拉近了思维与存在的距离，也在逐渐抹杀思维与存在的差异。数字工具是一种近乎完美的工具，完美的工具不再像客体那样考验主体的行动意志，而只是单纯指向目的的实现，变成纯工具。进而，工具本身的中介属性被模糊，工具不再是目的与实现的桥梁，它本身就得是实现（对工具的消费者而言），本身就得是目的（对工具的供给者而言）。目的即实现——就是数字时代人类的认知思维模式。这种极致的工具理性推而广之，对于信息传递而言，媒介即信息，现象即本质；对于社会治理而言，高效即正义，规训即人格。

数字媒介的高效便捷重构了人类的时空性理解。时间、空间成为无法被容忍的、需要通过技术升级不断加以克服的存在，因为"间"意味着障碍，意味着生命价值实现过程中的阻滞；短、平、快的即时满足成为整个社会的集体心理预期。于是，数字资本许诺人们更快的技术进步、更便利的数字工具、更丰富的产品体验。这是一个高速的时代，也是需要不断加速的时代。

2. 人：数字身体+数字灵魂

数字时代存在理解的革命必然包括人的自身理解的革命。人是万物之中非常特殊的存在，是唯一能对自身存在有所领悟并不断超越自身既定本质的存在。人是一种超越的可能性，超越意味着对既有边界的打破，意味着场域的分裂——这种分裂即体现为身体和灵魂的分立。无论古今中外，对人性最经典也最深刻的规定普遍地都表达为：身体+灵魂。虽然思想家们对待身体和灵魂的态度基于不同的视角，各有侧重，但所有讨论都无法回避身体与灵魂的关系问题，这个问题长期以来一直被认为是个永远无法回避也永远不会有确切答案的问题。如今，数字时代的到来，虚拟现实的深化再次把它作为一个尖锐问题重新激活，不过这次，人们似乎找到了终结这一争论的最终答案。

我们先来简单梳理一下关于身体、灵魂的各种观点。一般而言，身体是人的自然部分和存在基础，灵魂则是人的超越部分和生存目的。在远古的前宗教时期，各古老民族大都经历过一个泛灵论（泛神论）的信仰阶段，灵魂并非专属于人，也非只属于生命体，而是"万物有灵"，山川、大地、河流、石头、水、火、植物、动物都有灵魂；灵魂是无形之物，它必须寄托于身体才能行动，但身体并非生命本身，灵魂才是生命之能量和生存之意义；有形的身体有生有灭，无形的灵魂则在不同的身体中流转不息，永生不灭。这种泛灵论信仰尚未达到神学意义上的灵魂观，可以视之为自然灵魂观；灵魂相比于身体，虽是更神秘的存在，但通常也被认为是某种物质性的东西，只不过没人说得清楚是何种物质罢了。

随着人类认知能力的发展，对自然的蒙昧信仰转向对人类社会本身的关注，关于灵魂和身体的讨论更多具备了伦理学和人学意义，灵魂逐渐专属于生命体，乃至专属于人——实际上，探讨植物灵魂、动物灵魂、神灵，其中心是围绕人的灵魂，是为人类的自身理解确立一个参照系。这一阶段灵魂观影响深远，基本上也构成了今天人们的常识理解。我们选取古希腊哲人柏拉图的观点分析一下。柏拉图的观点可看作是一种"灵肉分离论"，他重视灵魂多于肉体。灵魂是不朽的，在不同的肉体之间"转世"；灵魂本来拥有关于"善"（即关于人生意义和目的）的理性的知识，只不过灵魂在与有限的、惰性的肉体结合后"失忆"了，所以人生努力的方向就是"回忆"前世的知识，超越肉体的限制，完成灵魂的"转向"。柏拉图这种设定被后来的基督教神学继承，有了更加高扬灵魂而贬抑肉体的禁欲主义倾向，肉体成为欲望的代名词，成为罪恶的根源。于是，摆脱肉体的限制实现灵魂飞升，也成为西方主流文化传统中延续数千年的理想。

柏拉图的灵魂观主要是一种伦理学的视角，它高扬了人之理性尊严和精神追求，凸显了人性光辉，但我们从中却看不到身体的积极之处。脱离对身体的充分思考，我们无法获得对人性的完整理解，无法解释心灵与世界的互动关系。如何解释身心协调以深化人类的自身理解，如何克服灵肉分离以合理地规划人生目标，仍然是尚未触及的重要问题。我们还需要一种能更兼容数字时代科学观念的认识论视角。

柏拉图那里没有充分讨论身体的认知功能，而且把理性认知功能完全归为灵魂的功能，与身体无关。实际上，人的认知功能，无论是感知还是理知，都紧密地联系于身体，这就涉及认知的具身性问题。

首先是感觉。我们通常提及视觉、听觉、嗅觉、味觉、触觉五种感觉，对应于眼、耳、鼻、舌、身（皮肤）五种感官。这五种感觉按照感官作用的距离远近可大体归于两类：远距离感官和近距离感官。远距离感官主要是视觉和听觉，我们在看一个东西的时候，一定是与这个东西保持一定距离的，并不需要把眼睛直接贴到这个东西上面；听也是，听到某个东西发出声音，耳朵也是要与东西隔着一定距离。近距离感官包括嗅觉、味觉、触觉，它们可笼统地都归于触觉，因为触觉需要用身体部位触碰到某个东西，才能感受到其温度、硬度、质地等；味觉需要舌头触碰到食物才能尝出味道；至于嗅觉，也可以说是鼻子触到了气味。远距离感官更适合理知，因为拉开了距离，能更"客观"，更能推出事物的本质；但离得远了，切身性、具身性就弱了。

我们着重注意到视觉和触觉（身觉）这两种不同认知模式，以更好地理解具身性问题。视觉特别适合处理抽象符号，特别适合理知，具有很高的认知优先级，但也特别不具身；触觉特别具身，但认知功能偏弱。"看"面对的是静止的图像（柏拉图意义上的理念），总跟事物的本质（是什么）相连。看确认事物的"存在"，我说"我亲眼看到了"就证明确有其事，别人一般不好再质疑我看到的东西是否存在；相比之下，听虽然也是远距离感觉，就不具备这种确认存在的作用，"我亲耳听到的"不是特别有说服力的证据；只有眼睛才配得上是存在论的感官、理知的感官。视觉认知功能虽然强大，但却是向外的，眼睛的缺陷在于能看到外部一切却看不到眼睛自身。视觉认知的世界是对象化的，与主体的生存相外在的。长于感知自身的是触觉（身觉)。身觉尤其连着内心"感受",连着内在的生命经验。疼痛、舒适、人情冷暖靠眼睛看是看不出来的,需要实在情境中"切身"之"体认"。看总遇到视角的问题,经常会片面、表浅,但"切身""体认"是立体的厚重的。视觉向外确认对象的"存在"(抽象本质),身觉向内确认自身生命的"实在";眼睛向外探索,建构一个清清楚楚井然有序的对象化世界,但须依赖身体的固定,才不至于飘浮迷失,身体是人在现实世界的存在之锚;视觉型的人眼光高远,世界宏大,触觉型的人更有感受力,更擅长与世界建立一种亲密的关系。

随着数字时代的到来,人的身体和灵魂都被数字所改造。对于数字主义者来说,人不是什么神圣性的物种,视人为神圣的态度不过是一种人类中心主义的迂腐观念,只会阻碍人类的自我理解,要解密人性不能靠神学和哲学的玄思,而要靠科学技术的稳扎稳打。计算机科学的巨大成功及其与神经生物学的逐渐融合使数字主义者看到了透视人性的希望,即何不把人也看成一台处理信息的计算机呢?身体是生物计算机的硬件装置,灵魂或意识是控制信息传输的软件程序,这样,人的物理存在和精神存在就不再分离,而是统一于数字编码的技术实践;编码的效率即代表着人性理解的程度和人类的能力的高度,身体作为质料,灵魂作为形式,都服务于编码的效率;人类通过稳步的技术升级,就能不断突破身体条件限制,不断接近心想事成的神明。数字主义者的这种超脱身体的理想显然是柏拉图主义的,而且柏拉图时代限于技术条件导致的身体与灵魂的分离如今被克服了,经由数字的中介,身体与灵魂在超越的数字空间重新实现了合一。

但"数字身体+数字灵魂=人"这个新的合成公式真的完美定义了人性吗?我们不要忘了,数字科学家不是仿照人的身体来创造 AI,而是仿照 AI 来创造人的身体。他们对人类身体的"仇恨"源于身体在满足特定生产目的时的脆弱、低效和不可信任;他们的目的一开始就不是把 AI 变得越来越像人,而是要把人变得越来越像 AI。

数字主义者把人的灵魂、人的意识抽离了情感能力和主体意志,简化为一种模式化的认知能力,又把认知活动抽离了实体构成的具身情境,简化为基于数字界面的视觉化的刺激—反应过程。无所不在的电子屏幕投放大量数字影像，把人淹没在影像的世界里，人的视觉被还原为被动接受影像刺激的感光板，视觉捕捉、筛选、合成知觉的过程被算法预置而与自主的感知过程相分离。于是，人的身体变成了视觉化的数字信息接收装置，人的灵魂变成了可拆分可预置的特定机械功能。"数字化时代经验均质的底层逻辑是技术对感觉能力的异化，其阻滞了个体自我经验生成的可能性，以一种先在的意义模式过滤个体的生命感受，在感觉及其意义的生成关系中，意义以一种技术标准，预设了个体的感觉活动。"① 数字身体重塑人类感觉能力的方式实际上伴随着对身觉的消解，因而在认知活动中排斥了人类真实肉身的参与，这在文化批判的意义上可理解为对身体的废弃。失去身体的固定，人类的知识经验变成纯粹外在的工具知识，人类的情感体验和意志自由更是不再真实。于是数字身体也消灭了具身的真实灵魂。数字灵魂是被掏空了感受力的灵魂，不再承担自由创造的精神使命，只能随波逐流被资本和权力收编，服务于他者设定的奋斗目标。

（二）数字时代的虚拟生存

数字化进程不只带来了人的存在结构的革命，也带来人的生存方式的全面更新。今天，数字化已然具有相当规模并且成为不可阻挡的潮流，以至于我们无法不把它视为现实，但在更本质的意义上，数字化终究是依托于日益复杂的抽象符号系统而与人们具身的生命体验日益疏离的虚拟化进程。虚拟与现实始终有着不容抹杀的差异，注意到这种差异是检视数字时代人们生存方式的不可或缺的视角。人们在享受虚拟生存带来的丰饶和便利时，也须反思发展中支付的代价。

1. 社会生活的全面虚拟化

虚拟化依托于数字技术而实现，围绕人类如何建立连接的问题而展开。数字化生存本质上是人类借助虚体媒介而达成的虚拟化的连接方式。虚拟化渗透于当下社会生活的方方面面：体现在社会经济活动的组织方式，体现在人们日常生活的休闲、娱乐，体现在社会治理和社会交往。

首先是社会经济活动的虚拟化。人类通过经济活动来实现社会资源的配

---

① 王大桥、刘晨：《数字化时代个体的感觉新变与意义共振》，《南京社会科学》2022年第3期。

置，满足基本的物质生活需要。经济活动最能体现社会中人与物、人与人的连接方式，是人类社会生活的基本维度。经济活动围绕商品的生产和消费展开。进入数字时代，依托数字化的信息管理系统，经济系统中从商品生产到消费的各个环节都呈现出不同于传统经济的面貌。数字经济、虚拟经济引发实体洗牌，颠覆了传统的商务模式、市场格局、资源配备方式以及人们的生产和消费观念。

就生产端而言，不同生产要素的价值含量发生变化，数据信息和控制论知识的重要性高于土地、原材料、劳动力等传统生产资料，成为企业间市场竞争的核心要素。对数字信息和控制论知识的占有，意味着更精准的商品投放，更高效的资源整合，更高的市场占有率以及更低的经营管理成本。依托大数据信息，市场信息得到即时、精准、全面、可视化的呈现，生产的盲目性被大大降低。商品生产的逻辑发生转变，企业生产的目的是实现利润最大化，而不再是满足社会的实际生活需要，使用价值的生产越发地被交换价值的增殖所取代。同时，商品的使用价值被弱化，不再只是着眼于人们既有的消费需求，而是竭力在人们身上创造更多的消费欲望，商品生产逻辑被欲望生产逻辑所取代。

就消费端而言，网购平台、电商平台的崛起，物流系统的完善，给人们的购物生活带来了前所未有的便利。人们只要在手机上点开形形色色的APP就可以在线上商城琳琅满目的商品中随意挑选自己所需，大数据的智能推送还会比你自己更了解你的需求，让你获得超预期的购物满足。但便利的背后是信息安全隐患，以及消费主义陷阱。在消费主义中，人们失去的不只是时间和金钱，还有自己生活的掌控权。人们的消费欲望被操控，沉迷于商家给予的虚假幸福许诺，逐渐失去反思生活，改善处境的动力。人们看似在为自己的需要买单，实际在为商品背后的没有实际价值的文化拟像买单。

经济生活虚拟化的极端隐喻是"物联网"的"万物互联"理念，它描画了数字经济的理想模式。物联网中，人员、商品、物流、交通设施等等所有的元素都可以在数字界面被统一构成一个架构和网络，人和物都被转化成数字网络的虚体环节，只具有功能价值，人员配置与物的配置遵循完全相同的数字逻辑。它取消了人与物的实体差别，快递小哥和送货机器人没有差别，组装工人和机械手臂没有差别。社会生产的整体环节在个体的认知中被割裂，不同经济分工的他者的存在被隐去，人们不再能够感知维持这一庞大经济系统的幕后劳动者的贡献，也不再能够反思这种高耗能的生活方式可否持续。

二是人们日常生活的虚拟化。如果说，初代互联网带来的还只是一种可选择的新型生活方式，那时只有少部分精英人士有能力主动进入到虚拟的网络空间，那么到了如今智能手机的时代，虚拟生存则成了任何人都无法抗拒的命运，每个人无论愿不愿意，都被动卷入网络空间当中。即便仍存在一大批数码难民，他们的意见已经完全无法对这个新时代产生任何阻力。手机成了人们进入新世界的钥匙，没有手机，与世界的连接被切断了，人们可以忍受一天不吃饭，但绝对忍受不了一天没有手机。人的生命分裂成两块，现实中的肉体生命和网络空间中虚拟的文化生命，后者的重要性显然超过了前者。人们日常生活的重心已然转移到了网络虚拟空间。

人们在繁重的工作之余会一头钻入到虚拟的网络空间之中，享受属于自己休闲时间。娱乐成为人的本质需求，仿佛只有在娱乐时，人们才感到真正为自己而活。花样百出的小游戏、短视频足以吸引绝大多数人的注意力，使他们忘却生活中的不如意，轻易获得视听愉悦。人性偏爱轻松的东西，娱乐不可避免会有致瘾性，主导文化市场的资本更是乐见人们沉迷其中，于是生产者投其所好，消费者娱乐至死。人们很难抵抗游戏和短视频的诱惑，这不是自制力的问题，而是电子产品本身的特点，我们往往见到家长一边批评孩子沉迷游戏影响学习，一边自己刷着短视频不能自已。数字影像抢夺人的注意力，改变人的感知方式，控制人的心理预期。影像的轰炸竭力消除人们获得快感的阻力，使人获得即时的满足和确保的正反馈，被"惯坏"的人们逐渐失去原本生活中的"痛感"，不断追求更好懂、更快速、更刺激的内容，而不再能够忍受难的、长的、平淡的内容。影像挤压了文字的生存空间，人的理解力、毅力、意志力普遍下滑。

三是社会治理和社会交往的虚拟化。数字化让社会治理变得空前高效。即时生成、快速流动的个人信息，事无巨细都汇总成大数据，被储存到互联网公司、科研机构和政府部门。它们作为数据的支配者在社会治理中占据特殊地位，而广大民众也经由开放的网络系统参与到社会治理当中。进入数字空间，人们会生成属于自己的各种各样的数字人格，比如民政局统计的人口信息档案，银行后台个人的征信记录，手机APP上的用户信息，这些数据参与构成个人的数字人格，尚与个人的现实存在有较大的相关性；另一类数字人格，比如通过微信朋友圈、贴吧等的言论发表搭建的人设，在交友网站发布的个人信息，以及在大型网游中的创建并经营的虚拟角色，则是典型的虚拟人格。数字人格是附属于数字管理系统的功能性存在，往往不是对个体人格的真实呈现，而是反映了数字对人的控制。例如学生评价系统用绩点来约束学生的行为，使学生为了绩点煞费苦心；婚恋交友网站通过工资、学历等信息的大数据匹配，促成婚姻的"门当户对"；游戏角色的定级系统、声望系统等，让玩家为了升级虚拟人格而奋斗不息。通过对数字人格的标准化、量化管理，管理者引导社会成员向着设定的社会目标一致行动。

数字化使得人们的社会交往变得虚拟化。人们的社交大量转移到线上，人们通过网络通道跟世界各地的陌生人打交道，跟身边的人的交往却减少了。作为人的周围世界的"附近"从真实世界消失而被放置在了美团、微信、淘宝等网络平台的栏目里。传统意义上的社群瓦解了，集群行为转移到了网络空间中。人们一开始对互联网的社会沟通功能寄予了深切愿望，以为通过互联网，人与人之间的距离一定会被拉近，社会将会更加多元开放，但目前为止我们看到的情况恰恰相反，网络集群加剧了社会的区隔，并越来越让人丧失沟通的信心，好好聊天成了一件极其困难的事情。

虚拟化改变了人们获取信息和理解世界的方式，也改变了人们交往的方式。依托便利的影像媒介，人人都可发布自己的观点，成为话语的生产者；人人都觉得自己应该有观点，应该对天下之事有所关怀（这通常是一种伪人文关怀，更多只是为了证明自己对所处世界有所掌控，因而有观点就够了，分辨资讯的真实性反而不重要，人们往往对某个热点公共事件过度关怀又很快淡忘）。这是一个话语平民化的时代。沟通的成本减小了，但沟通的质量却下滑了。人们可以轻易地找到与自己观点一致，志同道合朋友，不断强化自己的偏见，并依托强大的同盟与不同观点斗争；寻求认同的心理机制将人困于信息茧房，拒绝真正的开放。表达变得廉价，达成有效表达就变得困难，于是竞争流量，发出自己的声音成了每个人的强烈渴望，表达与自我实现捆绑；话语的交流功能变成一种单纯的表达功能，人们更愿意表达自己，而不是聆听别人；于是，人人争着表达，人人都是作者，但谁都没有听众。交往的虚拟化使人们失去原本那种看向他者，忘却自己的具身情境，失去对他者的感受力。

2. 元宇宙飞升

虚拟生存的尽头是元宇宙。元宇宙是一个数字乌托邦，是当下人们对未来新社会运行范式的终极想象。通过对元宇宙的分析，我们可以用一种类似科幻文学的方式考察数字时代虚拟生存的得失利弊，想象数字人的命运和归宿。

元宇宙无疑是当下最火热也最含混的概念之一，关于元宇宙的讨论众说纷纭，角度各异，我们须先对这个概念有所说明。元宇宙概念最早出现在1992年的科幻小说《雪崩》中，但直到2021年才突然火起来，因此2021年被称为全球元宇宙元年。元宇宙的突然爆火本身是个非常值得深思的事件。究其原因，不仅由于长期以来的技术突破到达一个关键节点，使人们看到了人类生存方式全面更新的可能；更是因为近年来一系列突发事件带来人类生存境遇的突变，使人们不得不集中面对人类生存的终极议题。

首先，元宇宙是一场全面的数字技术革命，无论人们对元宇宙抱有何种想象，都不可能脱离物质技术前提。元宇宙依托的核心技术主要有通信技术（5G）、新一代互联网（Web3.0）、区块链、物联网、人工智能（AI）、人机交互、虚拟现实等，这一系列技术革新有的已取得实质突破，有的尚停留于想象，有的则流于商业炒作；每一项技术都是颠覆性的，各项技术之间以及技术与社会伦理之间又有着互相制约、助推、融合等复杂可能性。元宇宙作为一个全新的虚拟数字空间，其呈现形式取决于各项技术的融合程度和社会博弈的具体过程，因而元宇宙探讨是一个现在进行时的领域。

元宇宙绝不只是一种技术，也不只是技术革命带来的行业洗牌，它更是一场前所未有的存在论革命、一个全体人类都不得不面对的"美丽新世界"。对超越的可能世界的想象向来有之，即在互联网诞生之初，人们对其革命性影响的预期某种意义上也可以说成是元宇宙设想，但元宇宙元年出现在2021，却是有着特殊的时代背景。突如其来的新冠疫情引发全球经济衰退和社会动荡，俄乌战争打破人们岁月静好的和平幻梦，随之而来的国际政治经济格局的剧烈动荡，使各国人民都面临生存境遇的大起大落。疫情是一剂催化剂，使原本隐藏在经济繁荣背后的资本主义内生矛盾暴露无遗，新的阶级矛盾和社会割裂不断提示现代主义逻辑的不自恰。以上种种迫使人类重新思考现有生存方式的问题，人类公共议题一下子进入到一种后灾难叙事语境，元宇宙讨论应运而生。元宇宙在普通大众之中如此广泛的感召力，当然不在于它是一个新的游戏、社交或工作方式的改进，或任何基于现实的局部升级和补充，它最根本地是一个革命性的解放的乌托邦，它旨在再造一个美丽新世界。正因如此，元宇宙概念在诞生之初就是个终极概念，有着内在的悖论性：如果元宇宙不够好，那它不够资格叫作元宇宙；如果元宇宙足够好，那现实世界将不再值得留恋而被废弃。进入元宇宙，不是生存空间的扩展，而是生存空间的完全替换；人不再是生存于地球上、有其自然基础的人，而是飞升到数字空间中的心想事成的神。

在关于元宇宙的诸多想象中，比较成熟和系统的、也是最具文化批判价值的要数赛博朋克（Cyberpunk）。赛博朋克文学里充斥着肉体改造、神奇科技、灯红酒绿、暴力犯罪等现代性表征和未来科技元素，对未来世界的社会结构和人们的生存状态有着丰富的合乎逻辑的构想，尤其是对人体未来演化形态（赛博身体）的想象具有发人深省的警示意义——它很可能就是实现了身体超越和意识上传理想的元宇宙居民，将会呈现的真正样貌。

赛博朋克文学原本具有强烈的悲观主义和反乌托邦色彩，但当前人们对元宇宙却是一片乐观态度。即使小说《神经漫游者》，电影《银翼杀手》，游戏《赛博朋克2077》等作品都相当明确地将赛博朋克世界认作是一个不值得向往的灾难性的未来世界，大多数受众还是兴奋地将之视作一种纯粹的文学狂想或一种类迪士尼的游乐场。文化消费主义和娱乐心态模糊了批判文学的焦点，使人们认识不到赛博朋克作为一种总体历史进程已然在现实中展开并暗中加速推进。

赛博身体是标志人类未来命运的强烈隐喻。赛博身体是通过嫁接电子义体修复或增强人体功能的技术。义体原是为肢体残疾者设计的辅助装置，其本质是人类能力的补全；但赛博义体却成为增加能力的主要途径，其本质是人类能力的升级。可以想象，在未来有条件的人可以像漫威英雄那样通过对身体的改造升级成为"超人"，彻彻底底地将自己与没有条件升级自己的普通人区别开来。义体成为力量的象征，肉身的存在本身则被视为一种缺陷。由于肉身本身毫无价值，人们只有将肉身义体化、物化，才能找到阶级上升的和自我实现的通道，找回残存的自我主权。这必然导致人们对义体增殖的拜物教崇拜。

赛博身体以纯粹技术手段消解了困扰人类几千年的身心关系问题。人的肉身被剥离了情感、意志，化约为处理信息的神经系统，作为新型计算机的湿件，与机械技术的硬件，电子技术的软件有机结合，遵循共同的数字控制论逻辑。人的情绪反应可以被算法精确控制和转换，人类不需要一个真实的事物（比如真实的异性肉体，真实的社交环境）作为开关引擎，只需通过简单的神经冲浪，就能达成欲望的满足和再生产。一切精神活动被祛魅化，不再具有任何神圣和神秘的价值，而是完全地作为机械功能通过赛博身体实现出来。

肉身的湿件化，人类义体化，将彻底改变人类的物种形态。随着人体能力向机器的稳步转移，越来越多数字科学家坚信，AI通过深度学习和自我进化，迟早会变得足够有智能，直至超越其创造者，那时，人类将被淘汰，取而代之的是人类的心智后代。AI并不是人类的仆人，而是人类物种进化的下一阶段，是人类潜在的继承者。这个过程并不遥远，当我们看到越来越多人全天被绑定在一部手机上时，我们还在以为那是人身上嫁接了手机吗？难道不是手机上嫁接了一个人体湿件吗？

可见，作为乌托邦的元宇宙可能并不美好，身处其中的人们可能面临情绪阉割、义体奴役、阶级固化等等一系列问题。我们要警惕元宇宙变成梦宇宙，至少，我们应抛弃飞升的幻梦，更多去关心真实的宇宙。

（三）数字存在的边界

数字化物并不穷尽事物的全部可能性，数字化生存也并不一定导向解放的乌托邦。数字存在自有其边界，这个边界经由数字媒介被算法所限定。数字媒介并不中立，它内嵌了既有的权力结构，并带有倾向性地引导着人性的演进方向和社会的结构变迁。由此引出控制与自由的关系问题，应当作为数字伦理探讨的核心。

1. 数字媒介的非中立性

很多人相信科学技术的中立性，根本的原因在于他们将科技本身与人对科技的使用相分割。以往时代，人们通常将技术工具视为纯粹被动的人类创造物，因而是始终掌控在人们手中的东西，科技发挥何种作用完全取决于人们如何使用，于是，科技本身便显出中立性；今天，很少有人还能狂妄地以为人类能完全把控自己的造物了，人们时常担心人工智能反过来控制人类，于是，人们更愿意提出科技的自主性，但这并未动摇一部分人对科技中立性的信念。以前，他们会说：反正科技是可控的，其负面影响可通过正向的技术改进加以克服；现在，他们会说，反正科技不归任何人完全掌控，科技的自主发展将自动修复人类过失，不用担心对科技的无可挽回的错误使用。

主张科技中立性并非没有道理，我们也愿意在以下两种意义上认可科技的中立性：一是承认科技中立性保留了科技被做有益使用的潜在可能性，防止用"倒脏水连孩子一起倒掉"的态度看待科技进步；二是中立性信念作为技术发展的应然，作为美好意愿或旗帜，可以用于反对少数群体对科技的垄断。

相信科技中立性本质上是一种技术乐观主义，乐观态度本身无可厚非，但潜在的危险在于：它完全割裂了科学发展的技术逻辑与科技运用的社会实践。中立性即使可为科技的自身事实辩护，也显然无法为人类运用科技的具体行为辩护；科学真理不涉及价值判断，也有必要排除价值判断的干扰（科学求真容不得政治正确），技术应用却是基于某种主观价值判断而做出的价值选择，因而绝不可能是中立的。新的技术媒介必然要承载既有的经济关系、权力结构和文化传统，而不可能存在于没有社会关系的虚空之中。科技中立性信念往往忽视（或是有意掩盖）既有社会结构和权力关系对科技研发和应用方向的强力导向作用，默认科技进步一定是普惠性的，殊不知，技术虽有得到中立应用的潜在可能性，但并不保障现实中不同社会群体平等地分享科技进步带来的红利——反倒是相反的证据比比皆是。每一轮技术革命总会催生新的权力阶层，他们很愿意将科研活动包装成一项纯粹求真的神圣事业，以求真之名漠视主流人民生命价值，轻视社会风险防控，并且贬抑和回避指向他们的人文批判。因而我们更需要指出的是科技的非中立性,尤其是数字媒介的非中立性。

在当前新一轮的数字媒介革命当中,权力失衡问题尤为突出。相比于政府和公司对大数据的强大控制力,我们目前看不到个体在数字世界中所应有的主体地位,个体作为微观的数字终端,天然处于被管理者被统治者的地位。

借由各种各样的数字媒介而发展起来的数字化信息技术,其真正力量并不在于各项技术的独立能力,而在于它们共同的数字语言能够使它们的独立能力汇聚成联合的技术系统。通信、计算机、生命科学技术的全部潜力,唯有当它们汇聚成一个无所不在的智能网络时才能显现出来。因而,数字技术发展的自身逻辑就是集中化的,它自然而然也要求社会权力的集中化,要求相应的体制与之配套。数字化天然是管理科学,是治理技术。

我们看到,国家经济的发展越来越依赖高新技术产业的发展和管理数字化带来的高效信息传递,数字媒介组成整个社会的神经系统。社会的经济活动已经完全脱离了底层劳动者的控制,而被掌握信息技术和管理科学的高端人才所垄断。这个整体的信息系统并非真正开放性的,互联网所能提供的近乎完备的信息只为那些知道它存在的人而存在,越来越多的人限于认知水平和阶层地位,将不再有能力和权利知道重要信息的存在。

前 Google 高管吴军在《智能时代:大数据与智能革命重新定义未来》一书中突出渲染了未来社会的阶层分化,他认为,每一次新技术革命带来的最大挑战是如何消化结构性调整带来的过剩劳动力,而今天我们面临的这场数字革命将会前所未有地使得98%的劳动力人口沦为过剩人口,他们将被时代淘汰,只有2%的人能够掌控未来世界。而当我们试图在书中找寻解决方案时,作者给出的结论却是:争当2%。作者并不同情未来的弱者,甚至是对他们充满鄙夷。弱者是那么多余,那么低贱,那么不配为人。精英一面生产底层苦难的社会现实,一面塑造底层堕落的意识形态。如此毫不加掩饰的强横的精英主义态度实在令人震惊。

这里的确提出了一个尖锐的冲突:数字时代选民和弃民之间围绕生存权利的斗争的不可调和。未来世界将是一幅数字化的经济地图,接受新世界数字资本运作法则的人把自己变成一个数据,恪守数字资本的规训;不接受新世界法则的人则不形成社会记录,他们被大数据抹杀,从新世界地图掉落,沦为"野人"。数字科学家、程序员、工程师、政府官员组成决策层,不具备复杂抽象知识的个体被自然而然排除到决策层之外,乃至知情和参与权也被合法剥夺。人类最终将被一小部分技术精英所取代,他们是有史以来最强大的统治阶级,只有他们有资格拥有现在意义上的人格自由,其他人则被绑定在一台庞大的数字机器之上,沦为数字系统的养料,失去社会竞争乃至作为生物进化的资格。

2. 算法控制与自由

数字媒介对现实的塑造具体到操作层面是通过算法执行来实现的,因而数字存在的边界最终被算法所框定。算法的本质是控制,控制的本质是中心化,因而数字媒介的非中立性和聚集趋向可归因于算法的控制本质。

算法这一概念通常出现在数学和计算机科学中,指一个被定义好的、计算机可施行其指令的有限步骤或次序。但算法的应用绝不限于数学和计算机科学,而是应用于生产生活的方方面面,数字时代的社会理想正是运用算法解决一切问题。

算法的核心由两部分构成:逻辑方法+功能目的。首先,算法是一种普适方法,它既是纯形式的、抽离的,又是非常具体的、实用的。相比于做菜有做菜的方法,写作有写作的方法,算法是更抽离更形式化的,也正因其形式化程度更高,它更具普适性,能够解决更复杂更广泛的问题;算法解决问题的有效性可行性是毋庸置疑甚至比人工更值得信赖的,人们在驾驶汽车、使用电脑时一般不会担心它们不可靠,计算器的计算结果比自己计算更可靠,就此而言,算法又是非常具体的——即便普通人根本无从理解机器的内部算法。

其次,算法有着明确的功能目的,并通过对过程的控制保证最终功能目的的实现。例如扫地机器人的算法设定里,最终目的是清扫室内整个地面,过程中则要能准确识别脏东西,准确回避障碍物,清扫完还要能自动停止。扫地这一简单功能的实现过程显示出算法的一些特点:明确性、有限性、封闭性。算法指令必须是明确的,否则机器无法识别;算法步骤必须是有限的,否则机器无法停止,无法完成最终目的;算法逻辑必须是封闭的,要对一切情况都做简单的明确应对，否则机器面对特殊情况无法做出反应（比如扫地机器人不会因为掉在地上的纸片写着重要信息就不打扫）。这些特点一定程度上已经显示出算法控制与人类行为模式的巨大差异，也提示算法控制对真实存在的遮蔽。

算法的控制本质绝不只是体现在对工具功能的控制上，更根本地体现在对人、对社会的控制。如果把人、把社会也看成某种工具，算法同样可以为之设定一个功能目的（即我们前面所说那个非中立的服务于特定权力和利益的目的），通过对人、对社会活动过程的控制来达到那个目的。要实现对人的控制，障碍在于人有自由意志，人的判断不像机器那样非此即彼，从而无法满足数字语言识别的明确性和算法系统的封闭性。于是，算法需要对人的认知行为模式加以根本性的改造。算法控制的底层逻辑是对人感觉能力的异化和改写，通过阻滞个体自主经验生成的可能性，过滤掉个体丰富的生命感受，使其只能通达被特定技术目的预设的先在的意义模式。最终，人的判断力被下放给算法的自动化控制闭环，人像机器那样运行给定的算法程序。如此，人的行为变得完全可控，人类社会变成一个井然有序的超稳定结构。稳定的打破（如果我们称之为自由的话）将不再可能经由人类思想的创新来实现，而只能指望算法自身运行中出现 bug；只不过更可能出现的情况是，不再有打破稳定的要求，因为那时自由已经变得毫无价值。

算法精神并非现代科学和资本主义突发奇想创造出来的东西，它根植于古希腊柏拉图以降的西方技术理性哲学传统（理知传统、理性主义传统、科学主义传统）。这一传统以数学（几何学）为模板创造一个理念世界，重形式逻辑，重推理证明，通过系统理知发展出完备的科学知识体系，塑造了今日科学的世界观。柏拉图理念世界原是对感性世界的超越，旨在克服感性世界的流变，获得关于世界的确定性知识（科学真理），从而找到人类安身立命的根本，但这一传统发展到极致却转而反噬作为人类生存基础的感性世界。理知被推上神坛，科学世界观一统天下，世界被数字化、虚拟化；虚拟化强烈提示现代人对于感性世界的疏离。科学所仰赖的数学语言只关心世界的 How，不关心世界的 Why，算法可用却不可理解，无法构成生存意义。人类智慧从对外部世界的理知开始，成功将世界祛魅化，但最终世界却又变得不可理解。

数字世界系统性地遮蔽感性世界的存在，成为人性拓展新的桎梏。

对于西方理知传统，陈嘉映恰如其分评论道："理知并没有无限的权能，世上也没有所谓的至理。系统理知带着我们上穷碧落下黄泉，大到整个宇宙，小到夸克，尽收眼底。然而，理知走得越远，感知的切身性或丰富性就越稀薄，乃至最后完全失去感性内容，变成了纯粹理知、无感的理知，思考正在被图灵机取代。我们凭理知探入四维空间、十一维空间，这个空间我们感知不到，要是把感知跟意义连在一起说，我们若不再感知世界，世界就失去了意义。"① 数字世界拓展了理知的边界，却削弱了人们感知的力度，削弱了人性深处的生命情感，人的生存因而失去重量变得飘浮。

但好在人们已经注意到这是一个问题。可感世界的剩余不断提示纯粹理知世界的不完满，自由人性的超越性要求不断冲击控制世界的边界。数字时代的超越，一要破除对数字乌托邦的迷信，二要着手可感世界的重建。

今日数字世界的逻辑架构看起来是那么自如自洽和坚不可摧，极少有人会去想象数字秩序的坍塌，这是因为人们对数字世界的技术构成缺乏了解。人们只是飘浮于数字媒介最终产出的内容之中（内容层），而对媒介功能的算法执行（代码层）和媒介本身的物理介质（物理层）十分陌生。实际上，技术要求专业和严谨，绝不似文学想象那般想当然，内容层的五彩斑斓一定基于物理层和代码层的严格控制；在实在的物理基质层面，服务器、设备终端、线路分布、信息传输必须是严格的和精确的。例如，Google最大信息处理厂，位于一座不起眼的芬兰小岛，正是那里把来自全世界的信息变成数据；处理厂被置于军事化保护之下，它太重要了，一旦它遭到攻击，围绕它建立的世界秩序将会坍塌。也就是说，我们仍然是在一个实在的场所处理世界的信息，世界的物理基础虽然被隐藏，但却实实在在发挥着作用；虚拟化的数字世界并不像它向人们宣称的那样自如自洽，它完完全全没有逃离物理世界的引力。这同时意味着数字世界的物理基础并非牢不可破，把人类命运孤注一掷绑定在一项技术工程之上显然是风险巨大的，人类社会需要更多元的生存机制以防范风险。

---

① 陈嘉映：《感知 理知 自我认知》，北京日报出版社2022年版，第228页。

数字世界的超越不再一味追逐技术加速经济扩张，不再一味指向远方的星辰大海，而是更加关注人的自然情感，更加关注"社区""附近"和"家园"。突如其来的新冠疫情打断了人们往日按部就班的生活，却也提供了反思现代生活、重启感受力的契机。人们在严格的防疫政策中感受社会控制的无孔不入，在经济衰退的拮据中感受和平稳定的弥足珍贵，在物资短缺时感知到平日里默默奉献的劳动者的存在。人们需要重新找回感知他者、建立社会连接的自觉，找回属于自身生命的身体痛觉。唯有诉诸可感世界的重建，才能冲破数字世界的锁闭，实现数字人的解放。

三 数字时代时空、生命与真理之思

在数字时代，人的位格多元化，出现了数字位格，甚至演变出数字生命、数字生命与它的时空密切相关。时间、空间具有客观和主观两个维度的相对性，客观化的物理时间不足以解释人与时空的亲密性和联动性，造成时空与人相分离；时空的本质需要从存在论的维度经由人的生存结构而得到了揭示。数字生命的生存状态又与真理息息相关，对真理的知识化理解遮蔽了本源的真理"让—自由"，是现代人生存危机的根源。数字生命与时空的统一性的重建需要从时空变迁的历史经验获取定位；数字生命与真理的统一性的重建也需要从真理展开的历史经验获得原则。

直观看来，数字是一种符号，是一种语言，但在 21 世纪，数字才不只是作为世界的抽象本质，而是作为世界本身显现出自身。而人也作为数字时空的结构环节，作为数字本质的揭示者，成为数字生命。在数字时代，人的存在有四种位格形式，线上呈现两种位格形式，一是 Eric Charles Steinhart 在《你的数字来生》中被作为一个程序上传到云端的你，当这个文件运行时，你便以数字形式逼真地存在着，这是线上的你的一个位格形式；另一个位格形式是不同的机构根据从社交媒体等获取的你的信息，通过特定的算法对这些信息进行加工、整合出一个你。线下的你也有两种位格形式，其一是身处数字时代的你，其二是在不久的未来，你的意识可能被"拷"给某台超级计算机，或者是某个生命有机体，这样在线下你也有两个位格。本文的数字生命是指身处数字时代的你，数字作为新的媒介正重构着你的生存时空，也重新界定了真理。

（一）时间、空间的相对性

即便经由对时间和空间的常识理解，我们也不难意识到时空规定之于人性规定的根本性。我们或者把时间、空间视作先天给予我们的自然物理环境，或者把时间空间当作一种心灵现象，无论如何，时—空总就是我们身处其中的"世界"，与我们的生存密不可分。因而，对时空本质的探索和对时空延伸规律的把握，是理解人类存在结构和存在历史的根本视阈，也是界定数字生命生存可能性的必经途径。

以下，我们首先对时间、空间概念的历史进行一番简单的梳理，以获得对时间、空间本质的一些原则性理解。要搞清楚的核心问题有两个：一是时间、空间到底是主观还是客观？二是理解为何时空观对人来说具有根本的重要性。第一个问题关系到我们对时间、空间本质的理解，第二个问题则是我们一切后续讨论的基础。我们选取三个最具代表性的思想家的时空观点来做解析，他们是亚里士多德、康德和海德格尔。

1. 亚里士多德时空观

亚里士多德可能是最早对时间和空间进行系统化理论研究的思想家，他的时空观不仅构成了中世纪神学和牛顿物理学的理论基础，甚至至今也在很大程度上支配着人们的时空理解。之所以能有如此深远的理论影响，与其时空观符合大多数普通人的常识有关。亚氏的相关讨论集中在他的《物理学》一书中。

对空间的理解可归纳如下：（1）空间是独立自在的，不以人的意志为转移，即使空间内的事物不存在，空间也仍然存在，因此是自在自足的；（2）"上、下、左、右、前、后"等方位是空间自身的属性，人们是通过对运动的测量和对状态变化的感知而认识到这些方位概念的，因而从逻辑顺序上讲，是客观的空间方位在先，人们对其的认知在后；（3）空间本身不运动，一切运动发生在空间之内，空间是运动的基础或载体，空间内可以是虚空而无运动的事物存在，但运动的事物一定处在某一空间内而不可能脱离空间；（4）空间是宇宙的界面，是个绝对的框架，一切事物都在空间之内。[1] 简言之，我们可

---

[1] 彭洋：《作为方向与无限的时间——对亚里士多德《物理学》中的"空间"概念的现象学解构》，《哲学分析》2019年第2期。

以把亚氏所说的空间想象成一个容器，它有明显的客观属性，是承载一切物理运动的基础或背景。

对时间的理解归纳如下：（1）时间本身不是运动，但时间不能没有运动，没有运动就无从得知时间的存在；（2）时间是对运动、变化的度量，根据于靠先和靠后的关系；（3）时间是以数字形式呈现的测量结果；（4）时间是一条单向流动的河流，单向射出的箭头，它从过去流到现在，再流向将来。我们来分析一下。首先，时间和空间还是不一样，就实在性而言，时间显然比不上空间更实在，或者换言之，时间比空间更抽象。我们比较容易想象有一个客观存在的外在空间，空间似乎是有实在事物与之对应的，因而可以直观，但时间不同，我们无法从有形事物中找到一个叫作时间的形象，而只能从事物的运动变化中推知到时间的变化，亚氏强调时间与运动密不可分也是基于此。其次，亚氏说时间是对运动、变化的度量，运动好理解，指物理运动、位置变化，但变化就比较复杂了，包括了质的变化（比如由生到死）、量的变化（比如年龄增长），乃至精神状态的变化（比如静坐思考），可以说，只要我们内心感受到变化，时间就出现了。再者，时间度量根据"靠先和靠后"的关系，靠先和靠后这两个点是什么呢？亚氏认为，其实是我们的灵魂为了能够测量事物而设置的两个时间点，它们是两个"现在"点。也就是说，时间是被创造出来的东西，实际上是灵魂测量运动，把时间创造出来了。至此，亚氏似乎滑向了一种主观化的时间观。应该说，走到这一步是必然的，因为按照亚氏的因果追溯机制，一事物存在必有其原因，我们感受到运动是因为有时间，那么我们感受到时间又是因为什么呢？似乎只能把它归因于灵魂的作用，时间是灵魂感受运动的能力。

亚氏时空观保持了对时空理解的多种可能性，但由于其理论显著的科学性质（以后人自然科学的眼光来看），以及"空间是容器""时间是河流"这些颇具误导性的表达，人们还是倾向于把他的时空观理解为一种客观化的时空观。这种理解特别是在牛顿的经典物理学体系中被空前强化。其实并不像人们通常认为的那样，牛顿全面颠覆了亚氏的物理学体系，相反，在理论的底层逻辑上，更应该说牛顿是亚氏的全面继承者。遵循力学原理、因果机制对宇宙作机械论描述和解释的经典物理学体系，不过是对亚氏时空观念的一个更详细、更复杂的表达。在"客观时空"这个意义上，我们甚至可以把亚氏时空的影响也扩展到相对论，只不过相对论所描述的时空（比如尺缩效应、钟慢效应证明了空间、时间的相对性）更反常识罢了，那需要更专业的数学知识才能理解。

2. 康德的时空观

如果说科学家们在"客观时空"这一方向上深化了人们对时间、空间的理解，哲学家康德则是在另一个方向即"主观时空"上的深化。

还是回到时间、空间的实在性问题。时间和空间是现实的存在物吗？它们是事物本身的属性和关系乃至即使不被我直观时也是客观存在的吗？又或是，它们仅仅是依赖于我的直观才可能成为事物的规定呢？简言之，问题的核心在于，究竟时间、空间是主观的还是客观的。

康德在他的巨著《纯粹理性批判》中明确把时间、空间视作人的感性的两种先天直观形式，时间是内感官的先天形式，空间是外感官的先天形式。所谓先天直观形式就是指先天存在于我们头脑中的用来感觉事物的工具，就像新买的计算机预装的系统程序一样；与"先天的"相对的是"后天的""经验的"。

为了避免认为康德否认外部世界实在性的唯心主义的粗陋误解，我们在此先明确指出，康德所谓时间、空间，并不是指通常科学家要讨论的客观的实际的时间、空间，而是指被人的思维所把握的时间、空间的概念，或者我们干脆把它叫作时间感、空间感。

为什么空间感、时间感是先天的呢？通常我们一般会认为时间、空间一定先于人的时间感、空间感而存在，毕竟先有了存在，然后才有对存在的感知。空间、时间具有感性上的确定性而不容易被想象成一种主观的东西，我们会认为是由于我们经验到的每一个物体都具有广延和形状属性，也就是长、宽、高三维，我们才在思维中抽象出一个"空间"概念；同样，时间被感知为一维的、单向的，因为我们很明显看到岁月更替，人在不可逆转地走向衰老，自然的变迁也不可逆转，所以在思维中抽象出像一条河流一样的"时间"概念。那怎么能说时间感、空间感都是先天的呢？真是这样吗？我们可以想象一下婴儿的情景，婴儿在母亲肚子里是不需要空间感的，但出生后，通过睁眼、抓东西等一系列动作，空间感被迅速激发出来，他的空间感显然不是经验了很多空间后形成的。而且，更重要的是，对空间感是与生俱来还是后来习得的争论实际上搞错了重点，误解了康德"先天"概念的真正意义。即便随着认知心理学的发展，我们可以对儿童空间感的形成过程给出更科学更精确的解释，以证明空间感不是与生俱来，但这仍不能推翻康德的"先天"概念。康德所谓"先天"是指一种"先行条件"，是一种逻辑在先，而非时间在先，是说不论人的空间感、时间感是何时形成的，它总归要形成，只要它形成，就会作为人经验一切事物不可或缺的前提条件，这是无法被否认的。人的意识世界就像一幅画卷，时间、空间构成了画卷的背景，通过经验逐渐获得的知识就是画的内容。人通过感官接触外在事物，所得到的杂多的感觉材料被以时间、空间的形式整理为经验，经过复杂的过程最终被加工成可理解的知识。既然时间、空间是一切经验都必须通过的"加工厂"，它们当然是"先天"的。

但是康德的回答好像并不能让人满意，我们追问的是实际的时间、空间，康德却偷换了概念，不谈实际的时间、空间，而去谈时间感、空间感了，这等于是把时间和空间问题都主观化了，而主观通常意味着只是头脑中观念的存在而不具有完全的"现实性"，是"我的"而不是"世界的"，是潜在的仅仅作为可能性的存在。康德的这种处理好像严重限制了我们对时间、空间本质的探讨。

康德这样做自有他的道理，我们且不要急于埋怨康德的保守，因为这种保守恰恰是康德哲学深刻的地方。一方面，对时间、空间性质的主观化处理是解决认识论的根本难题（内在的意识与外在的物质对象作为两个不同质的东西如何打通）的一个策略，这样处理就能保证意识所把握的空间秩序和时间秩序对外在世界的客观有效性，因为康德认为外在世界的秩序本来就是人的意识放进自然中去的，当然就不存在无法沟通的问题了。另一方面，康德把我们对外部世界的关注引向内在世界，引导我们以一种谦逊的态度反思我们的理性认识能力，为我们的知识划定了边界，为什么不谈实际的时间、空间？很简单，因为我们没有能力谈，我们认知的限度是被我们先天的认识工具（时间、空间）所规定的，我们不可能跳到时间、空间之外以上帝视角来审视它们，就像不可能拽着自己的头发把自己拖离地面。时间、空间是我们无法摆脱的一副有色眼镜，外部世界通过这副眼镜向我们呈现，我们所能认识的世界从来不是世界的本体，而是一个有限经验的现象世界。所以,这并不能简单视作康德的保守,这是一个必须严肃对待的重大发现,对时空的探讨唯有建基于此才能扎实推进,也就是说,我们的任务不是追问本真的时空,而是本真的时空领会。

3. 海德格尔时空观

在康德的基础上,海德格尔对时间、空间作了更进一步的思考。康德终究还是从认识论路径探索时间、空间的本质,有着无法克服的局限。其一,认识论必定以主体(人的意识)和客体(认识对象)的分立为前提,主体与客体作为两个现成存在者始终处于相互外在的关系,认识就是能动的意识加诸被动的对象,从而获得关于对象的知识,这样的知识遵循的是知性逻辑,保守于概念内在发展的有限性,始终坚持知识与对象的不可通达性,于是,按照康德的逻辑,我们对时间、空间的知识终究不是真知,知识的合法性辩护未能成功。其二,人与时间、空间的关系并不局限于认识层面,我们生存于时空之中,领受着时空的赐予,被时空塑造,也改变时空,认识的关系远不足以涵盖时空经验的多重维度,更不足以表达我们与时空的亲密性。海德格尔对时间、空间的思考正是由此展开。

在《存在与时间》中,海德格尔从生存论存在论出发,取消了认识论确立的主体/客体,我/世界,现象界/物自体的鸿沟,揭示人与时空浑然一体的切近状态。为了避免把人规定为认识主体的思维惯性,他用"此在"[①]概念来指人这一领会着自身而存在的特殊存在者,以便展开人的生存的多重维度。他用"时间性"概念来指此在本真的时间领会,并强调,在使用"时间性"这一术语时,"首先必须远离一切从流俗的时间概念里涌上前来'将来'、'过去'和'当前'的含义,也必须远离'主观的'和'客观的'或'内在的'和'超越的'时间概念"。[②] 时间性并非是对时间这一现成事物(无论它被认为是内在还是外在,主观还是客观)之属性的归纳总结,而是在此在的生存过程中生成的。我们作为此在,是唯一能对自身存在有所观照的存在,当我们受到存在的感召开启灵性思及人生的意义并追溯意义的源头时,时间

[①] 此在,意为在此存在,在此时空开放出来,人照亮存在。
[②] [德]马丁·海德格尔:《存在与时间》,陈嘉映、王庆节译,生活·读书·新知三联书店2012年版,第372页。

才作为存在的意义以将来、曾在、当前的形式被汇聚出来了。"'先行于自身'奠基在将来中,'已经在……之中'本来就表示曾在,'寓于……而存在'在当前化之际成为可能。"① 海德格尔把将来作为时间性的中心,此在本真的存在是向着死亡的可能性而筹划自身,因而将来是时间的源始现象,曾在以将来为视角被溯及,当前也因将来而被照亮,"我们把如此这般作为曾在着的有所当前化的将来而统一起来的现象称作时间性。"② 时间并不是从过去到现在再到未来的线性流动,而是在此在领悟到存在之际统一到时。从尼采开始就有了这样的"圆性时间观","尼采批判传统的以物质运动为定向的线性时间观,开启了一种以创造性生命经验为基准的'圆性时间'观"③。在海德格尔那里,圆性时间是曾在、当前与将来的回环,"时间是通过对'将来/未来'的'定向'和对'将来'不断地'先行'而发动起来的这样一种三维结构"④。

再说空间。海德格尔所说的空间并非数学物理学意义上的空间,而是此在的生存空间。空间之为空间,即空间性,须经由世界之为世界而得到理解。数学物理学意义上的空间和世界概念,把人与世界的空间关系理解成两个现成存在者的空间包含关系,人作为广延较小的物体被包含在世界这一广延较大的物体之内,掩盖了本真的空间性和世界性。区别于这种"在之内",海德格尔存在论意义上的空间关系则是"在之中",此在"在—世界之中—存在",是一种"依寓""居留",是"我住下""我熟悉""我照料"的关系,倘无这层生命经验上的切近关系,则世界不曾显现,空间锁闭不彰。此在的空间不是现成存在的,而是在此在的时间性展开中获取的,此在操劳于世,与周围事物打交道,操劳所及用具整体不断组建着周围世界,开拓着活动空间,因而空间是缘构性、生成性的生存空间。以此为基础,多重意义上的衍生空间,诸如心理—文化空间、物理—地理空间、社会—经济空间,才获得了存在论上的规定。

在海德格尔这里,空间是从属于时间的,这是由海德格尔理论的出发点

---

① [德]马丁·海德格尔:《存在与时间》,陈嘉映、王庆节译,生活·读书·新知三联书店2012年版,第373页。
② [德]马丁·海德格尔:《存在与时间》,陈嘉映、王庆节译,生活·读书·新知三联书店2012年版,第372页。
③ 孙周兴:《圆性时间与实性空间》,《学术界》2020年第7期。
④ 孙周兴:《圆性时间与实性空间》,《学术界》2020年第7期。

决定的。从此在出发的言说方式存在不足之处，后来海德格尔有着根本性的调整，我们这里不详细讨论，只提一点，此在虽然已经不是通常意义上认识的主体，是生存的完整的人，但仍然具有很强的主体色彩，由于此在存在论或说生存论的路径选择，此在的时间性开展成为任何一种存在之理解得以可能的视野，因而也是空间得以生成的逻辑前提，空间作为组建此在"在世界之中存在"结构的一个环节，逻辑上后于时间存在。时间和空间毕竟不同，时间更为本源，空间是时间派生的，时间、空间的统一只是在派生的意义上更紧密，并不具备真正意义上的同构性和共时性。①

我们不妨倒退回到海德格尔极力反对的常识态度，常识认为时间与心灵更切近，空间与外部世界更相似，时间与意识、意志、主观情态相关，空间与物质世界、现实环境、客观条件相关。虽然这样理解已经偏离了海德格尔对时空概念的使用，但我们本来并非专注于严谨的文本考据，而是意在使海德格尔的概念回归常识。在我们普通人看来海德格尔最根本的教诲无非是：时空一定是有人生存其中的时空。对外在物理空间的讨论我们还是交给自然科学。在激进的哲学家看来，自然科学虽从未获得自身坚实的合法性根基，但它早已凭借强力的实际效用，确立了在描述可知宇宙空间图景这一事务中不可取代的地位，扎实推进着人类知识的积累。内在空间或说心灵空间的问题，本质上是时间问题，人因开启了时间，才从众多生物中蜕变为生命的存在，进而营造出如今这个生命的空间、有情的世界。把心灵空间完全交付自然科学显然是不负责任的，因为自然科学不仅从出发点上是局限的，而且目标是可争议的，其将人物化的显著倾向是不得不察的。立足人的时间性，保持和拯救心灵的空间，这是哲学所应坚守的阵地。空间交给科学，时间交给哲学，而我们总要反思评估的问题是：科学对外在空间的拓展是否反而挤压了心灵空间，也即空间的延伸是否真正解放了时间。

至此，我们基本从时空的现象机制上阐明了时空的本质，时空具有相对性。自然科学和哲学分别从客观和主观两个维度上展开和深化了对时间、空间的探索，时间、空间既是客观的又是主观的。它们是宇宙的自在状态和客

---

① 虽然海德格尔明确反对空间从属时间这种看法，并有所辩解，可参见《存在与时间》第七十节。

观演变，不以人的意志为转移，但这种客观演变又唯有通过主观的人的方面才可被揭示被呈现，因而时间、空间具有宇宙本体和现象尺度两方面的意义。但以上这种解说方式仍然是局限的，更确切的说法应该是，时间、空间既不是主观的，也不是客观的，主观/客观这组有限性的知性范畴，固守着非此即彼的二元对立，阻碍我们通达时空的本质。时空的本质是什么，这绝不是一个简单的知识问题，它无法像追问现成存在物的本质那样能够得到一个明确的知识规定，它是与宇宙的本质、人的本质、真理的本质同构的终极问题，它在人与时空共属一体的相互生成中不断推进，永无止境。

（二）时空、生命的分离与统一

我们已经从现象机制上说明了时间、空间的生成，即时间、空间源出于此在的时间性生存，这便从结构上论证了时空与人的统一性。但这种分析还是不够的，它只是一种形式分析，还未涉及人在时空中生存状态的细节，我们一向如何生存于时空，又如何理解和参与时空的变迁，仍需进一步的分析。尤其是当人类发展成为一种数字生命时，为了确定我们在当下时空中所处的位置，我们需要对当前时空的前世今生作进一步的考察。

此外，由于前面的讨论是从此在存在论切入的，强调人对时空的主动生产关系，也即是时间开出空间的机制，而未曾着重论述空间入驻时间的机制，也即空间对于人的塑造，后者是人与时空关系的被动方面，是同样重要甚至是更重要的方面。如果只囿于前面的视角，由于此在不可回避的主体色彩，可能会以更加极端的形式强化了主体主义时空分离，不能真正说明时空的统一。因此，为了弥补主观化视角的不足，我们转而考察时空变迁的客观历史。

1. 人与时空的源始统一

我们前已阐明，时间性乃是此在生存结构整体即操心的存在论意义，是将来、曾在、当前三个维度不可分割的回环，它们分别对应"先行于自身的——已经在（世界中）的——寓于（世内照面的存在者）而存在"的生存论基本环节。时间性到时，此在的存在才显明出来。然而，时间性虽然一定到时，但未必本真地到时，它往往以一种遮蔽的方式进入流俗时间，展开自身为过去、现在、将来的线性连接，于是人的本真存在也被遮蔽了。

时间性在其曾在、将来、当前三个维度上都有其本真的和非本真的存在样式。本真的将来是领会着自身存在可能性而先行筹划自身，非本真的将来则是无宗旨地由当前操劳之事务的常规应付而期备未来的改善。本真的曾在是在现身情态（情绪）中洞悉自身已经在此、不得不在此的被抛命运并承担起被抛状态而重演自身，非本真的曾在则是怯懦逃避、刻意遗忘自身被抛状态，封闭自身的何所来，从对将来的非本真的期备而编织过去。本真的当前是能超脱眼下切近操劳之事务，把本真的将来和曾在作为视野纳入当前的"当下即是"，非本真的当前则是沉溺操劳于当前化的事务之中，不能抽身也不愿抽身，以闲言、好奇、两可掩盖本真生存可能性的沉沦状态。

我们人是被抛入时空中的，我们的眼睛初具神明，便发现自己已然在此，我们发出最初的惊奇，惊奇的不是这个世界如此存在，而是这个世界竟然存在，它竟如此被给予了我。惊奇不等于是惊喜，而是在承受一种"不得不"的事实，"我"虽在时空之中，却无法达成与时空的和谐，总把时空体验为一种外在的与我对立的力量。"被抛"从根本上公开了时空之于人的强制性、异己性、客观性，时空与其说是馈赠，不如说是难以承受之重。我们总有刻意遗忘被抛命运的倾向，我们害怕空虚，害怕闲暇，害怕直面自身处境，于是逃到烦琐俗务中，逃到无穷娱乐里，以便能不思，以便能不惧，这便是沉沦。我们总有沉沦于当前时空的惰性。

如此看来，我们经常处在非本真的生存之中：我们忧惧将来，遗忘曾在，沉沦当前，我们逃避本真的生存。既然时间性往往以这样一种非本真的被遮蔽的样式开展出来，那空间性必然也是遮蔽着存在的真理而被生产出来，我们今日的时空必定有着重大的弊病。历史在演进中遮蔽了什么呢？我们人类是否曾经本真地生存于时空中呢？我们的时空又何时误入歧途了呢？人的数字化生存是对这一进程的继续深化还是使我们回归本真时空的契机呢？这些问题都需要我们对时空变迁的历史进行考察。

2. 时空变迁中与人相分离

考察时空变迁的历史需要借助对意义载体也即信息媒介[①]的分析。时间的

[①] 这里对"媒介"作广义的理解，不去纠结"媒介"与"载体"的细微区别。按照狭义的理解，影像是媒介，电视不是媒介，电视只是影像媒介的载体。但按照我们的理解，凡是能够承载意义关联的介质，都可以叫做媒介。电视有其特定的图像组合方式，体现特定的时空配置方式，传达出特定的信息和意义，我们也将其视为媒介。

本质是存在的意义，如果没有人这种会追问意义的生命产生，时间是永远无法被开掘出来的，所以，时间始终是与人对世界的根本理解连在一起的，世界的秩序，无论是宇宙的自然秩序还是社会生活的秩序，归根到底是时间—空间延伸的问题。而人类对世界秩序的理解（作为信息、意义）总是要由某种物质载体（比如声音、图像、文字等）表达和记录，以便能够传播、交流和流传，这些物质载体就是信息媒介。人创造了信息媒介，通过媒介与他人、与他物、与世界进行互动，不断开拓自己生存的时空，媒介的每一次改进，都使不同地区的人们时间更加统一，空间更加紧密。但另一方面，像其他一切人类文明的造物一样，媒介一经产生，就不再是人所能完全掌控的东西，而是作为中介，作为一种结构主义的产物，在与人、与世界的持续互动中发展出自主性，反过头来成为某种支配人的力量，人对媒介的依赖给予了媒介宰制人的权力。媒介从客观上决定了信息传播的内容、规模和效率，也即，决定了时空关联的方式、深度和广度。

既然人类的时间理解凝结在媒介之中，那么时空变迁的客观历史便藏身于媒介变革的历史当中。每一次重大变革，都是一场时空的重新配置，是一场存在论革命。以下我们就人类发展史中检索出一些标志性的事件展开说明。

第一个标志性的事件是语言的产生。以语言划分人与动物的界限是目前被广为接受的观点之一，语言的产生决定性地推动了人猿相揖别，使得我们的祖先——远古智人，一下子具备了其他动物不能相抗的力量，从而跃居地球舞台的中央。语言为何具有如此强大的力量？首先，我们需要理解人的语言与动物的信号的差别。我们经常在比喻的意义上说动物也有自己的语言，但其实所谓动物的语言停留在信号的层面上，与人类语言遵循不同的机制。动物的信号是单义的、整体的、即时的，一种声音只能表达一种意义，也不可拆分，比如一个放哨的猴子在高处眺望，它看到狮子马上会发出一种特定的叫声，看到老鹰会发出另一种特定的叫声，它的叫声是简单直接的，出于本能。它也不可能"谎报军情"，明明没看到却释放虚假信号。人的语言结构则要复杂得多，语言可由更小的语素单位分解组合，生成无穷的意义。关键的是，语言可以言说不在场的事物（比如谈论记忆中远处的某个地点），甚至是现实中没有的事物（比如谈论神）。语言使人能够"说谎"，可以号召大家为一个虚无缥缈的目标而组织起来,一致行动,从而成为一种强大的社会动员力量。可以说,语言打开了时间,使人不再局限于当前在场的事物,而能够对未来有所筹划,对过去有所记忆。语言编织出多姿多彩的可能世界,而对可能世界的追求,则实际拓展了人类的生存空间,体现在历史上,就是智人始祖走出非洲向全球的扩张。我们可以把这个时代叫作远古语音时代。

第二个标志性的事件是图像象征符号的产生,主要是图腾、艺术和洞穴壁画。我们把这个阶段叫作前宗教的图像时代。此时,语言的影响持续深化,人类时间意识更趋强烈,开始对生死存亡的终极问题有了明确的觉知,这是宗教意识的最初开启。但最初的宗教性信仰多是泛神论或多神论的,不是像后来的基督教那样的一神教,由于各种信仰缺乏统一性,因此在严格性的意义上称其为前宗教。人类将对世界的理解、对自身处境的感知、对公共生活目标的刻画表达在图腾、壁画和艺术品等等图像符号之中,使语言中难以成形的内容具象化,以便能够凝聚内部成员和向外部传达。这些象征图像作为一种"技术语言",带有很强的神秘性和专业性,由有经验、有威望的专业人士(主要是祭祀阶级或部族中的长者)掌握。人们依靠蒙昧的直观来把握世界,每一张图像都是对个体眼中狭小世界的不准确的微观抽象,又任由另一个个体、另一个种群对信息进行开放性的解读,因而信息是晦涩的、模糊的、多译性的。这里并不存在一个中心化的编码系统,也不存在统一的解码方式。于是,这是一个时间高度私有化、空间高度异质化的世界,是个近乎魔法的多元区隔的时空。

第三个标志性的事件是文字的发明。随着生产力的发展,人类群居空间扩大,政治体系也初步确立,图像的模糊性已不能满足人类更高强度社会交往的需求,信息和意义的传输需要被明确化,于是文字应运而生。文字是语言的身体,文字的出现使得语言可以被视觉直观,更利于传播,语言的可编码性也大大增强,推动语言系统更趋复杂和完善。文字系统不再像过去图像符号那样具有很强的任意性和神秘性,而是具备相当的确定性,意义、言语、解释之间的关联被一个个具体的文字符号框死,成为由理性支撑的点位。作为一种强力的信息和意义载体,文字极大增强了人类信息和知识经验的传播效率,在时间、空间的公共化、全球化的进程中发挥了基础性的作用,为强势文明的扩张提供了动力。文字真正造就了人类的历史意识、时间意识。文字产生以前的所谓历史，通常以诗歌、史诗形式口口相传，这种语音传播不可能传到很远的距离，传播中也往往失真，而且随着人口的代际更迭，过去发生的事情很难得到可靠的记录，即使有记录也往往只是唯一版本，这样的历史并不能帮助人们积累知识。而有了文字以后，过去发生的事情被记录在文字里，通过考古还会能够得到更多历史版本，于是，过去这一时间维度也即历史真正成了一个重要的事情。历史藏在文字里，解读历史释放的是丰富多彩的可能世界，是可供借鉴的时空经验。

第四个标志性的事件是时钟、地图、时刻表的发明，它们是时间、空间被标准化、公共化的标志，这是自然科学和工业文明主导下的现代世界的特征。英国社会学家吉登斯对现代社会的时空特征作了细致的研究。"所有的前现代文化都有计算时间的方法……但是，很显然，对大多数人来说，构成日常生活基础的时间计算，总是把时间和地点联系在一起，而且通常是不精确和变化不定的。如果不参照其他的社会—空间标记，没有人能够分清楚每天的时间。'什么时候'一般总是与'什么地方'相联系，或者由有规律的自然现象来加以区别。"[①] 时钟的发明，使得时间从空间中分离出来，它体现了一种虚化时间的统一尺度，这种尺度如今早已将全世界范围内的时间标准化。地图则体现的是空间的虚化。"在前现代社会……社会生活的空间维度都是受'在场'的支配，即地域性活动支配的。现代性的降临，通过对'缺场'的各种其他要素的孕育，日益把空间从地点中分离了出来，从位置上看，远离了任何给定的面对面的互动情势。现代性的条件下，地点逐渐变得捉摸不定：即是说，场所完全被远离它们的社会影响所穿透并据其建构而成。建构场所的不单是在场发生的东西，场所的'可见形式'掩藏着那些远距关系，而正是这些关系决定着场所的性质。"[②] 至于时刻表的发明，它体现的是对时空秩序的规划，比如一张火车运行时刻表可以表明火车未来什么时间到达什么地点，它是一种对未来的许诺，乘客和货物根据这种许诺被纳入复合调整的时空隧道。

时间、空间的虚化和相互分离是现代社会的动力机制，带来生产力的不

[①] ［英］吉登斯：《现代性的后果》，田禾译，译林出版社2000年版，第15页。
[②] ［英］吉登斯：《现代性的后果》，田禾译，译林出版社2000年版，第16页。

断飞跃和经济的快速增长，但也带来一系列现代性问题，甚至是严重的生存危机，当我们普遍愿意使用"现代性"一词时，很大程度上就已经说明我们对它所带来问题的承认和反思。由于时空虚化、时空分离，时间、空间都成为独立于人直接生命体验的、可被按照外在的特定目的（可以是少数资本家的目的，可以是某些强权者的目的，也可以是某些技术、知识精英的目的，总之不会是一种普通大众的、普惠性的目的）规划和配置的东西，这种中心化的、技术主义的时空配置方式具有前所未有的强力，现代性的丰硕物质成果正建基于此。但是，这一进程也逐步把人类引向一种虚拟化、脱域化的生存。原先熟人社会里对人的信任转变为对基于理性计算的庞大社会系统的信任，"包含在现代制度中的信任模式，就其性质而言，实际上是建立在对'知识基础'的模糊不清和片面理解之上的。"[①] 没有人真正理解科学技术的可靠性，没有人真正全面地掌握现代社会运作的逻辑，但所有人又都被绑架在这一高速运作的机器上。社会信任的基础走向瓦解，人与人之间的交往更便利了，但心灵的距离却更远了，人类面临精神上无家可归的窘境，感受力的丧失、社群意识的淡化、心灵空间的收窄，都成为现代社会的突出问题，人类社会长期演化中培育出来的各种传统、人类安身立命的基础正在被连根拔起。

3. 时空与生命基于数字重建统一的可能

时空拉回到现在，我们仍延续了"现代性"的生活方式，但正在迈向"后现代"，这一"后"意味着"超越"和"转机"。[②] 带来这一转机的是人类生存的彻底、全面的数字化。如果我们延续上面的思路为当今时空寻找一种标志性的媒介的话，那无疑要找到数字。数字重塑时空、重塑人性的预期极其强烈地影响着我们此刻的行动。

数字实际上远非新事物，从媒介历史来看，数量表达无疑是一种语言，数字符号无疑也是一种文字，时钟、地图、时刻表也无疑是数学思维的产物；从思想史来看，在古希腊毕达哥拉斯就已开创数学形而上学，现代社会自然

[①] ［英］吉登斯：《现代性的后果》，田禾译，译林出版社2000年版，第24页。

[②] 我们所谓"前现代""现代""后现代"并非历史学年代学概念，而是哲学文化学的意义，它们的命名本身就突出地表达出人的历史理解的时间性三维结构。如今我们身处"现代"，但"后现代"或"超现代""未来"时间维度却提前到来，迫使人们积极思考和行动以抢占未来时空。

科学的理论基础也正是数学—物理学。我们一直处在不同形式数字逻辑的强力影响之下。但数字真正取得它的统治地位却是最近才发生的事件，只是到了 21 世纪，数字才不只作为世界的抽象本质而是作为世界本身显现出自身。数字时空的出现依托于计算机技术的飞速发展，自二十世纪末兴起信息革命以来，短短几十年，人类已经置身数字化的海洋，社会管理和社会生活已经全面数字化，数字融入每个人的基因里。人作为数字时空的结构环节，作为数字本质的揭示者，成为数字生命。在数字时代，人的存在有四种位格形式，线上呈现两种位格形式，一是 Eric Charles Steinhart 在《你的数字来生》中被作为一个程序上传到云端的你，当这个文件运行时，你便以数字形式逼真地存在着，这是线上的你的一个位格形式；另一个位格形式是不同的机构根据从社交媒体等获取的你的信息，通过特定的算法对这些信息进行加工、整合出一个你。线下的你也有两种位格形式，其一是身处数字时代的你，其二是在不久的未来，你的意识可能被"拷"给某台超级计算机，或者是某个生命有机体，这样在线下你也有两个位格。

这里我们重点讨论的数字生命是指身处数字时代的你[①]，数字作为新的媒介正重构着你的生存时空。数字技术重构了时空，以某种形式取消了传统时空给人带来的分离感（但可能也以另一种形式加剧了时空的分离），使人获得如同上帝般的力量，能够"即时""在场"。数字技术正在模糊虚拟和现实之间的界限，甚至将虚拟转化为现实的延伸，生成了与物理宇宙共存的平行宇宙，平行宇宙丰富了生命的意义，你可以在平行宇宙间随时切换，在不同的异质的时空中挪移。

我们看到，在这些翻天覆地的变化中，风险的因素和转机的因素并存。某种意义上，它们依然是吉登斯所揭示的数字—时空逻辑的延续和强化，数字作为技术手段被既有权力结构垄断而宰制人，人并没有因为技术的便利而更加自由，时空分离的问题也在功利计算思维的统治下进一步加剧，时空与人的亲密感难以建立。总结来说，上一阶段数字逻辑的问题在于：数字及其

[①] 我们重点关注的"数字生命"并非自然科学意义上通过数字技术创造出来的人工生命体，而是迁移进数字时空、生存方式高度数字化的人，它具有强烈的生命属性或属人性，以区分作为工具或类生命的人工数码生命。

构建的时空与生命相外在，引发信任危机和权力膨胀。但当人类已经普遍注意到危机并试图改变它时，就是转机的开始。近年来人们依托数字技术，努力探索人类社会新的连接方式，"区块链""去中心化"成为科技前沿乃至公共讨论的焦点，它有望颠覆传统的权力结构，把人们从数字霸权的宰制中解放出来。基因工程、物联网等大数据工程的扎实推进，使得整个世界的联系更加紧密，取代旧神连接世间万物的超级数字大脑正在生成。虚拟现实、增强现实技术也已取得重大突破，这将进一步模糊虚拟与现实之间的界限，"现实性"概念将被重新定义，这不再能够简单地视作本真时空的遮蔽，而是为重建人与时空的亲密性，重建人的归属感提供了契机。生命—时空的辩证法的合题已经初步明朗化：

正题：基于生命的原始时空统一

反题：基于无灵魂肉体的时空分离

合题：基于数字生命的时空统一

在正题阶段，人的生存受自然条件的限制，狭小的活动空间将人束缚在具体事物的周围，时间感的产生依赖于对空间内事物的观照，这是一种原始的时空统一。此时人已初具灵性，肉体的愚钝开始被打破，但由于自然条件的限制，肉体被禁锢，人的欲望（肉体代表欲望）尚未被充分释放，这是处在幼年期的天真懵懂的人类。

在反题阶段，超越肉体的限制，获得征服自然的强力是主线。这是一种以交付灵魂来换取力量的过程，肉体的欲望被充分释放，但灵魂逐渐失去安置自身的合理位置。体现在历史进程中，是科学技术登上知识的神坛，西方工业文明席卷全球和资本主义生活方式的全球化扩张。科学的机械论唯物主义中，灵魂不过是某种物理原子罢了，人作为原子服从物质的机械法则，并无神圣之处。时间、空间从人的本真生命体验中被抽离出来、被虚化、被标准化，成为异己的时空。这是人类的青年时期，向外探索，事业有成，却背土离乡，身心疲惫。

在合题阶段，主线则是要回归对灵魂的观照。前一阶段人类过分发展生存的手段，却没有同步修正自身的目的，因而数字异化成为宰制人的工具。如今，在前一阶段得到充分发展的物质基础上，万物的数字化连接已成为现实，人类可以最大限度上摆脱肉体和外在资源的限制，专注于对自身灵魂的观照。此时的灵魂已经是一种数字灵魂，数字不再作为工具，而就是目的本身。此时的时空完全与数字同构，完全出于人自身的目的，人与时空基于数字而重回统一。这将是人类的成熟期。

我们一直在主动和被动两种意义上谈论时空与数字生命的统一连接：纯粹被动的连接越紧密越是枷锁，保有主动的连接越紧密越是自由。人与时空的连接一定是随着数字技术的发展越来越紧密的，原则上我们可以拥抱任何一种技术，不必因畏惧不可控的未来而裹步不前。思想者的责任不是保守传统，抵制技术进步，而是抵制技术异化，防止人的生命属性被异化的外在时空劫持，建立人与时空本真的统一。

（三）真理、生命的分离与统一

当我们论及本真的时空与异化的时空时，已经将真理置于视野当中了，真理总像是某种至关重要、无可回避而又难以把捉的东西。且无论我们是否觉察，追求真理的行动已经被赋予了道德上的优先性和神圣性，我们寄望通过对数字生命之真理的探求来揭示和应对当代人面临的生存问题，仿佛当数字生命像上帝一样创造时空，生产一个平行宇宙时，数字生命便与真理相同一了。但是，真理能回应我们的期待吗？我们究竟是在何种意义上感受到与真理的切近统一呢？如果真理本身已被遮蔽，我们寄予厚望的数字真理又如何才能跳出传统的窠臼呢？这需要我们反思传统的真理观念并追问真理的本质。

1. 真理作为知识证明的根据

西方哲学自古把真理与存在相提并论，存在即事情本身，真理即对存在之事情本身的领会。巴门尼德首次将存在与听取着存在的领会即把握在思维中的真理"同一"起来，他说："存在与能被思维是一回事。"[①] 人作为能领会存在者、能思维者，由事情本身所引导而不得不追问真理，由此开辟了以真理为导向的西方思想道路。

能领会存在之真理虽是普遍之人性，但以真理为导向却是西方独有的思

---

① 希腊文原文参见第尔斯【Diels】辑《残篇·3》。

想道路，这是一条知识论形而上学的道路，今日之自然科学、人文科学皆循此道路走来，并且受科学世界观的影响，现代人的思想早已深刻地被知识真理所形塑，言及真理，常识观念首先想到的是科学的知识、可靠的知识、有根据的知识。

追求真理之路之所以会发展出知识论问题，与真理寻根溯源、要求证明的本性是分不开的。我们不妨从人们对真理的常识理解入手来解说这种特点，一般认为：

（1）真理是一个科学的知识体系，它由全部正确命题（判断、陈述）构成；

（2）命题的正确与否要通过证明（即推理）才能判定，唯有通过了证明，命题才有"根据"，才获得其正确性的"充足理由"，才可"理"解，才有"意义"；

（3）证明的方法则是看命题与其对象是否"符合"。

证明的最小单位是命题（判断、陈述），命题是对事实世界的描述。命题可分为判断式命题（即假说、综合判断）和形式命题（即逻辑、分析判断），相应地，证明可分为假说内证明和形式内证明。形式命题及其证明构成了关于形式的知识，逻辑学、数学是其突出代表，它们是思维的规律，具有先天的可靠性；判断式命题是人类后天经验的表达，扩展了知识的范围。将两者结合起来，即是康德所谓"先天综合判断"，既保证知识的必然有效性，又保证知识的经验可扩展性，构成了确实可靠的科学知识的整体。如若我们继续追问，形式命题（分析判断）的先天可靠性的根据为何？康德的回答是，人类作为认识主体，普遍拥有时间、空间两种先天的感性认知形式，人类会把感性认知形式加诸客体，因而所把握到的客体就其形式而言是一致的，形式命题具有普遍有效性。如若继续追问形式命题与判断式命题结合而为可靠知识的根据，也即先天综合判断何以可能的根据，康德的回答则是，先验自我的先验统觉将概念范畴必然地应用于客体，先验统觉是一切概念范畴普遍有效性的根据。康德的先验哲学可以说是认识论哲学的最高成就，康德最终把世界的统一性根据也即知识的可靠性根据托付于先验自我，为科学知识的合法性、有效性提供了极为详细的证明。我们这里不讨论这种证明是否充分，

第四章 数字生命

从其证明过程就可非常深刻地感受到真理体系寻找根据、要求证明的特点。

真理体系这种寻找根据、要求证明的特点不限于自然科学领域，也深刻融入人文科学领域。物理世界经验的可决定性、可推导性延伸到社会形态、意识形态中同样适用，只要它有"根据"，只要它能够通过理性法庭的公开审查证明。于是，人们可以用几何学导出伦理思想，用透视法表达艺术经验，用神经科学解释意识活动，用人性假说设计社会制度，用数字统计建构评价体系。现代人视若生命的自由、平等观念和民主精神亦是根源于真理文化的可证明性和可理解性，因为在证明体系下，违背社会公义的个别目的是藏不住的，每个人都必须在自己可证明的范围内决定相信什么，每个人都被要求为自己的行为的价值合理性和合法性作出证明，基于普遍的个体理性，现代民主制度就被确立了。因而真理不仅是自然科学知识的根据，也是人类社会人文知识的根据，是价值的根据。不仅知识的正确与否依赖真理标准，社会生活的善恶应否也依赖真理标准。现代文明的整体结构都建基于可证明的知识真理之上。

如果真理之路只是专属于西方的独特思想道路，那它与其他文明本无高下之辨，但凭借伴随求真过程而衍生出的知识生产性，西方人获得了改造世界的强大力量——如今人们耳熟能详的那句"知识就是力量"，按照我们上面的分析，完全可以说成"真理就是力量"。真理在寻找根据、寻求证明的要求中不断翻新知识、扩张知识、复制知识，知识又通过技术应用转化为巨大的物质生产力量，这使西方真理文化在近代以来与世界其他民族的竞争中脱颖而出，取得了世界的领导权，最终造就了今天这样一个"现代性世界"。

知识生产性原本只是真理的一个附带属性，今天却成了人们求索真理的最主要动机甚至是唯一动机。一旦人们只是关注真理的知识生产强力，真理必然被粗暴地理解为现成的知识、实用的知识，求真的精神、求真的态度反倒不重要了。这样的真理必然只能掌握在少数科学家和技术专家手中，普通人则与真理无缘，至少是更无对决定人类公义的重大事务的发言权。面对真理，我们很难判断自己面对的是一个为了解释世界的理论，还是一个为了既定的权力和财富结构提供意识形态理由的护教学。真理失去了神圣性，成为服务于特定目的的工具，真理不再占有人，人倒像是能占有真理了。

189

不再神圣的真理自然无力承担价值的根据，失去真理的庇护，人们的价值无处安放，尼采那句惊世骇俗的"上帝死了"宣告了这一危机。现代人以知识真理杀死了原本神秘的值得敬畏的上帝，却无力坐稳新的神座。在公众失败主义的信仰重建实践中，一切信仰都被消磨殆尽，包括世界的可理解性信念——真理作为对世界的正确理解，自身也走向消亡。可见，知识论真理观无力解决今日人类生存危机，反倒成为这一危机的始作俑者。真理的本质应该是什么，我们在何种意义上需要真理，仍然尚未讲明，需要我们扬弃知识论真理返回到更本源的存在论真理。

2. 真理的本质是让——自由

知识论真理观是如何错失了真理的本质呢？让我们返回到前面对真理结构的分析。知识论真理观的主要内容可以简单总结为：真理由命题构成，命题依赖证明，证成的标准是符合。问题就出在"符合"上。

符合是什么意思呢？通常符合是说一物与另一物相一致、相似、相协调，比如一枚一元硬币与另一枚一元硬币相符合。但是，真理的符合是命题与其对象相符合，而命题是一种判断、一种陈述，不是一个现成的物。我们面对的不是物与物的关系，而是陈述与物的关系，两者是完全不同性质的东西，物是由物质材料构成的，陈述算什么物质材料呢？

陈述本身不是物，而是对物的陈述，甚至严格来说也不是对物的陈述，而是对物的存在这一存在事件的陈述。物的存在是一"客观事件"，它被认识主体确立为"对象"而等待陈述去与之符合。陈述本身则是另一种存在事件，是认识主体认知、表达某物存在状态的一种"表象活动"。表象活动必对某物有所揭示（同时也有所遮蔽），它使某"物"的存在被把握为某特定"对象"（对象即与"我"对立之物）的存在，从而与"我"发生关联。因而，陈述本质上是一种对接活动，对接的是物的存在活动和"我"的认知活动。真理的符合不是两物的符合，而是两种存在事件的对接。一个"真"的陈述，意味着陈述者的陈述让某物如其自身那样显现，并且作为对象与陈述主体相互成就、相互协调。

这里仍然存在问题，我们已经暗示，陈述是否与其对象相符合，标准其实不在于对象，而在于陈述所关联到的物。物是客观的，向公共判断敞开的，对象却是主体建构的关于物的表象，具有个体差异性。主观的对象要成为公认的物本身，不仅是认识难题，也是实践难题，求真从来不是易事。但更根本的困难还在于，即便聚集全人类的认知经验，我们就能确保让物如其自身显现出来吗？实际上，康德早就非常明确的给出了否定的答案。康德说，人的认知形式非常有限，不可避免会改变和遮蔽物自身，因而物不可能如其自身那样显现出来，人能把握的只是对象。这样一来，就不会有依据于物自身的真理标准，而只能有依据于主体认知规律的真理标准。这是一个不得不重视的答案，也是令人沮丧的答案。但我们的思考并非毫无所得，我们至少明晰了真理的深邃与难得，把真理从知识权威手里解放了出来。我们也可以以一种更加开放的心态继续探问真理的本质了。

我们已经明确把物的自身显现作为真理的标准。我们之所以能对物产生各种各样的认知，前提是物首先敞开了自身。这种敞开是无条件的，物不为别的什么而敞开，当然更不是为人敞开，它只是从自身敞开自身，这就是自由存在。物之自由敞开是真理之事情本身、内容本身。这是不是说，物自由敞开意味着完全不以人的意志为转移，与人无关呢？答案是否定的，物自由显现之时必然有所显现、向…显现、显现于"此（Da）"①，对接物之显现的正是人，这里的人不是认识论意义上的主体，也不是生物学意义上的生命体，而是"此在"，作为中介"场所"而连接物之存在与"我"之存在。也就是说，物虽不"为"人敞开，但一定"向"人敞开。我们说物之自由需要人，并不是存在意义上的需要，而是在揭示意义上的需要，物之自由固是自在，但没有人之揭示，物之自由无法显示自身为自由。而人对物之自由显现的揭示正是真理，人的揭示是真理存在的必要条件但非充分条件。

物"有"自由，等于说物"存在"，无论物之自由最终能否被人揭示，它都已经被我们认定为本源的事实。那么人"有"自由吗？人之自由又是如何呢？人之自由与物之自由又有什么关系呢？显然，人"有"自由，但"我有自由"的"有"与"我有一支笔"的"有"大不相同。人有自由，说的是人向来置身于生存的多种可能性之中，人有无条件选择自身的权利，这种权

---

① 德语"Da"为方位代词，虽译为"此"，但既可指"此"，也可指"彼"，既可指"此地""彼地"，也可指"此时""彼时"。

利是无法放弃、无法转让的,我可以选择不再"有"那支笔,但不可以选择不再"有"自由。人向来被抛入自由,自由是人的命运,哪怕逃避自由,一切选择权交付他人,也不改变人有自由的事实——人活该是自由的。就此而言,与其说人有自由,不如说自由占有人。但自由的命运不应完全视为负担,它也是恩赐。唯人有自由,它才能是"此在",唯人有自由,才有真理。

真理就是"让—自由",唯人能"让"。"让"是成全、成就、泰然任之、听其自然。人让物自由、成全物之际,也达成自身自由。传统真理观认为,真理需要争取而后得,于是对物采取功利态度,从主体自我出发来拷问物,使物作为"对象"来与我建立连接,因而物与我总是处在紧张的对立关系中,物不成其为物而只是我的工具,我也被这种功利关系所拖累不得自由。我与物的对立关系扩展而为我与世界的紧张关系,则是现代人生存焦虑的根源。要克服这种危机必须返回到本源的真理,"让—自由"。"让"不是消极的放弃和冷漠,而是通过退让而争取。"让"要求我们放弃对对象性知识的执念,知其白守其黑,获得一种超越性的视野,保持物自身显现的多种可能性。"让"也要求我们积极承担起人的自由。人的自由与物的自由共属于真理,一旦人逃避自由,一定伴随着物的异化、真理的被遮蔽,人的自由是检视真理远近的指示灯。争取自由与争取真理是一回事。

3. 数字生命是真理争夺的主场

真理作为有所揭示的"让—自由",从来都是一场与自然的斗争。自然喜欢隐藏自己,但真理却要将其带到光亮之下。自然的整体如同隐秘的森林,真理是一片"林中空地"。人类在空地上修筑家园、栖居生息,又始终依托于隐秘整体的赐予与主宰。隐秘整体作为绝对的不可知的维度,确证了人类有限性的自我认知。对有限自身的焦虑是一种根本性的存在焦虑,它是人一切生存活动的动力。人类克服有限的种种努力,创造出了种种价值——人类的努力之所以有价值,最终都是在有利于拓展人类生存可能性、有利于实现人类自由的意义上有价值。所以,追根溯源我们发现,隐秘整体的存在才是无限可能性所从出的源泉,才是价值和意义的终极来源。作为阶段性真理的科学知识,只是价值的固定形态而非本源的真理。

本源的真理使我们看到,对隐秘自然的斗争与看护构成了人类生存的主题，人类的历史即是与隐秘自然斗争与和解的历史。具体的真理不可避免要落入特定历史的知识形态，但我们仍应把本源的真理保留作为视角和原则。如今，真理历史步入数字时代，真理敞开为数字的本质，敞开为数字生命在数字时空中的生存。如何理解数字的本质，如何建构新的数字逻辑以调整人与时空的关系，将是决定人类前途命运的重大课题。围绕数字生命的真理争夺可能带来巨大的机遇，也可能带来巨大的挑战，站在数字时代的门槛上，面对将要打开的潘多拉魔盒，我们须保持必要的审慎。一方面，我们应该肯定现有数字逻辑带来的社会发展和物质进步，另一方面，也须以自由标准重估其人性价值和自然生态价值。

我们并不反对科技发展和知识进步。如果说历史主义的进步观点有道理的话，那最突出的证据就是科技的发展和知识的进步了。科技、知识毫无疑问是可积累的，它们在人类社会历史的发展过程中不断增长并且发挥了至关重要的作用。科技本身就是解蔽自然的一种真理形式，且是最具生产力的真理形式，数字时代的物质基础，必然建立在数字科技所提供的巨大生产力之上。在应对人类面临的重大生存议题，诸如资源、能源匮乏，生态破坏，战争威胁等时，科技仍然发挥着不可替代的作用。科技的发展有望使人类逐渐摆脱资源、能源乃至身体条件的限制，获得更便利更幸福的生活，更充分地实现自身的价值——这听起来像是共产主义的乌托邦，但可以预见，这个议题将重新被激活。

拥抱真理，成为不朽的神，历来就是多灾多难的人类的理想，借助于神奇的数字技术，比如灵魂可视、意识上传、肉体永生，人们似乎看到了希望，尤其是在商业炒作的鼓噪下，人们的愿望趋于狂热。我们不妨设想一下未来的场景。今天我们总是会感到生活中资源的匮乏、竞争的压力，不妨设想将来某一天，我们摆脱肉体的限制，专注于精神的活动，一切精神活动都转入数字化的元宇宙里，数据可以模拟出所有我们想要的资源，使我们能够获得即时的满足。如果我们想要有些挑战性，可以自行调节生存的难度，既提升体验又保证结果可控。我们真的会快乐吗？未必，我们很快会感觉厌倦。这样的设定其实就是一个买断制的单机游戏，每个人都避免了不确定的竞争，随心所欲，即时满足，人成为自己命运的主宰，生命被去掉过程，只剩下结果。这样的生命压缩了时间，生命周期大大缩短，也抹平了不同个体生命时间的差异化状态，会很快走向同质化的精神死亡。再比如，设想将来人类真的掌握了意识上传和肉体再造的技术，当肉体衰老死亡之时，我只需先把意识数据上传保存，然后转移到自我复制的年轻肉体上，我就可以再生了。但是，如果有个别有用心的家伙照此方法复制了很多个我，我该如何证明自己是本体呢？我如何逃脱被当作复制品合法销毁的命运呢？

  无论我们设想何种未来数字世界的美好情境，都不可能预先屏蔽掉所有不利因素以确保预期的结果。大多数非专业人士的未来设想仅仅出于对现实不如意的本能逃避，最终也都流于文学的乌托邦。实际上，我们当前的技术水平远不足以支撑以上设想的实现，跨越技术屏障也远非商业炒作宣称的那样容易。产生意识和人格的人脑，要远比现有任何计算机都要复杂和精密得多，计算机的电信号难以模拟脑神经的实际运作。数字真理归根到底只是人类本就有限的认知结构更有限的表达，把生命的有机属性简化为数字，试图用数字复刻生命，只能造出哲学僵尸。况且，我们看到，即便真能突破技术上的限制，基于有限人性的当下社会伦理问题，诸如生命意义、人格同一、公平正义问题，也仍然会向新的数字世界递归。技术可以改变物体，但无法改变人性。

  在数字时代人类首次接近了神话中的巴别塔，成为数字生命是人类在成神之路上的关键一步。但我们是不是应该首先想清楚：我们真的要成为神吗？数字生命是对生命的延伸还是对生命的否定？我们是在重建人类的自由还是消灭人类的自由？这里显然存在着巨大的风险，对风险视而不见是不负责任的。

  我们应当看到，技术主义者寄望世界的数字化升级来应对人类面临的生存困境的设想，延续的仍然是征服自然的人类中心主义思维——虽然他们声称自己是彻底的唯物主义者，虽然他们认为喜欢谈论价值、意义的人才是人类中心者，但他们实际在做的工作就是把人变成神，他们才是更纯粹的神学家，只不过他们的神不是在天上，而是本地的程序师。他们把人与世界的本质表达为数字，试图通过数字来完全解密自然的不可知维度，完全重塑人的生命本质，试图用科技之光将世界、将人心完全照亮，但须知"纯粹的光明就是纯粹的黑暗"①,不留余地地拷问自然、不留余地地设限人性,必然继续加剧人与自然的对立,也将完全掏空生命价值的基础,我们仍需保留和看护自然那玄秘的、不可知的维度。数字真理把数字生命和数字时空从存在者整体的秘密中争取出来,这是人类求真的应有之义,但争取不应是一种强力的破坏,不应使它脱离存在者整体失去根基,而应是一种保护性的协助。我们要做的是,一方面,积极推动科技发展和知识进步,解密自然的数字逻辑,设计数字空间新的连接模式;另一方面,以人的自由解放为旨归,探索数字生命的数字意识,张扬数字生命的生命价值,重建数字生命与数字时空的和谐统一。真理在乎人者,受命而接物,成物而达己。

---

① [德]黑格尔:《小逻辑》,贺麟译,商务印书馆2009年版,第108页。

第五章　数字世界

在数字时代，自然存在者与数字融合为一种新的存在形式——数字世界。数字世界是人类生活的物理世界经过数字化架构的结果。人类的生存深受数字技术的影响，数字技术背后的数字逻辑支配着世界的运行，数字成为世界的本质。然而，数字世界并不是一直现实地存在，数字世界具有先验性，正是因为人类拥有了数字意识，才创造出了数字世界。

一　先验数字世界

随着信息技术的广泛使用，人类已然进入数字时代。在数字时代，数学占据举足轻重的地位，计算机科学建立在数学算法的基础之上，算法统治着一切。数学具有先验的性质，同样数字技术也具有先验的性质。因为数字技术的法则，数理逻辑、算法等都是先验的，因而，数字世界也具有先验的性质。

（一）世界的逻辑结构——世界之为世界

传统形而上学认为世界是由上帝（形而上学）创造的，世界的性质归属于上帝，上帝统治着世界。马克思首先颠覆了传统形而上学，取消了世界的二重化，将哲学研究的主题从传统形而上学拉回到现实的生活世界，以人的实践活动取代了传统哲学的抽象存在，实现了哲学革命。马克思世界历史理论的提出，破解了世界的虚假统一性的问题，开辟了全新的属人的世界统一性。随着信息技术的发展，当今世界进入数字时代，万物互联使得世界真正统一在一起，数字技术给世界带来了看得见的现实的统一性，世界在数字时代真正凝结在一起。在数字时代,数字逻辑成为社会运动的决定力量,成为支配人、支配资本、支配社会的决定力量。

在传统西方哲学中,从苏格拉底一直到黑格尔,都认为世界统一于意识,人受到精神实体的统治。在苏格拉底之前的哲学家关注自然万物的研究,所探讨的主要问题是世界的本原是什么。不同的哲学家对世界的本原有着不同的理解,泰勒斯最早回答了"世界的本原是什么",认为水是万物的本原,阿那克西曼德认为万物的本原是无定,阿那克西美尼认为气是万物的本原,自然哲学家都试图以某种具体的物质形态来说明世界万物的本原。毕达哥拉斯认为数是万物的本原,将本原理解为一种抽象的数的规定性。赫拉克利特进一步发展了毕达哥拉斯的抽象规定,认为火是万物的本原,虽然火是一种自然物质,但是赫拉克利特在此强调的是万物与火在一定分寸上的转化。赫拉克利特最早提出了"逻格斯"的概念,它是永恒不变的原则,是静止不动、没有灵魂的,决定着火的活动的分寸,并在所有事物之中保持着自身的同一。世间万物受到逻格斯的支配,由逻格斯所决定,人失去了自主性与灵活性,被逻格斯所规训。古希腊的自然哲学无法解释宇宙万物运动的原因,难以回答抽象的理论问题,由此,自然哲学家们陷入了理论困境。随着雅典民主政治的出现,经济愈加繁荣、社会更加开明、人们的思想更加活跃,哲学家们开始转而关注社会与人自身的问题。以普罗泰戈拉为代表的智者学派首先关注对人的研究。普罗泰戈拉指出,人是万物的尺度,万物因人而存在,人的感觉是怎样的,世间万物就是怎样的,将人置于世界与宇宙的中心,确立了人的本体地位。在智者学派及阿那克萨哥拉的努斯(即心灵)学说影响下,苏格拉底放弃了对自然哲学的追求。此后,人们的注意力从"天上"转向了"人间",人从自然哲学的统治中解放出来。苏格拉底所说的人实际上是一种精神自我,他主张首先对人自身进行研究,通过观察人自身心灵的途径研究自然,苏格拉底以人的心灵为世界立法,使个体理性上升为普遍理性,树立起了理性主义的大旗。康德认为人是一个理性存在者,这里所讲的理性实际就是逻格斯,就是上帝,也是一个纯粹的精神主体。康德将人类理性推上了至高无上的地位,然而理性在认识超感性对象时却遭遇了理性的二律背反。在黑格尔那里,世界是通过人的劳动所创造的,世界是人的世界,但是黑格尔所说的人实质上是绝对精神,马克思在《1844年经济学哲学手稿》中提到,"人的本质,人,在黑格尔看来是和自我意识等同的。因此,人的本质的一切异化都不过是自我意识的异化。"①黑格尔在《宗教哲学讲演录》中也提到,"一般来说,人之所以为人,是由于他是思想,是具体的思想,更确切地说,人是精神。"②因而,黑格尔的劳动只是绝对精神的外化和体现,世界是在绝对精神的自我运动中开出的,在物体背后有一个超感性的存在,世界的本质就是精神,一切都是精神的作品。在黑格尔看来,历史发展的主体是绝对精神,世间万物不过是绝对精神的外化和表现,历史的发展也不过是绝对精神自我实现的过程。

马克思从"现实的人"的生存的角度对世界进行理解,进行重新组建。在传统形而上学看来,世界是由至高无上的上帝创造的,上帝是世界的主宰,包括人在内的一切都要服从于上帝,上帝的性质规定了世界的性质。但在马克思看来,世界不是由上帝创造的,而是"现实的人"创造出来的,现实的人的性质规定了世界的性质。马克思在《德意志意识形态》中指出,"一切人类生存的第一个前提,也就是一切历史的第一个前提,这个前提是:人们为了能够'创造历史'必须能够生活。但是为了生活,首先就需要吃喝住穿以及其他一些东西。因此第一个历史活动就是生产满足这些需要的资料,即生产物质生活本身。"③人为了生存,首先就需要进行物质生产活动,通过否定性的实践对自然界进行改造,从而生产出自己所需要的物质产品。在满足需要的实践过程中,自然界的直接存在形态发生了变化,为了能够生存和生活,人们通过实践活动砍伐树木、建造房屋,将世界构建成属人的世界。在马克思看来,世界是由于人的实践活动而生成的,人通过否定性的实践活动对世界进行改造,使原来的世界变成了符合人的意志的世界,人按照自己的意志将世界改造为自己所需要的样子。由于不同的人具有不同的意志,因而在此基础之上所建构的世界也是不同的,甚至同一个人在不同时间、不同地点所

---

① 《马克思恩格斯全集》第42卷,人民出版社1979年版,第165页。
② [德]黑格尔:《宗教哲学讲演录》第1卷,燕宏远、张国良译,人民出版社2015年版,第1页。
③ 《马克思恩格斯文集》第1卷,人民出版社2009年版,第531页。

第五章　数字世界

建构的世界也有差异。马克思与传统形而上学的区别在于：一方面来讲，世界是人通过否定性的实践活动创造的；另一方面，世界与人是统一的，世界的性质就是人的性质。世界上的一切存在都因人的存在而存在，世界上的一切存在构成一个存在者整体，这个存在者整体是依据人的生存进行重新组建的，这就使得存在者整体与人的生存保持一种统一性。马克思从人的持续存在即从人的生存与发展的视角来看待人的存在，指出人是历史性的、不断发展的。马克思事实上进入了一个新的语境，即生产，以生产为平台来搭建了一个全新的世界，整个社会是一个生产之境，都被置于人的生存本质的统辖之中。在马克思看来，是工人阶级进行着生产，创造了整个世界。世界从本质上来说是由无产阶级创造的，本应统一于无产阶级，但在资本主义的世界中，无产阶级创造的世界却被资产阶级所占有，资本逻辑主导整个世界。在资本主义的世界中，人不可能真正占有他所创造的对象世界，无产阶级通过否定性的革命实践将世界重新占有，最终实现人与世界的真正统一。马克思超越了黑格尔唯心主义的世界历史观，开辟了全新的属人的世界统一性，破解了世界的虚假统一性问题。

而今，数字技术为马克思世界历史理论在当前时代的实现奠定了现实基础，为世界的现实统一性提供了可能，世界在数字时代真正凝结在一起。21世纪以来，全球数字化进程明显加速，数字技术为人们的生产生活带来了巨大改变。随着数字技术的不断进步，传统时空形式发生了改变，数字技术构建的数字空间摆脱了对时空的依赖，使得人与人、人与世界之间的距离消失，全人类的生活融合在一起。"数字化的生活将越来越不需要仰赖特定的时间和地点，现在甚至连传送'地点'都开始有了实现的可能。"[①] 数字空间是传统空间的现代化产物，是现实城市在时间和空间上的延伸。空间的数字化转向使得知识信息的获取不再局限于传统空间，个体的生存场域扩大。空间的数字化转向对传统教育造成了巨大挑战，云教育打破了传统教育信息化的边界，各种教育系统的教育资源相互展示，构筑了一个大型教育平台。各类教育机构在云教育平台中共享教育资源，知识的获取不再局限于学校教育、家庭教

[①] [美]尼古拉·尼葛洛庞帝：《数字化生存》，胡泳、范海燕译，海南出版社1997年版，第194页。

199

育和社会教育，知识的存储不再局限于书籍与人脑，每个人随时随地都能够进行学习，人们在数字空间中能够获取各种知识信息，并利用数字技术对所需知识进行智能提取。进入数字时代，生产活动也发生了翻天覆地的变化。劳动、土地、资本、信息通过数字技术在空间中进行合理调整，以求获取生产的最优方案，提高生产效率。在数字空间中，管理者可以借助数字平台对世界范围内的生产要素进行调整，生产关系逐渐数字化，社会的生产、分配、交换、消费关系呈现出新的样态。数字空间打破了传统空间中心城市的地位，生产劳动超越了时空的界限，人们可以居家远程办公。在日常生活中，人们借助数字平台进入数字空间，数字公民在数字空间中强化了与他人及世界的交流与联系，使个人更加深入地融入世界，"世界和事件的到来通过电脑的一次按键和智能手机的一次点击，就会在一种光速电子瞬间实现在场"[①]。数字公民随着世界的变化而变化，世界也因他们的变化而变化。脸书、推特、微博等社交媒体为社会信息的传播提供了便捷方式，人们通过数字平台对社会热点问题进行关注，继而社会问题也因为人们的关注而成为热点。通过数字技术，个人与世界的关系更加紧密，世界真正在数字时代凝结在一起。

（二）现实世界与可能世界

根据莱布尼茨的理论，我们可以认为，存在着无限多的可能世界，无限多的可能世界对应着无限丰富的数字世界，正因为有多维世界的可能，才有了数字世界。数字世界是先验的，有无限多的先验数字世界，不一定局限于与当下的社会存在相统一。通过数字技术，我们可以将没有现实化的先验数字世界呈现出来，让无限多的可能世界变为一个可视化的世界。这就将莱布尼茨的可能世界理论变为了现实，在莱布尼茨那里仅是幻想的可能世界，在数字时代可以将其用数字技术呈现出来。例如，对历史进行重新假设，选择一条与以往不同的解决道路，事情的发展又会是另一种不同的结局。

在莱布尼茨看来，实体作为世界万物的本质，必须是单一的不可分的，并且在自身之内保持着能动性的原则，莱布尼茨将这样的实体称之为单子，

[①] 张一兵：《文本的深度耕犁（第3卷）——当代西方激进哲学的文本解读》，中国人民大学出版社2019年版，第183页。

现实世界是无限多单子的集合。莱布尼茨认为，人类理性的运用有两大逻辑原则，即矛盾原则和充足理由原则。根据矛盾原则，可以达到普遍必然性的真理，凭借充足理由原则，我们可以断定一个真实的事物必定有一个为什么这样而不那样的充足理由。充足理由存在于事物的偶然联系中，是通过经验认识的，不是必然的，所以事物的真实性是偶然的。事物的充足理由不能从现实世界中去寻找，因为现实世界中事物的存在有其充足理由，这个理由又有其自身的理由。宇宙中有无限多的事物，事物的理由便可无限追溯，以至无穷。因此，充足理由应当存在于这个偶然事物的系列之外，所以事物的最终理由应当存在于一个必然实体里面，这个必然实体就是上帝。上帝是整个世界的充足理由，对于上帝来说，一切事物的存在都是必然的，"只要有上帝那样能看透一切的眼光，就能在最微末的实体中看出宇宙间事物的整个序列"[①]。由无限多单子构成的现实世界在相互独立的情况下能够协调一致，其充足理由就是上帝。上帝最初在创造每个单子的时候就已经预见到了它们的全部发展情况，并使它们相互协调一致。既然现实世界是无限多单子的合集，构成世界的单子的充足理由的根据是上帝，那么现实世界的充足理由也是上帝，上帝从无限多可能世界中选择了一个最好的世界作为现实世界。

莱布尼茨继承和发展了亚里士多德关于可能性的思想。亚里士多德在他的形式质料说中提出了可能性与现实性这对范畴，可能性是潜在的，还没有实现出来，具有成为现实性的潜力，现实性是已经实现的事物。莱布尼茨受到亚里士多德思想的影响，提出了可能世界的理论。莱布尼茨认为，在上帝的观念中，存在着无限多的可能世界，诸多可能世界之间是不同的，不同可能世界中的个体也不完全相同。可能世界与现实世界可能有着不同的时间与空间，甚至有着不同的运动规律。上帝的意志是不受限制的，一切事物在上帝看来都是有可能的，上帝可以创造无数多个不同的世界，但是这些世界不可能同时存在。上帝的慈善倾向使其在无限多的可能世界中挑选出一个最好的世界，并使之现实化，变为现实世界。

现实世界是无限多可能世界中最好的世界，但这个最好的世界中为什么

---

① [德] 莱布尼茨：《人类理智新论》（上册），陈修斋译，商务印书馆2006年版，第10页。

还存在着恶，莱布尼茨对此作出了回答。构成现实世界的单子由上帝创造，"由此可见，创造物有它们由于受上帝影响而得来的完满性，但是它们也有由于它们自己的本性而来的不完满性，所以不能没有限制，因此创造物与上帝的区别就在这一点上。"① 上帝在无限多可能世界中挑选最好的世界，但这个最好的世界并不是十全十美的，只是相比其他可能世界，现实世界是最好的。在莱布尼茨看来，无限多可能世界中的最好世界并不意味着其中没有恶的存在，而是在这个最好世界中，善超过恶的程度比其他可能世界的程度更高。莱布尼茨对现实世界中存在的恶进行了解释。在《神义论》中，莱布尼茨指出，"上帝有着更加充分的、对他更有价值的理由容忍恶。这不仅因为他从中引出更大的善，而且他认为恶与一切可能的善中之最大的善是联系在一起的，所以，假若他不容许恶，便是一个错误。"② 恶是为了善而存在，在现实世界中，如果没有恶的存在，也就不会有善，但善的程度远远大于恶。世界万物作为上帝创造的结果必然具有有限性，存在形而上学的恶。上帝在创造世界的过程中，出于慈善的倾向，拒绝所有的恶，在一切可能世界中选择最善的世界。莱布尼茨对现实世界中存在的恶进行解释的过程中潜藏着对自由的论证。自由并不是无所限制，而是由自身的理智所决定，上帝的自由就在于通过智慧的认识选择了最好的世界，人类的自由则只受自身意志的影响而不受外界事物的影响。有了善和恶，才有了自由意志选择的余地，人的自由才是可能的。

  莱布尼茨指出，世界应当有多种样态，我们的现实世界是其中最好的样态。在数字时代，数字技术将莱布尼茨的可能世界理论变为了现实，人们可以凭借数字技术将世界的多种可能性呈现出来，让可能世界变为一个可视化的世界，通过对各种可能世界的数字化展示，人们可以从中选择出解决事情的最优方案，从而提高效率。2020年突如其来的新冠病毒疫情是新中国成立以来的重大突发公共卫生事件，对中国乃至全球人民的生存和发展都产生了重大影响，扰乱了正常生活秩序。中国为抗击疫情付出了艰辛努力，并且在

---

  ① 北京大学哲学系外国哲学史教研室编译：《西方哲学原著选读》（上卷），商务印书馆1981年版，第541页。

  ② ［德］莱布尼茨：《神义论》，朱雁冰译，生活·读书·新知三联书店2007年版，第204页。

疫情防控工作中取得了阶段性的胜利。在疫情期间，全球对于数字技术的依赖不断加深，通过发掘人工智能的潜力来应对疫情危机。在疫情防控物资的调度中，通过数字信息系统构建物资分布模型，选择出物资运输的最佳方案，保证疫情防控物资的及时送达。人工智能还可用于评判某个地区疫情风险的等级。例如，位于美国的 Metababota 公司利用数字技术预判新型冠状病毒传播可能带来的危害，将美国和中国的风险等级评为高风险。数字技术不仅仅在疫情防控中具有重要作用，而且渗透在社会生活的各个方面。如今，虚拟现实技术不断成熟，能够在计算机上生成虚拟环境，使得用户沉浸在虚拟环境之中。虚拟现实技术基于现实生活中的数据，通过数字技术，使人们在虚拟环境中得到最真实的感受以致分不清究竟是现实状态还是游戏状态。随着信息技术和智能技术的发展，战争的形式也迎来了变革。在军事对抗中，人工智能能够预测战争的形势，通过算法计算对方的行动轨迹，对战争的发展方向进行相对准确的预测和预判。2022 年 2 月，俄罗斯与乌克兰爆发战争，有媒体分析认为，这场战争是人类历史上第一次 AI 战争。美国通过 AI 系统对俄罗斯进行监控，利用大数据系统分析战争形势，并分析俄罗斯军队可能会有怎样的行动，乌克兰通过 AI 数字系统分析战争的各种可能情况，从而从中制定最佳应对方案，部署下一步的行动。

（三）数字世界的先验性

数学在西方哲学中一直具有极为重要的地位，西方近代以来的唯理论哲学家普遍认为相比其他的自然科学，数字知识具有更高的确定性。数学知识的确定性观念源于古希腊时期的毕达哥拉斯学派，在近代哲学时期达到顶峰。近代唯理论哲学家认为数学知识之所以具有确定性，是因为它不是来自于感官或想象，即与后天的感觉经验毫无关联，而是存在于理智之中，仅由理性自身的逻辑推理而得出。

笛卡尔是近代唯理论思想的开创者。在笛卡尔看来，现有的一切知识都具有不确定性，因为它们建立在不可靠的基础之上，为了建立起坚固的知识大厦，就必须找到一个坚实可靠的基础。而重建知识基础的关键就在于找到科学的方法。笛卡尔认为，"在所有的知识中，数学的推理正确而明显，是最接近真理的。"① 依据笛卡尔的清楚明白的标准——凡是我们极清楚、极明白地想到的东西都是真的或者说一切像"自我"那样自明的观念都是真观念，数学是清楚明白、无可置疑的观念，具有确定性，因而数学最有资格被称为真正的科学。数学的方法可以用作求得真理的方法，一切知识都可以用数学的形式表现出来。当数学确定了初始原理即不证自明的公理之后，就可以遵循严格的推理规则，从不证自明的公理一步一步推演出其他所有的原理，从而形成整个知识体系。在推演整个知识体系的过程中，如果初始原理和推理规则是清楚明白、无可置疑的，那么推演出的整个知识体系必定是真实可靠的。笛卡尔指出，这些初始原理和推理规则建立在天赋观念的基础之上，本身就是清楚明白、无可置疑的真理，因而，以数学的方法构建的知识大厦是坚实可靠的。

笛卡尔提出建立一种"普遍数学"的构想，运用数学的方法将所有科学统一起来。与亚里士多德将逻辑作为方法一样，笛卡尔将数学作为一种方法，笛卡尔强调了普遍数学这一方法的重要性，"方法，对于探求事物真理是绝对必要的"②。笛卡尔将数学推广到其他科学领域，一切知识形式都可以用数学形式展现出来，"数学/不仅是关于数的科学，而且是一门无所不包的科学，它包括了一切有次序和度量的东西，包括数目、图形、星体、声音等等。"③数学不仅包括几何和算术，而且包括天文学、光学、力学等学科。各种事物之间通过秩序与度量相互连接，各门科学的共同特征在于研究秩序和度量，普遍数学以秩序和度量作为研究对象，秩序和度量是把握世界的一种标准，各门科学通过数学形成一个统一的整体。秩序和度量是存在于事物之中的本质。普遍数学的方法即理性演绎的方法，理性演绎法包括直观和演绎两个部分，通过对事物的理智直观得到基本原理，并从这些基本原理出发进行推理，从而实现对事物本质的认识。笛卡尔将这些基本原理称为天赋观念，是先天存在于我们的头脑之中的。

---

① 张家龙：《数理逻辑发展史——从莱布尼茨到哥德尔》，社会科学文献出版社1993年版，第37页。
② [法]笛卡尔：《探求真理的指导原则》，管震湖译，商务印书馆1991年版，第13页。
③ 张家龙：《数理逻辑发展史——从莱布尼茨到哥德尔》，社会科学文献出版社1993年版，第37页。

数对于莱布尼茨而言具有本体论的意义，在莱布尼茨看来，数与自然界的实体相对应，万事万物及其之间的关系都可以用数来解释，在数学中隐藏了万物最深奥的秘密。莱布尼茨试图以数学符号来阐释万事万物以及它们之间的关系，设想建立一个普遍的符号语言即通用语言。莱布尼茨指出，自然语言存在着诸多缺陷，"自然语言的不完善包含两点，一是自然语言充满歧义性，二是自然语言的语法结构与所要表达的思想的结构并不一致。"① 与自然语言不同，以符号所构成的通用语言更便于人们相互之间的理解，语言的统一可以促进人们之间的交流以及对知识的获取。17 世纪初，自然科学蓬勃发展，然而，各门具体科学都有其独特的语言表达形式，而语言的统一使得各个学科之间的交流不断加强。莱布尼茨设想用数取代基本概念，用数学计算中的加减乘除取代逻辑演算规则，通用语言中的复合概念便可通过数学计算方法对数字进行不同方式的组合排列而形成。例如 "人是理智动物"，数字 "3" 代表动物，数字 "5" 代表理智，那么人则用 "15 = 3·5" 来表示。莱布尼茨强调了通用语言的普遍性，将数学原理推广至数学范围外的人类知识的全部领域。在《通向一种普遍字符》中，莱布尼茨指出，"没有东西不被包摄在数量之中"②，数学具有无所不包的统摄性。既然一切人类知识都包含在数学之中，那么一切人类知识就获得了普遍的有效性。

在康德生活的时代，形而上学岌岌可危，近代经验论与唯理论不仅未能为形而上学的发展提供理论根基，而且使得知识的必然性与普遍性受到怀疑，形而上学遭遇了认识论上的危机。为重建形而上学，康德写作了《纯粹理性批判》，他认为，包括形而上学在内的一切科学知识都是先天综合判断，继而对形而上学的重建便与先天综合判断何以可能的问题连接在一起。康德在探讨先天综合判断如何可能的问题时对纯粹数学如何可能作出了解答。他以数学为例说明了先天综合知识的可能性。康德提出，"轻而易举地就可以表明，在人类的知识中确实有诸如此类必然的，在严格意义上普遍的，从而纯粹的

---

① ［德］莱布尼茨：《莱布尼茨自然哲学著作选》，祖庆年译，中国社会科学出版社 1985 年版，第 7 页。

② ［德］莱布尼茨：《通向一种普遍字符》，载《莱布尼茨自然哲学著作选》，祖庆年译，中国社会科学出版社 1985 年版，第 7 页。

先天判断。如果想从科学中举出一个实例，那么，人们只需要看一看数学的所有命题。"① 数学命题是一个先天综合命题，数学的实在性在康德那里得到了充分的验证。在第四章中已经论述了数学命题何以是先天综合命题，在此就不重复阐述。

数学被人类发现已达五千年之久，但直到今天人类才进入数字时代。数学是先验的，同样数字技术也具有先验的性质，随着信息技术的发展，计算机技术被广泛运用到各个行业，为人们的生活提供了极大的便利。在数字时代，数学居于举足轻重的位置。2019年，在由联合国教科文组织和中国工程院联合主办的联合国教科文组织国际工程科技知识中心国际高端研讨会中，中国科学院院士徐宗本教授指出，"人工智能的基石是数学，没有数学基础科学的支持，人工智能很难行稳致远。"人工智能、大数据等各类系统基于计算机科学得以发展，计算机科学就是建立在数学的基础之上，程序员通过算法对数字规律进行分析，从而对计算机编程进行优化，提高计算机程序的运行效率。在计算机程序运行过程中，算法占据主导地位，计算机科学离不开数字的运算法则。以人工智能为例，人工智能技术离不开数学算法的应用，人工智能技术是当今世界发展最为迅速的技术之一，适用于多个领域，举例来说，在医疗领域，人工智能技术与医学影像相结合，通过数学算法与数据库中的医学影像进行比较，可以更快更准确地为患者诊断疾病。除此之外，人工智能技术也应用于金融业、农业等领域，为人们的日常生活提供便利。

算法是数字世界的统治者，人们要进入数字世界之中，就要接受数字逻辑的规训，服从数字的运算法则。在数字时代，一切操作系统、应用软件甚至一切事物都服从数字世界的逻辑结构，数学原理、算法、数理逻辑统治着一切。数字逻辑、算法等都是先验的，不掺杂任何感性的东西，与后天的感觉经验无关，因而，数字世界具有先验性。

二 感性数字世界

数字世界的建立不是来自于日常经验，正如人类只有在思想上发现数学

---

① 李秋零主编：《康德著作全集》第3卷，中国人民大学出版社2004年版，第28页。

才能在现实中应用数学，人类也只有首先发现数字理论，具有数字意识，才能在现实中创造数字世界。数字世界是先验的，正因为人的主体作用才把先验的数字世界变成一个现实的、感性的数字世界。

（一）数字意识

外在的数字世界实际上是内在的数字化的认知结构，即人的心灵，也就是数字意识的外化。数字世界被把握为一个数字化的整体结构，这个结构正是人的心灵，数字意识则是数字化的心灵结构。早在古希腊时期，苏格拉底就已经提出外在世界实际上就是人内在的心灵结构的显像。

苏格拉底提出"认识你自己"，"认识你自己"是德尔菲神庙上的格言，苏格拉底将其作为自己的哲学宣言。前苏格拉底哲学为自然哲学，试图在自然中寻求万物的本原，然而，在自然万物中找不出真正的本原，于是苏格拉底从"自我"出发寻求真理，认为万物的根据和本原不在于自然，而在于自我。苏格拉底指出，用眼睛或者是其他的感觉器官来观察把握事物，只会使得灵魂的眼睛变瞎，因此，必须求助于灵魂内的原则，用理性去思考对象，把握真理。"他说：'在任何情况下，我首先确定一个我认为是最健全的原则，然后设定：凡是看起来符合这个原则的东西，不管是在原因方面，还是在其他方面相符合，都是真的；凡是与之不相符合的东西，就不是真的。'"[①] 苏格拉底认为，在人的心灵内部已经包含着一些与世界的本原相符合的原则，主张先通过观察人的心灵寻找这些内在原则，然后再依照这些内在原则规定外部世界，通过反求诸己来认识世界的规定性，这个规定性实际上是人自身所具有的规定性。人的智力能够提供这种规定性，并且允诺这种规定性的出现。苏格拉底以人的心灵为世界立法，使人从自然的统治中解放出来，由自然对人的统治变为了人是一切外部世界的统治者。在此基础上，苏格拉底提出了"德性即知识"的思想，对于苏格拉底而言，"认识你自己"就是认识心灵的内在原则，亦即认识德性。德性是人的本性，知识即世界的秩序，苏格拉底将德性与知识等同起来，使得世界的秩序与人内在的本性相符合，得出了德性即知识的结论。苏格拉底助产术的思想与"认识你自己"是一致的。

---

① 赵敦华：《西方哲学简史》，北京大学出版社2001年版，第34—35页。

苏格拉底的助产术思想受其母亲的职业——助产婆影响而得到启发。不过他的助产士思想的对象不是肉体而是灵魂。诱导是助产的实质，他通过比喻、启发等方式，帮助对方说出潜藏在头脑中的思想，进而考察这些思想的真伪。苏格拉底通过对话的方式将人们心中已有的观念引导出来，他认为，人的知识不是通过外部灌输而产生的，而是人们自身具有的。人的心灵规定世间万物，他指出，"很明显，他们从来没有在我这儿学到什么，而是自己从自己那里发现并且生出了很多可贵的东西。"[1]

苏格拉底以人的心灵为世界立法，主张从人的心灵中寻找规定外部世界的内在原则，但他并没有指出心灵的内在原则与心灵之外的存在相对应。此外，苏格拉底将世界的秩序归结于人的心灵，然而，个体之间千差万别，其内在结构并不具有普遍性意义。柏拉图为了避免个体心灵的多样性，提出了超越个体心灵的"理念"，在可感事物之外设立了一个普遍的、可知的理念领域。理念即灵魂所见的东西，是人的理智所认识的。可感事物是个别的、相对的和偶然的，始终处在流动变化之中，而理念则是普遍的、绝对的和必然的，是永恒不变的存在。柏拉图主张可感事物与理念相分离，将理念作为可感事物存在的根据，万物因分有理念而存在，"理念是事物的摹本，事物的发展和趋向是无限接近于理念，但是不能达到完善的理念，事物和理念是一般和个别的关系，是具体和普遍意义上的关系。"[2] 理念不是单纯的抽象概念，而是超越于个别事物之外的实在本体，是独立于人的头脑的客观精神。世界上存在的一切事物都有自己的理念，这些理念构成了一个等级分明的理念世界。由此，世界一分为二，一个是由各种具体事物构成的可感世界，一个是由各种理念构成的理念世界，"一方面我们说有多个的东西存在，并且说这些东西是美的，是善的等等……另一方面，我们又说有一个美本身，善本身等等，相应于每一组这些多个的东西，我们都假定一个单一的理念，假定它是一个统一体而称它为真正的实在。"[3] 可感世界中的事物是流变不居的，只有

---

[1] ［古希腊］柏拉图：《泰阿泰德》，詹文杰译注，商务印书馆2015年版，第21页。
[2] 苗力田主编：《古希腊哲学》，商务印书馆1994年版，第345页。
[3] 北京大学哲学系外国哲学史教研室编译：《古希腊罗马哲学》，商务印书馆1961年版，第178—179页。

理念是实在的,理念世界是可感世界存在之原因。可感事物通过"分有"或"摹仿"理念而存在,理念是一切可感事物的原型,具体事物是理念的不完善、不真实的摹本或影子,个别事物之所以存在,是因为分有或摹仿了同名的理念的结果。柏拉图认为,可感世界中的事物是不断变化的,对可感事物的认识不能形成真理,而只能形成意见,可感世界分为事物和事物的影像(如事物在水中的映像、事物的影子等等),对它们的认识分别为信念和想象;对理念的认识才是真理,要靠理智或理性才能获得。柏拉图指出,"人的理念决不引用任何感性事物,而只引用理念,从一个理念到另一个理念,并且归结到理念。"① 柏拉图超越了一切感性,通过逻格斯建构了一个超感性的精神王国。

  康德是西方哲学史上一位伟大的哲学家,他为了寻求知识的确定性,综合了经验论和唯理论,提出了先天综合判断,创造性地进行了一场"哥白尼式的革命"。康德认为,"到现在为止,大家都是认定我们的知识必须依照对象,在这个前提之下进行了多次试验,想通过概念建立某种关于对象的先天判断,从而扩大我们的知识,可是这些试验统统失败了。那么,我们不妨换一个前提试一试,看看是不是把形而上学的问题解决得好一些。这就是假定对象必须依照我们的知识。"② 康德颠覆了认识必须符合对象的观点,他认为,不是观念去与对象相符合,而是对象先与我们的观念相符合。康德将这种思维方式的转变与哥白尼在天文学中提出的新观点进行类比,将传统认识论的颠倒看作认识论的一场"哥白尼式的革命",提出了"人为自然立法",使人从自然中解放出来,强调了人的主体性地位。在《未来形而上学导论》中,康德指出,"自然界的最高立法必须是在我们心中,即在我们的理智中。"③我们不是通过感觉经验从自然界中寻求自然界的普遍法则,而是在我们的理智中寻求自然界的法则。在康德看来,知识必须建立在经验的基础之上,但是另一方面,认识主体本身具有一套先天认识形式,这一先天认识形式在经

---

  ① 北京大学哲学系外国哲学史教研室编译:《古希腊罗马哲学》,商务印书馆1961年版,第201页。
  ② 北京大学哲学系外国哲学史教研室编译:《西方哲学原著选读》(下卷),商务印书馆1982年版,第243页。
  ③ 北京大学哲学系外国哲学史教研室编译:《西方哲学原著选读》(下卷),商务印书馆1982年版,第286页。

验之先并且作为经验的条件存在人的头脑中，经验为知识提供材料，认识主体为知识提供形式，因而知识便具有了普遍必然性。认识对象的客观性是由认识主体建立起来的客观性，因此，不是认识对象对我们立法，而是人为自然立法。在实践领域，康德则指出"人为自己立法"，人是一个理性存在者，是自己决定自己的。康德认为，人不仅仅属于经验世界，同时还属于理智世界，在理智世界中，人脱离了自然的因果必然性的链条，只服从于自己的理性的规定，理性规定着人的本性，理性的规定在康德那里叫作物本身。这个物本身仅仅是一个自己决定自己的一个东西，它是理性的规定，不被经验的因素所决定。在康德看来，人是一个理性存在者，理性自身就有一个规定，理性自身的这个规定就是规定世界上存在的每一个个体，这样每一个人都是一个理性存在者，都是一个理性的规定。康德提出了理性规定着人的本性，人只服从于自己的内在法度。通过"人为自然立法"与"人为自己立法"，康德首先发现并认识到了人的"自我意识"。

　　在《精神现象学》中，黑格尔论述了以自我意识为核心的艺术发展观。在艺术宗教之前，以人工的产品作为崇拜的对象，精神显现为工匠，工匠的自我意识并不参与到产品创作之中，这种创作是一种本能式的劳动，就如同蜜蜂修筑蜂巢一样，工匠创造的作品本身也没有得到精神的充实。黑格尔在分析金字塔和方尖碑时指出，金字塔的水晶体和希腊的方尖碑柱，笔直的线条和平坦的表面之间，还有比例均匀的各个部分之间的简单联结，都是这个遵循严格形式的工匠所从事的工作。[1] 金字塔与方尖碑中没有意识的参与，在这一时期，先有了金字塔与方尖碑，才有了金字塔与方尖碑之美。之后的艺术创作是艺术家自我意识的实现，只有大脑中拥有对艺术、对美的理解，才能创造出真正的艺术品。"在这之后，精神超越了艺术，以便获得一种更高级的呈现。也就是说，精神不再仅仅是一个诞生于自主体的实体，而是呈现为这个自主体的对象，精神不再仅仅从它的概念那里分娩出自己，而是把它的概念本身当作一个形态，使得概念和创作出来的艺术品都认识到彼此是同一个东西。"[2] 工匠创造出自己的作品，但是工匠并没有把握住他自己的思想，

---

[1] ［德］黑格尔：《精神现象学》，先刚译，人民出版社2013年版，第429页。
[2] ［德］黑格尔：《精神现象学》，先刚译，人民出版社2013年版，第433页。

只是本能式的劳动，所以，自我与实体是分离的。在这之后，艺术家把自己的意识体现在作品中，艺术家首先在头脑中有了一个概念，然后才按照这一概念创造出艺术作品，"一切艺术品都具有一个共同点，即它们都是产生自意识，并通过人的双手而被创造出来的。"① 当今世界，数字技术的产生与黑格尔的艺术有所相似，正是因为人的头脑中产生了数字技术理论，才能够在现实世界中创造出数字技术。也正是因为人的头脑中有了数字意识，才能够创造出数字世界。

新教伦理将社会引入到了数字化的新时代。新教伦理体现了资本主义的理性精神，资本主义建立在数字化的基础之上，数字化是资本主义的核心原则之一。马克斯·韦伯认为，资本主义就是一种可用数字管理的社会和秩序，它将包括法律制度、企业制度等在内的一切都转换为可计算的。计算甚至是十进制早已有之，然而，只有在资本主义社会，十进制才被更好地使用，发展成为资产阶级的簿记制度。马克斯·韦伯看到，伴随着西方的宗教改革，新教伦理在西方社会得到了普遍认可。新教伦理要求人们过理性的生活，摆脱非理性的欲求。资产阶级的簿记制度彰显着理性的原则，通过计算功德使得个人更加追求理性的生活方式。簿记是"收录罪恶、诱惑和蒙恩进展的虔诚的记账簿"②，通过对罪恶、功德的记录，基督徒找到了自己奋斗的方向，就如本杰明·富兰克林，他的记账簿以图表统计的方式记述了他在各种美德方面的自我提高。16世纪的宗教改革确立了新的宗教伦理，在进行宗教改革的过程中，路德逐渐形成了他的天职观，天职就是上帝赋予人们的义务，在资本主义社会，资本主义工商业活动就是被上帝认可的生活方式，是上帝赋予的天职。继路德之后，加尔文提出了先定论。加尔文认为，无论是成功与失败，还是贫穷与富裕，都是上帝在创造人类之前就预先决定的，人的意志不能改变上帝的决定，甚至也不能知道上帝的选择。上帝早已决定了每个人的命运，把人分为"选民"和"弃民"，"选民"死后进入天堂，"弃民"死后则进入地狱，这是秘而不宣的，不受人的善恶功罪的影响。在加尔文的先

---

① [德] 黑格尔：《精神现象学》，先刚译，人民出版社2013年版，第436页。
② [德] 马克斯·韦伯：《新教伦理与资本主义精神》，马奇炎、陈婧译，北京大学出版社2012年版，第12页。

定论中，虽然人的意志无法改变上帝的决定，但是人们也不应该放弃努力，消极堕落，而是应当坚信自己是上帝的选民，通过自己在现世的努力奋斗取得事业上的成功，从而证明自己是上帝的选民，一个人取得的成功是上帝对其进行拯救的证明。天职观与先定论将上帝的恩典与俗世的工商业活动联系起来，在工商业活动中取得的财富是教徒获得救赎的唯一途径，因而，教徒必须过一种理性的生活。通过簿记制度对财富进行合理的计算，推动着教徒理性生活的展开。簿记制度及其营利性观念逐步扩展到资本主义社会的各个领域，推动了现代资本主义的发展。资本家为获得更多的财富，通过严格的计算将经济行为理性化，远见和谨慎引领他们走向经济成功。簿记制度真正打通了数学统计与个体的功德、道德情操、宗教信念的关系，使得个体的功德、道德情操和宗教信念都成为可以用数学准确描述的事实，资产阶级的"簿记"制度开启了人的数字化思维。

数字化的世界根源于人的数字化的认知结构——数字意识。进入数字时代后，不仅资产阶级而且整个人类都拥有了数字意识，正是人类的数字意识的诞生和发展才开启了数字文明。数字文明并不是专指社会存在的数字化，而且也指社会事件的数字化，尤其是人的数字意识。外在的数字世界实际上是内在的数字化的认知结构，当我们对外在的实体性对象进行功利性判断时，其实质是我们内在的一种功利性经验的驱使。如今进入数字时代后，对世界的把握转变为按照数字化的认知结构对对象进行数字化的把握，一切都被数字化了，包括人的欲望、恐惧也被数字化，变成了可视化的内容。

（二）感性的人的数字世界

数字世界是人根据头脑中的数字意识创建的。在数字世界的形成过程中，人民群众（即数字公民）既是数字文明的"剧中人"又是"剧作者"，是数字世界实际的开创者、践行者，是数字文明社会的主体，在数字世界的生成中发挥着重要作用。数字公民就是现实中的公民在数字世界中的"副本"。正因为人的头脑中有了数字意识，才创造出了数字世界。生活在数字世界中，人的头脑被数字化，人必须接受数字形而上学的规训。但另一方面，人同时还是数字经济的主体，是数字世界的主体，并不是因为有了数字世界才诞生了数字大脑，而是因为有了数字大脑才创造出数字世界来。人类根据头脑中的数字意识,通过现实的实践活动将先验数字世界变为现实。

黑格尔创造性地提出了世界历史理论,在黑格尔看来,在物体背后有一个超感性的存在,一切都是精神的作品,世界的本质就是精神。黑格尔虽然认为世界是人创造的,但是他所说的人实质上是绝对精神,世界是在绝对精神的自我运动中开出的。黑格尔认为,世界是人的世界,人的精神体现为世界精神,世界的形成不过是精神自我显现的过程,在黑格尔看来,"自然界是自我异化的精神"①。黑格尔以辩证法将人与世界相统一,开启了全新的哲学视界。然而,黑格尔的辩证法是理性的狡计,是唯心主义性质的。马克思指出,"理性一旦把自己设定为正题,这个正题、这个与自己相对立的思想就会分为两个互相矛盾的思想,即肯定和否定,'是'和'否'。这两个包含在反题中的对抗因素的斗争,形成辩证运动。'是'转化为'否','否'转化为'是'。'是'同时成为'是'和'否';'否'同时成为'否'和'是',对立面互相均衡,互相中和,互相抵消。这两个彼此矛盾的思想的融合,就形成一个新的思想,即它们的合题。这个新的思想又分为两个彼此矛盾的思想,而这两个思想又融合成新的合题。从这种生育过程中产生出思想群。同简单的范畴一样,思想群也遵循这个辩证运动,它也有一个矛盾的群作为反题。从这两个思想群中产生出新的思想群,即它们的合题。"②马克思指出了黑格尔辩证法的唯心主义本质,黑格尔的世界历史只是绝对精神的自我运动,忽视了人类实践活动的重要作用。"由于认识不到人的决定性作用,旧唯物主义没有形成真正的世界统一性,他们最多只是将世界视为一台组合在一起的机器,依靠神秘的第一推动力来维持这台机器的运转。"③

黑格尔所说的人是绝对精神的外化和体现,人就是绝对精神,是自我意识。在《1844年经济学哲学手稿》中,马克思指出,"人的本质,人,在黑格尔看来是和自我意识等同的。因此人的本质的一切异化都不过是自我意识

---

① [德]黑格尔:《自然哲学》,梁志学、薛华、钱广华、沈真译,商务印书馆1980年版,第21页。
② 《马克思恩格斯文集》第1卷,人民出版社2009年版,第601页。
③ 王清涛:《世界历史理论开辟的世界统一性》,《山东师范大学学报》(社会科学版)2021年第1期。

的异化。"① 黑格尔所讲的人是脱离了社会的抽象的人，将人的本质理解为绝对精神，人是一种精神存在物。黑格尔指出的思维与存在的统一是纯粹精神的统一，是绝对精神自我运动的产物。费尔巴哈对黑格尔的唯心主义哲学进行了批判，认为黑格尔把人的本质理解为绝对精神是一种颠倒，从具体事物和感性对象出发，费尔巴哈把人理解为一种感性存在，是以自然为基础的现实的人，以此来取代黑格尔抽象的作为绝对精神的人。但费尔巴哈在对黑格尔进行批判的过程中，抛弃了黑格尔的辩证法，他所说的现实的人是感性直观的人，只是单个的、自然的人，而不是在现实的社会中活动着的人，同样也是一种抽象的人。马克思在《关于费尔巴哈的提纲》中，对从前的一切旧唯物主义，包括费尔巴哈的唯物主义进行了彻底的批判，指出费尔巴哈没有认识到实践对人类历史的重要性，只是把客观世界理解为与人的实践活动毫无关联的纯客体，没有看到人的实践活动的能动作用。仅仅将人看成感性对象而不是感性活动，仅仅从理论方面对人进行分析，将人看成抽象的人。马克思指出，费尔巴哈把人的本质理解为类，理解为一种内在的、无声的，把许多个人纯粹自然地联系起来的共性。马克思对黑格尔的哲学和费尔巴哈的哲学进行了深刻的分析，批判地吸取了黑格尔辩证法思想的合理内核以及费尔巴哈唯物主义的基本内核，实现了从"抽象的人"向"现实的人"的转变。马克思批判了黑格尔哲学的唯心主义本质以及费尔巴哈的旧唯物主义，强调人的实践活动的作用，指出了人民群众在社会历史发展过程中的决定作用。

"人是世界的主宰，因为有了人，才有了世界。形而上学从主客二分与对立出发将世界二重化，但马克思根本取消了感性世界之外的任何本体，认为世界是人对感性自然改造的结果，是人与感性自然的统一，从而取消了形而上学。"② 世界是人的世界，是人按照自己的意志建构的。在数字时代，数字世界也是人按照人所具有的数字意识建构的。人的头脑中有了数字技术理论，才能够将数字技术应用于现实，进而创造出数字世界。马克思指出，人类能

---

① 《马克思恩格斯全集》第 42 卷，人民出版社 1979 年版，第 165 页。
② 王清涛：《中国道路对传统文明观的继承和发展》，《哲学研究》2020 年第 7 期。

够"现实地想象某种东西"①，人的主观能动性可以使人将头脑中想象的东西通过现实的实践活动创造出来。人类可以将头脑中想象出来的东西通过数字技术手段实现出来，创造出一个数字化的世界，而人是数字世界的主体。

三 先验数字世界与感性数字世界的统一

数字世界具有先验性，先验的数字世界只是逻辑上的在先，而并非事实上的在先。人类头脑中有了数字世界的意识才能够建构出数字世界，人根据头脑中的意识建构出的数字世界是感性的。人类通过数字技术使得先验的数字世界变为了现实，让先验数字世界与感性数字世界实现了统一。

（一）先验数字逻辑与数字意识的统一

数字大脑并非某一个具体的个人的大脑，而是分散在无数大脑中。只是这无限多的大脑要"接入"数字世界，必须服从数字世界的逻辑规则，必须服从于"算法"，分散的大脑正如分布于世界各地的服务器一样，其内容由数字构成，并受数字形而上学的支配，汇聚成一个超级数字大脑。张某的大脑中有一部分数字意识，李某的大脑中有一部分数字意识，但是，一定在某个人的大脑中有一个完整的数字意识，码农只拥有完整数字意识上的一个个片段。数字意识在主观上的总体性与客观上的总体性是相统一的，在数字时代，整个世界都被计算机系统所统治，必须服从于计算机系统背后的算法。在数字时代，不是某个人掌握着整个世界，而是数字逻辑掌控着世界，整个世界都服从于背后的操作系统。数据全部储存在云端之中，云数据平台服从于TCP协议，TCP协议是互联网的基础，是全世界网络的总的大脑。数字时代的形而上学一定是一个整体，任何设备、任何信息要接入互联网，就必须遵守互联网协议——TCP协议，在万物互联时代，世界成为一个服从同一法则的数字整体。超级数字大脑就如同黑格尔的绝对精神，支配着整个世界。

黑格尔在《精神现象学》中指出，意识自我分离为意识与自我意识，自我意识是对意识的意识，意识是自我意识的对象，意识即对象本身。在黑格尔看来，对象物就是人的意识，当对象物成为意识的对象时，意识也就转变

---

① 《马克思恩格斯选集》第1卷，人民出版社2012年版，第162页。

为了自我意识。我们头脑中的对象物，实际上是人的意识，而不是物质对象反映到人的头脑中，才有了头脑中的对象物。黑格尔在《小逻辑》中指出，"思想不仅是我们的思想，同时又是事物的自身，或对象性的东西的本质。"[①]思想不仅是思想的实体，而且是存在的实体，人类思想能够认识到存在于事物之中的客观思想，意识与对象是一回事，即思维等于存在。意识离开自身又返回到自身，意识从感性存在中回复自身时，才能够达到确定性。意识离开自身进入到对象物之中，建构了对象物的感性存在，当对象物的感性存在被建构时，意识就又回复到自身，因而，对象物的感性存在就存在于意识之中。自我意识是能思的意识，将其比作计算机操作系统，计算机操作系统包括操作系统本身与需要操作的内容，操作的内容即意识，操作系统本身即自我意识。意识与自我意识相分离，进入到对象物之中建构了感性存在，意识又扬弃了对象物，回复到自身，最终意识与自我意识相统一，上升到绝对精神。绝对精神将思维的整体与世界的整体统一起来。精神不是某一个人的精神，世界不是根据某个人的精神而创造的。黑格尔在对世界进行理解时，"就是断言这个世界是根据作为劳动者的人的形象设想出来的一个造物主，一个创世神的产物。这就是黑格尔在《逻辑学》中所说的东西，他说，他的《逻辑学》（即他的'本体论'）是'在世界创造之前上帝的思想。'"[②] 这里所说的上帝就是黑格尔，世界是按照黑格尔拥有的概念被创造出来的。为了解决单个人盲目的活动与历史必然性之间的矛盾，黑格尔以上帝（即黑格尔本人）实现了世界精神与个体精神之间的同一。黑格尔的绝对精神不是某个人的精神，而是普遍的自我意识。数字时代的数字大脑就如同黑格尔的绝对精神，数字大脑分散在无数个大脑之中，受到数字逻辑的规训，汇聚成一个超级数字大脑。

数字大脑要进入数字世界，就要服从数字逻辑。首先，在某些先知先觉的人的头脑中已经有了数字意识。这一数字意识只是无限多分散大脑中的一个，必须服从数字世界的逻辑规则，必须服从于"算法"。从计算机操作系统产生到如今全面进入数字时代，离不开程序员在计算机领域的不断探索。程

---

① ［德］黑格尔：《小逻辑》，贺麟译，商务印书馆1980年版，第120页。
② ［法］科耶夫：《黑格尔导读》，姜志辉译，译林出版社2005年版，第449页。

序员主要是指从事与计算机和信息技术相关的程序开发与维护的专业人员，包括数据开发、程序编码等，是数字时代各种数字技术创新的重要贡献者。程序员将头脑中的数字意识通过数字技术表现出来。程序员虽然拥有数字意识，但是，他们只拥有完整数字意识上的一个个片段，而不是整体。其次，通过数字技术手段，现实物理空间构筑出了一个数字空间，这个数字空间服从数字逻辑的支配。通过先进的数字技术和手段，将现实物理空间的各项多媒体资源数字化，形成了一个数字空间，此即是现实物理空间在时间和空间上的延伸。数字空间影响着人类生活的方方面面，为数字文明提供了丰厚的土壤。数字文明将人们的必要劳动时间进行重组，将过去臃肿的时间体系重新精准化，以往人们花费十个小时才能够完成的事情，在数字文明时代，通过改变所需的环境花费一个小时就可以完成。数字空间使得资源的获取不再局限于某一个地方，人们通过登录数字平台便可以获取所需的资源，实现生产要素在数字空间的转换，使得社会生产更加高效。数字技术的进步也扭转了人类空间发展的方向。在资本主义诞生初期是以空间换时间，最先开始进行工业革命的国家资本主义迅速发展，但是，在机器大工业生产下，生产的产品远远超出了国内市场的容量，进行工业生产的原料也短缺，国内市场的狭窄和资源的有限性，迫使发达的资本主义国家积极对外侵略扩张，侵占落后地区的市场，掠夺资源。在17世纪，欧洲国家资本主义发达，进入现代文明社会，但是，非洲等落后地区仍然处于原始社会。在欧洲资本主义国家对外扩张的过程中，在进行空间转换时，实际上时间被拉长，这就是以空间换时间。如今，世界已经进入数字时代，空间已经平均化，各个国家都进入数字文明社会，因而，以空间换时间失去了现实基础，如今的问题是以时间换空间。以时间换空间就是压缩时间拓展空间，要想以时间换取空间，就必须依托一个架构将时间进行压缩。时间是固定的，一天有24个小时，将时间进行压缩只能通过工具进行。芯片技术是数字技术的集成，人类通过数字技术向内拓展空间，芯片的产生标志着人类向内拓展空间迈向了一个新的高度。芯片，从外观上来说，体积非常小，不过是一枚小小的硅片，然而，它的内部结构十分复杂，其复杂程度远远超过一座现代化城市。芯片由一层叠一层的、超薄的、如同迷宫一般的像图案一样的材料所组成，一个芯片上包括几百万甚至几亿个晶体管。一个新的芯片的制作十分复杂，在开始制作之前，设计人员需要收集各种信息，设计出电路，在制作之前，人们在设计上已经花费了许多时间。例如，第一枚芯片的设计就花费了整整两年的时间，我国龙芯1号的设计也花费了将近一年的时间。2008年，芯片制造已经进入了纳米时代，现如今，2纳米级的芯片已经量产。在一枚小小的硅片上可以储存大量信息，人们可以利用芯片完成信息的记忆与处理。随着数字时代的到来，大国之间的竞争由现实物理空间扩展到了数字空间。在数字空间中，人们的个人信息、行为、喜好等都以数据形式呈现出来，本国公民的数据信息被其他国家掌握，通过大数据分析有针对性地向用户推送产品，甚至危害本国的政治经济安全。在数字时代，数字技术发达的国家垄断了数据平台，成为数据的主要占有者。

随着数字技术的发展，人类的社会生活进行了数字化的变革，通过数字技术与手段，构筑了一个超脱于现实物理世界的数字世界，整个世界的联系更加紧密。算法最初是指数字的运算法则，随着互联网的发展，算法在当今时代具有举足轻重的地位。在数字时代，任何事物都以数字的形式呈现出来，每个事物都被赋予了数字的含义，我们对世界的观察也都是通过把握数据的方式来进行。正如麦克卢汉所言，"我们塑造了工具，此后工具又塑造了我们。"[1] 在数字世界中，要对海量的数据进行理解把握，就需要通过算法对数据进行分析总结，从而更好地掌握信息，进行决策。数字世界是程序员根据头脑中的数字意识，通过数字技术手段建构的，服从于算法的支配。在数字世界中，先验数字逻辑与数字意识实现了统一。

（二）数字世界的规训

21世纪以来，全球数字化进程加快，人类进入数字时代。数字逻辑支配着人类社会，数字逻辑是支配人、支配资本、支配社会的决定力量。传统形而上学认为统治世界的是上帝、道、逻格斯，而在数字时代，统治世界的却是数字逻辑，是计算机所普遍遵守的算法。算法已经渗透到人类社会的方方

---

[1] ［加拿大］马歇尔·麦克卢汉：《理解媒介：论人的延伸》，何道宽译，商务印书馆2000年版，第17页。

面面，算法对人们的购物、工作等无时无刻不在发挥着作用，现实感性世界受到数字世界的规训。

法国的社会学家米歇尔·福柯将从18世纪到20世纪末的这段时期称为惩戒社会。在这一时期中，人的一生从学校到军队再到工厂，都是从一个惩戒机构转移到另一个惩戒机构，人一生都在受到监视。"在学校、兵营、医院和工厂的环境中，这种细致的规则、挑剔的检查、对生活和人身的吹毛求疵的监督，很快将会产生一种世俗化的内容，一种关于这种神秘的无穷小和无穷大计算的经济的或技术的合理性。"[1] 在福柯看来，实现观看的技术能够诱发出权力的效应，整个社会通过严格的监视来获得权力，这就是"监视产生权力"。权力的实施必须借助于监视来发挥作用，随着监视运作机制的不断发展，形成了观察人群的"监视站"，军营是监视站的理想模式，是一个借助把一切都变得明显可见来行使权力的范本，其基本原则是层级监视。军营模式的基本原则被广泛应用于学校、医院、工厂、监狱的建设中，建筑物不是为了观赏，而是为了便于对内部进行清晰而细致的控制。福柯将监狱比作文明社会的惩罚方式，通过全景敞视监狱对囚犯进行持续监视，在此过程中囚犯看不到监督者的身影，无法确知是否被监视，因而囚犯时刻感觉受到监视，从而产生了权力效应。全景敞视建筑应用于社会的各个领域，全景敞视主义的监视技术遍布社会的各个角落，对人的日常生活形成全方位的监视，形成一个规训社会。随着数字技术的发展，电子设备成为新的监视工具。在当今数字化时代下，手机、电脑等电子设备成为人们日常的生活必需品，算法支配着电脑、手机等电子设备对人进行监视，使得监视在社会中无处不在、无时不有，遍布世界的各个角落。在大数据和算法技术的规训下，整个社会形成一个数字规训社会。算法对数据进行监视，并通过对数据的整合分析，进行自动化决策，以此实现对人的规训。

继福柯之后，吉尔·德勒兹宣告"控制社会"已经到来，我们的社会已不再是惩戒的社会，而是进入了控制社会。在控制社会，人们的身体、情绪和资本流动处于时常的监视之中，控制人们的不再是机构，而是数字化的监

---

[1] ［法］米歇尔·福柯：《规训与惩罚：监狱的诞生》，刘北成、杨远婴译，生活·读书·新知三联书店2019年版，第151页。

视、预测、评价等,控制者试图从人们的行为模式中预测下一步的行为,并对其施加影响。德勒兹明确指出,"我们肯定是在进入'控制'的社会,这些社会已不再是严格的惩戒式的社会。福柯常常被视为惩戒社会及其主要技术——禁锢(不仅是医院和监狱,也包括学校、工厂、军营)的思想家。事实上,他是最先说出此话的人之一:惩戒社会是我们正在脱离的社会,是我们已经不再置身其中的社会。我们正在进入控制社会,这样的社会已不再通过禁锢运作,而是通过持续的控制和即时的信息传播来运作。"[①] 即时的信息传播使得持续的控制得以进行,德勒兹以电子卡为例说明了控制机构的运行:在城市中,每个人都有一张电子卡,凭借电子卡便可以使栏杆抬起从而离开其居室,在这里,重要的不是栏杆,而是电脑,电脑读取了电子卡中所包含的数据,从而测定每个人合法的或不合法的位置,进行普遍的调制。由此可见,数字在"控制社会"中处于至关重要的位置,作为一个识别口令,"数字构成了控制的数字语言,数字表示存取信息或是弃绝信息"[②]。个人的信息以数据的形式传送到中央处理器上,人变成了数字人,变成了一个数字。德勒兹的"控制社会"理论预言了数字时代的到来。在数字时代,我们每天都离不开各种数字平台,用户登录数字平台,进入到数字世界中。在数字世界中,用户以数据的形式呈现出来。蓝江将数字平台上的用户称为"虚体",他指出,"虚体并不是自然个体那种生命体,而是一串数字或者被运算出来的结果。虚体的存在本质就是数据,虚体与虚体之间的交往,毋宁说是一种数据交换关系,这种数据交换本身又生产出新的数据。"[③] 数字逻辑成为统治社会、支配社会的逻辑,算法支配着人们的日常行为,算法就如同《黑客帝国》中的母体一样,操纵着社会中的一切。

赫拉利指出,人工智能和生物基因技术正在重塑世界,21世纪将是由算法主导的世纪。在数字世界中,算法是主宰一切的存在。随着互联网的发展,

---

[①] [法]吉尔·德勒兹:《在哲学与艺术之间:德勒兹访谈录》,刘汉全译,上海人民出版社2019年版,第237页。

[②] [法]吉尔·德勒兹:《在哲学与艺术之间:德勒兹访谈录》,刘汉全译,上海人民出版社2019年版,第244页。

[③] 蓝江:《一般数据、虚体、数字资本——数字资本主义的三重逻辑》,《哲学研究》2018年第2期。

网络购物成为一种重要的购物形式。当人们浏览购物网站时，会在网站上留下数据足迹，这些数据将会被传送到数据云端，当数据达到一定的数量时，网站系统后台将会对上传的数据进行分析，从而总结出消费者的喜好与偏向，继而根据消费者的偏向推送商品。近年来，"大数据杀熟"一词出现在人们的视野之中，"大数据杀熟"是指，同样一件产品或是服务，老客户看到的价格比新客户看到的价格要贵，网络购物、网约车等是大数据杀熟的重灾区。这就是说，通过算法对用户在互联网上留下的数据进行分析，就可以描画出某个人的"大数据画像"。脸谱网的一项研究指出，如果要了解一个人，脸谱网算法将会比这个人的父母、朋友判断得更为准确。在网络上，个人的隐私透明化了。不仅如此，算法还能够影响人们的思维方式与行为选择。算法不仅对经济生活产生影响，还渗透到政治生活之中，"从一开始，数字图绘和算法治理就带有强烈的引导性目的。"① 算法影响着人们的行为选择。例如，在2012年奥巴马再次参选美国总统时，专家认为他的获胜概率极低，然而最终却是奥巴马成功连任美国总统。他之所以连任成功，是因为"奥巴马采用了一种全新的选战方式：对选民进行数字化的解析。"② 奥巴马召集了一个数据团队，这个数据团队被称为"洞穴"团队，用来搜集选民信息，在团队的数据库中，"有1.66亿名选民的信息，每个人约有10000—20000条数据：姓名、住址、电话号码、以前的选举投票、民调中的回答、政治主张、收入与消费的数据、脸谱网与推特上的朋友，还有其他更多的细节性数据"③。奥巴马团队通过数据处理程序分析出选民投票的可能性以及是否有必要去说服选民进行投票，通过数字化的力量影响群众的行为选择，最终赢得了选举。群众的政治判断通过针对性的数据推送而发生了改变，正如法国哲学家贝尔纳·斯蒂格勒所讲，程序产业通过大众化的程序推送，生产了大量的"人工群众"。通过针对性地向群众推送信息，可以改变人们的思维方式与行为选择，进而得到对自己有利的结果。互联网的发展，使每个人都可以

---

① 蓝江：《"智能算法"与当代中国的数字生存》，《中央社会主义学院学报》2021年第2期。
② ［德］克里斯多夫·库克里克：《微粒社会：数字化时代的社会模式》，黄昆、夏柯译，中信出版集团2018年版，第15页。
③ ［德］克里斯多夫·库克里克：《微粒社会：数字化时代的社会模式》，黄昆、夏柯译，中信出版集团2018年版，第16页。

获取自己喜欢的信息，屏蔽不喜欢的东西，长此以往，用户就会陷入"信息茧房"之中。平台通过分析用户的喜好，只推送符合用户喜好的信息，以此获得利益。

"等到谷歌、脸谱网和其他算法成为无所不知的先知之后，很有可能就会进一步演化成代理人，最后成为君主。"① 在《未来简史》中，赫拉利以 Waze 为例解释了算法由先知到君主的过程。Waze 是一个全球定位系统导航应用程序，通过对数百万用户数据的分析，能够得知道路的情况，包括堵车、事故以及警车位置等信息。因而，Waze 能够指导司机躲避道路拥堵的线路，让司机以最快最省力的方式到达目的地。如果凭借经验进行驾驶，那么用户迟早会明白，相信 Waze 才是最可靠的。当 Waze 取得用户的信任之后，用户便会完全依靠 Waze 算法。当用户在平台上设定一个目标，算法便会在没有用户监督的情况下自己达成目标。最终，Waze 便会成为至高无上的君主，开始操纵用户的决定。当所有用户都相信并使用 Waze 时，假设 1 号线拥堵，那么它将会指导用户驶向 2 号线，但是，用户听从它的指令全部驶向 2 号线时，2 号线又产生了拥堵。这时 Waze 便会成为君主，指导一半用户驶向 1 号线，另一半用户驶向 2 号线，这样两条路线便都不会发生拥堵，Waze 成为实际的控制者。在数字时代，人的政治、经济、文化、社会活动都可以用数字呈现出来，数字建模成为政治、经济、文化、社会甚至军事活动的重要参考。在数据背后，是算法在起着支配作用，算法支配着整个世界。

通过数字技术手段，数字逻辑已经改变了世界，它规定着进入数字世界的存在者。在数字技术的影响下，人被赋予了新的涵义，人作为数字公民进入到数字世界中。数字逻辑打破了传统时空的界限，不仅改变了人的存在方式、交往模式和劳动方式，而且支配着资本与社会。数字逻辑已经改变了世界，现实物理世界受到数字世界的规训。

（三）数字世界的超越

数字逻辑是先验的，它不受任何感性因素的制约，不以人的意志为转移。

---

① ［以］尤瓦尔·赫拉利：《未来简史：从智人到智神》，林俊宏译，中信出版集团 2017 年版，第 307 页。

但是，人类对于先验数字逻辑的发掘，仅仅是发掘自己所需要的那部分内容，对于自己不需要的内容则没有发掘出来。因而，科学知识在某些方面是超前发展的，而在某些方面则比较落后。数字逻辑是不受任何感性因素的制约的，但数字逻辑的发掘却受到人的意志的约束。

在《保卫马克思》中，阿尔都塞强调了科学与意识形态的对立。在阿尔都塞看来，"意识形态是具有独特逻辑和独特结构的表象（形象、神话、观念或概念）体系，它在特定的社会中历史地存在，并作为历史而起作用。"[①] 首先，意识形态是社会的和实践的，在意识形态中，实践的职能比认识的职能更为重要。意识形态具有普遍性和客观性，阿尔都塞认为，意识形态是社会历史生活的一种基本结构，经济、政治和意识形态是社会存在的三种根本的形式，意识形态在任何社会形态中都是必不可少的。其次，意识形态还具有强制性。意识形态以一种不易察觉的方式渗透到人类社会中，它不仅仅作为意识的一种形式，而且作为人类世界的一个客体，甚至成为人类世界本身而存在。人们不能随意地选择意识形态，意识形态是无条件地强加在人们身上的。阿尔都塞指出，"意识形态是个表象体系，这些表象在大多数情况下和'意识'毫无关系；它们在多数情况下是形象，有时是概念。它们首先作为结构而强加于绝大多数人，因而不通过人们的'意识'。它们作为被感知、被接受和被忍受的文化客体，通过一个为人们所不知道的过程而作用于人。"[②] 阿尔都塞认为，意识形态在本质上是虚假的，意识形态受到阶级利益的支配，是统治阶级进行阶级统治的工具，因而是对现实世界的虚假反映，意识形态是针对幻想中的现实提出问题。在阶级社会中，统治阶级的意识形态占据主导地位，阿尔都塞以资产阶级为例说明了意识形态的虚假本质，资产阶级将自身的权利要求说成是所有人的权利要求，以自由、平等、博爱的口号来掩盖资产阶级剥削与压迫的本质。与意识形态不同，科学是针对现实提出问题。在阿尔都塞看来，科学是同意识形态决裂的产物，"谁如果要得到科学，就有一个条件，即要抛弃意识形态以为能接触到实在的那个领域，即要抛弃自己的意识形态总问题

---

① ［法］路易·阿尔都塞：《保卫马克思》，顾良译，商务印书馆2010年版，第227—228页。
② ［法］路易·阿尔都塞：《保卫马克思》，顾良译，商务印书馆2010年版，第229页。

（它的基本概念的有机前提以及它的大部分基本概念），从而'改弦易辙'，在一个全新的科学总问题中确立新理论的活动。"① 科学在发展的过程中，不可避免地会受到意识形态的纠缠，科学只有摆脱意识形态的桎梏，才能够获得生存和发展。

福柯探讨了科学与意识形态之间的关系。在《知识考古学》中，福柯对科学如何产生、意识形态如何产生以及科学与意识形态的关系等诸多问题进行了探讨。知识考古学是指用考古学的知识对知识的历史进行梳理，"对历史重大遗迹作本质的表述"②。福柯拒斥传统的意识形态概念，摒弃了传统意识形态研究的框架，知识考古学便是福柯进行意识形态批判的方法论工具。通过知识考古学的方法，福柯发现了科学、知识、话语与意识形态之间的关系，科学、知识与话语就是意识形态运作的载体。知识考古学的对象是话语，研究的是话语本身。话语不同于语言，还作为一个事件存在，话语是研究各种知识领域的。在话语范围的分析中，福柯认为我们应该指出为什么这个话语不可能是另一种话语，它在什么方面排斥其他话语，以及与其他话语相比，它是怎样占据了其他话语都无法占据的位置，即"就是要在陈述事件的平庸性和特殊性中把握住陈述；确定它的存在条件，尽可能准确地确定它的极限，建立它与其他可能与它发生关联的陈述的对应关系。"③ 这就是说，要在历史中对话语进行分析。福柯从话语实践入手展开了对知识的研究，知识是话语实践根据其规则构成的，福柯指出，"这个由某种话语实践按其规则构成的并为某门科学的建立所不可缺少的成分整体，尽管它们并不是必然会产生科学，我们可以称之为'知识'"④。福柯以精神病学的知识为例说明了知识是在话语实践中构成的，在19世纪，精神病学的知识并不是我们曾经信以为真的东西的总和，而是我们在精神病的话语中能够言及的行为、特殊性和偏差的整

---

① ［法］路易·阿尔都塞：《保卫马克思》，顾良译，商务印书馆2010年版，第186页。
② ［法］米歇尔·福柯：《知识考古学》，谢强、马月译，生活·读书·新知三联书店2003年版，第7页。
③ ［法］米歇尔·福柯：《知识考古学》，谢强、马月译，生活·读书·新知三联书店2003年版，第28页。
④ ［法］米歇尔·福柯：《知识考古学》，谢强、马月译，生活·读书·新知三联书店2003年版，第203页。

体。知识有其特定的话语实践，不会脱离话语实践而存在，不具有确定的话语实践的知识是不存在的，知识的产生不能脱离话语实践的对象群、陈述整体、概念定义、理论选择序列等。

知识是话语实践根据其规则构成的，它不必然会产生科学，但它却是科学建构的必不可少的条件。科学产生于话语实践，虽然科学与知识都产生于话语实践，但是，科学不等同于知识。在《知识考古学》中，福柯指出，"科学——眼下存在于那些自称具有科学性或者具有科学性资格的话语和那些实际上显示出科学性的确实标准的话语之间的差别并不重要——它出现在话语形成的成分中，并以知识为基础。"① 知识是广义的，比科学的领域更为广泛，科学既不等同于知识，也不抹杀和排斥知识，而是置身于知识之中，意识形态就产生于科学与知识的连接处。法兰克福学派认为，科学具有意识形态性质，是因为科学技术一旦被某个特定阶级所使用，它便产生某种特定的社会作用。与法兰克福学派不同，福柯从内因指出了科学本身所具有的意识形态性质。意识形态发生在科学从知识中显现出来的地方，随着话语形成的不同，科学在知识中的范围及其发挥的作用也就随其变化而变化，在不同的话语形成中，可以发现科学与知识之间的不同关系。科学的意识形态性在于话语实践的不同，福柯以古典主义时代关于精神疾病的医学知识与19世纪精神病知识截然不同的作用来说明，他指出，"简言之，向科学提出的意识形态问题不是科学或多或少自觉地反映出来的位置或者实践的问题；也不是可能使用科学和可能滥用科学的问题，而是它作为话语实践的存在问题和它在其他实践之中的功能问题。"② 运用知识考古学的方法，福柯对科学进行了重新解释，科学知识本身就具有意识形态的功能。在科学的形成过程中，科学一方面区分知识、改变知识和重新分配知识，另一方面又肯定知识，使其发生作用，这便是科学的意识形态问题，意识形态在科学的形成中就贯彻其中，而不是在科学产生之后才发挥效用。

---

① [法] 米歇尔·福柯：《知识考古学》，谢强、马月译，生活·读书·新知三联书店2003年版，第205页。
② [法] 米歇尔·福柯：《知识考古学》，谢强、马月译，生活·读书·新知三联书店2003年版，第206页。

科学的发展受制于意识形态，在意识形态的影响下，科学技术的发展并不是齐头并进的。人类在发掘数字逻辑的过程中，仅仅发掘对于自己有利的那部分内容，而对于与自己无关的内容则发展较慢。因而，从这一角度说来，数字世界具有超越性。

第六章 数字共同体

数字化的普及和发展在给人们生活带来极大便捷的同时,也带来了新的社会问题,即数字鸿沟。究其根本,数字鸿沟是由于数字资源分配不均而导致的一种新的社会不平等现象,可以将其概括为数字主体与数字主体、数字资本与数字资本之间的数字鸿沟。为了弥平数字鸿沟,实现数字共同繁荣,必须构建真正的数字共同体,为此,要充分发挥人的主观能动性,自由地选择数据,使数字为人的发展服务,构建友好的数字世界。

一 弥平数字鸿沟,实现数字共同繁荣

数字鸿沟是由于数字资源分配不均而导致的一种新的不平等。一方面,数字主体与数字主体、数字资本与数字资本之间存在信息贫富差距;另一方面,数字技术的发展构建了一个与现实世界相对应的数字空间,在数字空间中,现实世界的不平等映射到数字空间中,使得数字空间中也存在不平等的问题,即数字价值与数字人格的不对等以及数字人格与数字人格之间的不平等。因此,要弥平数字鸿沟,实现数字共同繁荣,就要实现数字价值与数字人格的对等,使数字人格在数字空间一律平等,构建一个友好的数字世界。

(一)数字鸿沟:数字技术发展带来的新问题

任何一项新技术的产生与发展都会给人类社会带来一系列的政治、经济和文化问题,这似乎已是人类社会发展的惯例,数字技术也不例外。数字技术的高度发展和广泛应用,在给人类社会带来福祉的同时,也带来了新的不平等问题,即数字鸿沟。从数字鸿沟的表现来看,数字鸿沟包括全球鸿沟、

经济鸿沟、政治鸿沟、社会鸿沟、民主鸿沟、地区鸿沟、性别鸿沟等；从数字技术的发展状况来看，数字鸿沟经历了最初的接入沟（能否使用信息通信技术）到使用沟（会不会使用信息通信技术）再到知识沟（信息与知识的获取和利用能力的差距）的渐进发展过程。总的来说，数字鸿沟就是不同国家、地区、行业、企业、群体之间由于信息通信技术的应用和普及不同而导致的在信息和知识获取和利用等方面的数字差距。事实上，看待问题的角度不同，对数字鸿沟的理解也不同，从横向的角度来看，数字鸿沟就是数字主体与数字主体、数字资本与数字资本之间的鸿沟。

1. 数字主体与数字主体之间的数字鸿沟

当前，数字技术在社会各领域的广泛应用，无一不昭示着人类已经进入数字时代。在数字时代，人是从事数字活动的主体，数字信息作为人进行数字活动的对象，其本身就成为一种资源，因此对数字信息的获取和利用已经成为现代人生存与发展必备的知识与技能。但并不是所有数字主体都能实现对数字信息的获取和利用，主体的信息意识、知识水平和信息技能不同，对信息的利用和处理也就不同。处在优势地位的主体，具有良好的信息意识、知识水平和信息技能，善于有效地利用数字技术获取和利用数字资源，为自身谋取更多利益以促进生存发展，成为名副其实的"数字富人"；而处在劣势地位的主体由于不能有效地获取和利用数字资源，逐渐沦为"数字穷人"，成为社会的边缘人，最终被数字时代排斥。数字主体由于信息意识、知识水平和信息技能的差异，对数字信息的接受程度不同，可接受和可利用的数字资源也就不同，这就造成了人与人之间对数字资源的不平等占有，产生了数字主体与数字主体之间的数字鸿沟。

主体的信息意识，指的是主体对数字信息的敏锐度、洞察力，它能够帮助主体快速判断出信息是否符合自身需要以及是否具有价值。信息意识的敏锐程度直接影响到主体的数字信息活动，如果主体缺乏信息意识，就无法产生强烈的信息需求，也无法判断信息是否有价值，因而也会影响主体对信息资源的接受和利用。在《2003年中国公众科学素养调查报告》中，其中有一项内容是考察我国公众对科学术语的了解程度，调查组以"分子""DNA""Internet""纳米"四个术语对我国公众进行了考察。出人意料的是，公众对

"Internet"的了解程度在这四个术语中占比最低,仅有14.1%的人完全了解这一术语的含义,而有60.6%的人完全不知道"Internet"的含义[①]。在数字技术飞速发展的今天,"Internet"可以说是数字时代最基础、最简单的一个术语,并且这一术语已经深深融入我们的生活之中。如果还有人对这一术语完全不了解,那就只能说明人们信息意识的淡薄,连数字技术中最基础、最简单的一个术语都不了解,更遑论对信息的获取和利用了。与信息意识敏锐、能迅速对信息做出鉴别和判断的人相比,信息意识薄弱的人或许连网络都无法接入,数字鸿沟的产生也是理所当然的。

主体的信息知识,指的是主体是否掌握与信息有关的理论、方法以及原则,丰富的信息知识能够帮助数字主体更好地获取和利用信息。从数字技术本身的特点来看,数字技术的使用要求数字主体具备丰富的信息知识。第47次《中国互联网络发展状况统计报告》显示了我国仍有相当一部分人群无法上网,从地区看,农村地区的非网民数量占比较大,达到了62.7%;从年龄看,60岁以上的老年人成为非网民的主要群体,占比达到46.0%[②]。而且历次的调查报告都显示,由于文化程度的限制,不懂电脑或网络,信息知识储备量偏低,成为这些非网民不上网的主要原因。由此可见,信息知识水平会对主体使用互联网的能力产生巨大的影响,一般来说,信息知识储备越丰富,就越容易从信息中获益。具备丰富信息知识的人往往都有较高的文化水平,他们更懂得利用身边的计算机等硬件设施获取并利用所需的信息,从而创造更多的社会财富;而信息知识贫乏的人往往不能使用数字技术获取信息,成为社会的边缘人。例如,具备丰富信息知识的人可以从事比较高级的工作,如维护网站、设计软件、编写算法、创建数据库等等;而信息知识贫乏的人可能都不会使用网络浏览器、文字处理软件等这些简单的上网工具,由此出现信息贫富的差距,产生数字鸿沟。

主体的信息技能,指的是主体运用现代信息技术获取和利用信息的能力,包括如何高效地获取信息、选择信息以及有效利用信息的能力。在1997年的

---

① 《2003年中国公众科学素养调查报告》,科学普及出版社2004年版,第4页。
② 《第47次中国互联网络发展状况统计报告》,2021年2月3日,http://www.cac.gov.cn/2021-02/03/c_1613923423079314.htm。

《中国互联网络发展状况统计报告（1997/10）》里，我国可上网的计算机数有29.9万台，上网用户数仅有62万人[①]。因此，当时仅有少部分人能够利用网络获取并处理信息，人们进行信息获取和利用的主要方式还是电视、广播和报纸。在今天，我国的网民总数已超过10亿，大部分人都能通过手机、电脑接入互联网，高效地获取并处理信息。然而，不同的人获取和利用信息的能力是不同的，一般来说，学历高的人比学历低的人更有能力运用现代信息技术手段来获取信息；从事计算机工作的人比从事普通工作的人更有能力运用现代信息技术手段来获取信息。因为这些人具有更专业的信息技能，更容易利用网络从事一些活动，如进行网站维护、远程办公、网络教育、在线医疗等等。而其他群体相对于这些人来说处于劣势，他们对一些较为复杂的信息技能难以掌握，容易造成信息的相对匮乏，从而使主体之间的信息差距日益拉大，造成数字鸿沟。

信息意识、信息知识、信息技能已经成为数字时代数字主体必备的信息素质。从数字主体自身出发，信息意识的强与弱、信息知识的多与少、信息技能的精与粗，都会影响数字主体对信息的接受程度，造成数字主体与数字主体之间的信息差距，产生数字鸿沟。

2. 数字资本与数字资本之间的数字鸿沟

数字技术的发展使得数字对人的影响愈发深刻。一部分拥有良好信息素质的数字主体意识到数字在社会发展中的巨大作用，利用先进的数字技术和丰厚的资金搭建数字平台，通过为人们提供数字服务来收集数据、挖掘数据的价值，并由此形成了一批批数字企业，以实现对数据的占有和垄断。基于资本的扩张性和逐利性，一些大的数字企业会凭借自身优势不断打压其他数字企业，以保证在数字行业的领先地位，进而攫取巨大的垄断利润。例如美国的谷歌、微软、亚马逊等数字企业不但规模大、用户量多，而且往往会通过企业与企业之间联合等方式来巩固自身在数字领域的霸权地位，实现对全球数字市场的有效控制。而一些中小企业因体量小、缺乏用户量，无法提供令人满意的数字服务，也无法将数据转化为价值，最终在数字化的竞争中失

[①] 《中国互联网络发展状况统计报告（1997/10）》，2014年5月26日，见 http://www.cac.gov.cn/2021-02/03/c_126547412.htm。

败。在数字企业的背后，数字资本操控了一切，数字企业之间的竞争实质上是数字资本之间的博弈，因此数字企业与数字企业之间的数字鸿沟也是数字资本与数字资本之间的鸿沟。

马克思曾说过："一旦有适当的利润，资本就胆大起来。如果有10%的利润，它就保证到处被使用；有20%的利润，它就活跃起来；有50%的利润，它就铤而走险；为了100%的利润，它就敢践踏一切人间法律；有300%的利润，它就敢犯任何罪行，甚至冒绞首的危险。"[1] 追求剩余价值和超额利润是资本的固有本性，数字资本作为资本的一种新形式也是如此，这就意味着数字资本家为实现数字资本的增殖会不择手段。为此，一些数字企业会不断进行对外扩张，以实现其在社会各个领域的霸权地位。在《2019年数字经济报告》中，数字资本与数字资本之间出现了明显的鸿沟，七个超级数字平台——微软、苹果、亚马逊、谷歌、脸书、腾讯、阿里巴巴——占据了全球市场总值的三分之二。其中，谷歌拥有全球90%的互联网搜索市场，脸书占据全球三分之二的社交媒体市场，亚马逊在全球在线零售活动中占据40%的份额，微信支付和支付宝几乎垄断了整个中国的移动支付市场[2]。事实上，这些数字平台处于数字鸿沟的优势方，几乎垄断了全球所有的数据，在全球数字化进程中处于主导地位，而其他企业都处于从属地位，成为这些数字平台原始数据的提供者。数字平台通过对数据进行搜集整理，使之成为"一般数据"并以此获利，数字平台一次搜集的数据是没有太大价值的，但经过反复多次搜集之后，形成可分析的大数据，就会产生不可估量的数字价值。最关键的在于，这些数据是由数字平台及其背后的资本家无偿占有，这就意味着由数据产生的剩余价值也会被数字平台及其背后的资本家无偿占有。

在数字资本逻辑的驱动下，"数字资本家把用户的活动视为数据的天然来源，这不仅贬低了用户活动的价值，而且也垄断性地占有了'一般数据'，即剩余价值的新来源"[3]，必然导致数字资源的分配不均以及资本家对数字资源

---

[1] 《马克思恩格斯文集》第5卷，人民出版社2009年版，第871页。
[2] 《2019年数字经济报告（中文版）》，2019年9月12日，见 https://www.163.com/dy/article/EOSFRPV30518KCLG.html。
[3] 姜宇：《数字资本的原始积累及其批判》，《国外理论动态》2019年第3期。

的不平等占有，进一步加剧数字资本与数字资本之间的鸿沟。以美国为代表的西方发达资本主义国家凭借对先进的数字技术的垄断地位，着力构建世界性的数字化大平台，以实现对数字资源的大规模占有。在全球的数据中心中，美国的数据中心占比高达40%，其中，"美国的数字平台公司在全球所占份额从65%增至70%，拥有超过1400万名数据专业人员、30多万家数据公司，数据市场价值超过1450亿欧元"[①]。一方面，数字资本家通过对数字平台、数字网络、数字知识产权等数字核心技术的垄断，不断扩大对数字资源的占有，以完成对数字资本的积累和剩余价值的攫取。如美国近年来频繁打压甚至封锁中兴、华为、字节跳动等中国公司，其中最重要的原因就是企图最大限度地攫取数据资源，维护其在全球范围内的数字霸主地位。另一方面，数字资本家通过数据实现对生产、交换、消费、分配等领域的控制，以实现对数据资源的占有。一些数字企业通过数字技术和平台垄断，精准把握用户的消费偏好，预测商品的市场需求，提前预知产能不足或生产过剩的状态，借助数字实现资源的优化配置。从根本上来说，数字资本与数字资本之间的鸿沟源于资本家对数字资源的不平等占有，这种不平等占有导致了数字资源分配不均。据报道，在2018年，脸书和谷歌在美国的网络广告市场中占据了六成的份额，脸书作为世界性的数字平台，在2015年8月28日单日用户数突破10亿。数字资本家可以从这些用户的访问中有效提取信息，并将之整理成为数据，进而将数据私人占有，售卖给其他生产厂家，实现对剩余价值的攫取。相比于以脸书为代表的世界性数字平台，其他数字平台影响力有限，访问量较少，资本家可利用的数据也随之减少，因而可获取的数字剩余价值也较少，这就造成了数字资本与数字资本之间的数字贫富差距，加剧了数字鸿沟。

（二）实现数字共同繁荣

数字鸿沟的出现为社会发展带来了新的不平等，"有人担心，社会将因此分裂为不同的阵营：信息富裕者和信息匮乏者、富人和穷人，以及第一世界

---

① 丁波涛主编：《全球信息社会发展报告（2019~2020）》，社会科学文献出版社2020年版，第73页。

和第三世界"①。一方面，人是价值创造的主体，每个人都存在一个与现实人格相对应的数字人格，能创造出巨大的数字价值，但数字人格所创造的价值并没有掌握在自己手中，反而日益集中在少数资本家手中。换言之，数字人格与其创造的数字价值并不对等，即数字人格未能在数字空间中获得与其创造的数字价值相匹配的地位。另一方面，数字资本家对数字用户的剥削使数据的剩余价值被数字资本家无偿占有，导致数字贫富差距扩大，造成数字人格之间的不平等，而算法歧视的出现进一步加剧了这种不平等。因此，为了救平数字鸿沟，实现数字共同繁荣，就要实现数字价值与数字人格的对等，实现数字人格一律平等。

1. 实现数字价值与数字人格的对等

数字时代，数字活动已经成为现代人的日常活动，由数字组成的数据流在无形中将人的生活数字化，并以潜移默化的方式影响着人们的生活与工作。数字技术的发展改变了传统的空间观念，构筑了一个能够实现瞬时交往互动的数字空间，不同地域的人的活动被转化为数据，使人能够随时随地地交流沟通，取消了传统空间带来的距离感，为人类的生存与发展提供了新的平台。与现实世界不同，数字空间里的一切都被还原为数据，"我们的身体和一切社会行为，都被数字所穿透，我们被还原为数字平台上的一个数据簇，我们借助数字化的虚体来参与社会交往、经济生产和政治参与"②。换言之，在数字空间中进行生存与交往的，并不是在现实中肉体性的人，而是由数据组成的数字人格。"我们每一个使用着电脑、网络和智能手机的人都面对着自己的影子——一个由数字和算法构成的影子"③，这个影子就是我们在数字空间中的数字人格，主导着我们在数字空间中的活动。

数字技术的发展创造了巨大的数字价值，但从根本上说，并不是数字技术本身创造了数字价值，而是数字空间中的数字人格创造了数字价值，换言之，数字技术只是工具，数字人格才是创造数字价值的主体。数字技术和资

---

① ［美］尼古拉·尼葛洛庞帝：《数字化生存》，胡泳、范海燕译，海南出版社1997年版，第15页。

② 蓝江：《当代资本主义下的加速主义策略——一种新马克思主义的思考》，《山东社会科学》2019年第6期。

③ 蓝江：《生存的数字之影：数字资本主义的哲学批判》，《国外理论动态》2019年第3期。

本的深度融合推动了许许多多数字平台的产生，人们通过享受数字平台提供的服务成为数字用户，并进一步形成数字人格。每当我们进行网购、看视频、玩游戏、听音乐时，这表面上是在满足自身的娱乐消遣，实质上是完成了一次数据的生产，我们平时进行网络活动所留下的这些数据"在云计算和各种APP的数字机器作用下，被加工成具有价值的一般数据，并可以在市场上作为商品来销售"[1]。一般数据成为商品能够创造出巨大的数字价值，"如在购买亚马逊的商品时，亚马逊网站上有一个类似商品的推送。这些商品的需要是通过云计算得出来的，并根据这些云计算的结果推送商品，从而得到更大的销售额。这些数据更重要的使用价值是：如果生产商获知哪一种款式更赚钱，更受市场青睐，他们会及时调整生产方向，使自己的生产获得最大利润"[2]。一般数据为生产和消费提供指导，一定程度上避免了市场的自发性和盲目性，节约了生产成本，从而创造了巨大的数字价值。在这里，我们要明确，人是价值创造的主体，事物的价值是相对于人而言的，数字人格作为一般数据的提供者和创造者，其中蕴藏着巨大的数字价值。但是，这些一般数据却被某些大公司或集团，如微软、谷歌、阿里巴巴等私人占有，而创造数字价值的数字人格却没有得到一丝一毫的补偿，甚至这些数字人格连自己创造了数字价值都不知道。一般数据成了某些资本家或集团牟利的工具，数字资本家凭借对一般数据的私人占有在数字时代呼风唤雨，站在了金字塔的顶端。由此可见，数字人格创造的数字价值与其在数字空间中的地位并不对等，也就是说，数字人格创造了巨大的数字价值，但却并没有享受到相应的价值，依然处于数字空间的最底层，受到数字资本家的剥削和压榨。

因此，弥平数字鸿沟，实现数字共同繁荣，实现数字价值与数字人格的对等，成为我们当前所要解决的重要问题。面对这一问题，马克思曾提出的"真正的共同体"的概念，为实现数字价值与数字人格的对等提供了思路。马克思认为，在资本主义社会中，共同体不是真正的共同体，而是虚假的共同

---

[1] 蓝江：《数字资本、一般数据与数字异化——数字资本的政治经济学批判导引》，《华中科技大学学报》（社会科学版）2018年第4期。

[2] 蓝江：《一般数据、虚体、数字资本——数字资本主义的三重逻辑》，《哲学研究》2018年第3期。

体，个人不是真正的个人，而是偶然的个人，"这些个人只是作为一般化的个人隶属于这种共同体，只是由于他们还处在本阶级的生存条件下才隶属于这种共同体；他们不是作为个人而是作为阶级的成员处于这种共同关系中的"①。偶然的个人并未摆脱阶级的束缚，个人的利益和价值往往会被阶级剥夺，不会获得真正的自由，而在真正的共同体中，个人是有个性的个人，"各个人在自己的联合中并通过这种联合获得自由"②。在数字时代，数字资本家以数字控制一切，在先进的数字技术的支持下，数字资本家们通过依靠数字人格所生产的海量数据资源，为数字消费者们提供个性化的商品服务。在数字资本的统摄下，数字人格所创造的数字资源以及由这些数据资源产生的数字价值被资本家无偿占有，数字人格沦为了"免费数字劳工"③，并未享受到相应的价值。对此，为解决数字价值与数字人格的不对等问题，必须回归到真正的共同体中。因为只有在真正的共同体中，私有制将会被彻底消灭，全体社会成员共同占有生产资料，大家各尽其能，按需分配，每个人创造了怎样的价值，就会在共同体中获得相匹配的地位，从而真正实现了数字人格与数字价值的对等。

2. 实现数字人格一律平等

数字时代，人们在现实世界的一切活动都被数字技术时刻监控和记录着，并被进一步转化为可分析售卖的数据。例如，一些数字企业会以免费优质的数字服务吸引用户进入数字空间，而数字用户在数字空间中的每一次活动都代表着一次数据生产，数字企业将这些数据整合成有价值的数据资源，并广泛应用于商业活动中，如推测消费偏好、评估用户信用、推送广告等等，从而获取数据的价值。西方传播政治经济学派的克里斯蒂安·福克斯认为，用户在数字平台中的活动，如浏览、点击、分享等都可以被视为数字劳动，用户进行数字劳动既满足了自身进行社会交往合作的需要，如更新个人空间，与他人聊天分享等，也创造出了满足他人需求的数据商品，"媒介公司从社交

---

① 《马克思恩格斯文集》第1卷，人民出版社2009年版，第573页。
② 《马克思恩格斯文集》第1卷，人民出版社2009年版，第571页。
③ 杨慧民、宋路飞:《数字资本主义能否使资本主义摆脱危机的厄运——"生产—消费"认知模式下的误区与批判》，《马克思主义理论学科研究》2019年第5期。

网站的海量数据中析出用户个人资料和用户行为脚印等数据,并将之转化为带有用户个人背景特征和满足特定用户群体利益需求的数据商品"①。显然,数据商品被数字资本家无偿占有,并售卖给其他厂家或精准投放广告,进而获得数据的巨额利润。按照福克斯的观点,数字用户在数字平台中的一切活动都是数字劳动,他们已经没有劳动时间和闲暇时间的区分,用户在网上消遣娱乐的闲暇时间也是在为资本家创造剩余价值的劳动时间,数字用户受到资本家的无限剥削。由此可见,数字资本家占据了数据的剩余价值,"在今天的世界资本市场上,叱咤风云的不再是那些从事实体生产的产业资本家,甚至金融资本也处于比较边缘的地位,而 Google、苹果、Facebook、Twitter、微软等更重视数字资本的公司成为这个世界潮流的主导,而他们背后占据的就是处在数字资本主义金字塔尖上的一般数据"②。对于普通的数字用户来说,他们的数字劳动是一种无偿的劳动,在劳动中并未获得薪酬的补偿,反而受到数字资本家的剥削,沦为了数字生产的免费工具,这种对数字用户的剥削正体现了数字人格之间的不平等。

  数字资本家对数字用户的剥削在一定程度上体现了数字人格之间的不平等,算法歧视的出现更加剧了这种不平等。数据的处理离不开算法,"在算法规则下,给定初始状态或输入数据,能够得出所要求或期望的终止状态或输出数据"③。近年来,算法与大数据结合,在社会各个领域得到了广泛的应用,如股票走势分析、个人征信评估、商品推荐、人脸识别、实时新闻推荐等等,这些都是算法应用的真实场景。算法在本质上是一种处理海量数据的计算机程序,它是对人脑决策的模拟,我们曾经认为算法是非常客观公正的,因为算法不附带任何主观色彩、步骤明确、过程清晰、结果可靠,但事实并非如此。2015 年,美国芝加哥法院曾使用了一套犯罪风险评估的算法,在这套算法下,黑人被标记为犯罪高风险人群的概率明显比其他人群高;卡内基梅隆大学的一项研究显示,谷歌的广告系统存在性别歧视,向男性群体推送高收

---

① 燕连福、谢芳芳:《福克斯数字劳动概念探析》,《马克思主义与现实》2017 年第 2 期。
② 蓝江:《一般数据、虚体、数字资本——数字资本主义的三重逻辑》,《哲学研究》2018 年第 3 期。
③ 杨学科:《论智能互联网时代的算法歧视治理与算法公正》,《山东科技大学学报》(社会科学版) 2019 年第 4 期。

入工作岗位的频率比女性群体的更大；亚马逊、Orbitz、滴滴打车等都曾出现"大数据杀熟"现象，对老用户实行价格歧视……大量的事实表明：算法并非绝对客观公正的，"随着算法全面渗透生活世界，算法歧视现象高发，已不容漠视"①。显然，算法歧视实质上是现实世界中的歧视，如种族歧视、性别歧视、年龄歧视等在数字空间的映射。从根本上说，算法终究是由人设计的程序，人的利益和价值取向往往会被嵌入到算法系统中，再者，输入到算法系统中的数据的有效性和全面性也会影响最终的算法结果。算法设计者的偏向、数据的准确性，再加上算法本身存在的"算法黑箱"，使得算法歧视愈发严重，加剧了数字人格之间的不平等。

马克思的共产主义学说为我们解决数字空间中数字人格的不平等问题提供了理论借鉴。十九世纪，西方资本主义盛行，同时资本主义的内在矛盾也逐渐暴露出来，资本家对工人的剥削与压榨愈发严重，社会财富越增加，工人阶级的状况越悲惨，"物的世界的增值同人的世界的贬值成正比"②。面对这一社会现实，马克思进行了理论与实践的深入探索，最终提出了未来理想社会，即共产主义社会的设想，以解决现实社会的不平等问题。马克思指出，在共产主义社会，"代替那存在着阶级和阶级对立的资产阶级旧社会的，将是这样一个联合体，在那里，每个人的自由发展是一切人的自由发展的条件"③。资本主义社会的个人自由发展是以牺牲大部分人的自由发展为前提，而在共产主义社会，个人单纯作为个人而存在，不附加任何阶级属性，每个人都有自己的个性，都是发展的主体，个人的发展不以牺牲他人的发展为前提，而是为他人的发展创造条件，同样地，他人的发展也为个人的发展创造条件，即所有的个人都相互为对方的发展创造条件，"以便每个人都能自由地发展他的人的本性"④。可以说，只有在生产力高度发达、物质财富极大丰富的共产主义社会情况下，人类才能真正消灭生产资料私有制，摆脱劳动中的差别，实现真正的自由平等。

---

① 汪怀君、汝绪华：《人工智能算法歧视及其治理》，《科学技术哲学研究》2020年第2期。
② 《马克思恩格斯文集》第1卷，人民出版社2009年版，第156页。
③ 《马克思恩格斯文集》第2卷，人民出版社2009年版，第53页。
④ 《马克思恩格斯全集》第2卷，人民出版社1957年版，第626页。

当前，数字技术的发展及其在全球范围内各个领域的应用，加快了社会的数字化转型，使得人类摆脱了地域的限制而紧密联系在一起，成为一个共同体。从"地球村"到"人类命运共同体"再到"网络空间命运共同体"，中国一向致力于构建数字共同体，实现数字人格一律平等。2019年10月20日，习近平总书记在致第六届世界互联网大会贺信中提出构建网络空间命运共同体，"网络空间与现实社会一样，既要提倡自由，也要遵守秩序……国际社会要本着相互尊重和相互信任的原则，共同构建和平、安全、开放、合作的网络空间"[1]。人类通过互联互通的网络，以数字化的方式构建了一个具有共同物质生活和精神生活的数字空间，在数字空间里，"基于共同的信息网络硬件和软件技术、共同的经济社会和文化利益"[2]，全人类的利益是一致的，一个国家出现问题，其他国家都不能独善其身。"以互联网为代表的信息技术日新月异，引领了社会生产新变革，创造了人类生活新空间，拓展了国家治理新领域，极大提高了人类认识世界、改造世界的能力……互联网是人类共同的家园"[3]。数字空间作为与人类现实世界相对应的虚拟空间，"全球网络上信息活动无论是负载正能量还是负能量，一经形成都将形成'蝴蝶效应'"[4]，对全球社会产生深远影响。因此，数字技术的发展不可避免地会给人类社会带来一系列新的不平等问题，如数字鸿沟、数字资源的不平等占有、算法歧视等问题。唯有建立数字空间中的共产主义，才能摆脱数字不平等，救平数字鸿沟，实现数字人格一律平等，构建真正的数字共同体。

二　从数字逻辑的宰制中挣脱出来

在数字化迅速发展的今天，数字与资本"合谋"发展成为数字资本主义，将一切都纳入到数字逻辑的宰制中，人被数字异化了，丧失了自身的主体性，数字成为社会活动的主体。因此，如何克服数字异化，从数字逻辑的宰制中挣脱出来，成为当前学界研究的重点问题。对于这一问题的回答，我们应当

---

[1] 《习近平接受〈华尔街日报采访〉》，2015年9月22日，见 http://cpc.people.com.cn/n/2015/0922/c64094-27620258.html?winzoom=1。

[2] 王永兴：《唯物史观视阈中的信息文明研究》，中国社会科学出版社2019年版，第203页。

[3] 习近平：《在世界第二届互联网大会开幕式上的讲话》，《人民日报》2015年12月17日第2版。

[4] 王永兴：《唯物史观视阈中的信息文明研究》，中国社会科学出版社2019年版，第203页。

从生产力与生产关系的批判中出发，充分发挥个人的主观能动性，自由地选择我们想要的、有益于个人发展的数据，使数字为人的发展服务，构建友好的数字世界。

（一）数字逻辑对人的宰制

在数字时代，"数字成为获取数据资源的权力，成为支配生产、分配、交换、消费的指挥棒"[①]，对此，我们必须要明确：数字从何而来？数字是如何影响人们的生存与思维的？数字并非天然存在，而是人类发明创造出来的一项工具，就像石器、铁器的发明一样，用以改善人类的生存生活环境。数字使人类具有能够精确测量事物的数量的能力，但需要注意的是，人类并不是天生具有这项能力。例如，在自然界中，章鱼有8条腿、地球自转一周有24小时、一年有4季等，严格来说，这些并不能称之为数字，而仅仅是数量。数量不同于数字，数量是先天存在的，而数字则不同，数字是我们发明出来用以表示数量关系的符号或工具，数字让我们对不同的数量关系有了概念上的界定，"然而如果没有数字工具的帮助，人类的思维和意识几乎不可能感受到这些数量方面的区别"[②]。有研究成果显示，如果没有数字工具的辅助，人类是无法精确理解3以上的数量的，"比如，亚马孙流域有一群名为蒙杜鲁库的原住民部落，在他们的语言中，就没有任何词语能精确表达'2'以上的数字。同样生活在亚马孙流域的毗拉哈原始部落则更是完全不用语言表达任何数字，在他们的语言中连'2'都不存在"[③]。由此可见，数字并非天然存在，而是人们在生产生活中为适应自身的需要而发明出来的一项工具，进一步讲，数字可以称之为一种知识。人类的祖先在与恶劣的自然环境的对抗中获得数字知识，或者在偶然的事件中发现数字，我们从祖先那里继承了数字知识，继续丰富和发展，"并把这些知识从文化上固定下来，储存在给公众的知识库中"[④]，从此我们获得了数字知识，并利用这种知识不断满足自身需要，更好地适应社会环境，促进自身的发展。

[①] 邓伯军：《数字资本主义的意识形态逻辑批判》，《社会科学》2020年第8期。
[②] [美] 凯莱布·埃弗里特：《数字起源》，鲁冬旭译，中信出版集团2018年版，第22页。
[③] [美] 凯莱布·埃弗里特：《数字起源》，鲁冬旭译，中信出版集团2018年版，第6页。
[④] [美] 凯莱布·埃弗里特：《数字起源》，鲁冬旭译，中信出版集团2018年版，"前沿"第6页。

数字文明

　　数字的发明是人类历史上的一场革命，数字改变了人类的思维方式，使人类摆脱了对世界的模糊性认识，能够更加精确地认识世界和改造世界，狩猎采集、农耕技术、天文历法、商业贸易等都离不开数字。上面提到，亚马孙流域的蒙杜鲁库人和毗拉哈人的语言中基本没有数字存在，他们只能模糊地估计数量之间的区别，并不会运用数字来精确表达数量关系，因此有人甚至认为他们"代表了一种返祖的生活方式——时光倒流回石器时代，人类尚不识数的日子又出现于今天的世界"[①]。在没有数字系统的帮助下，人类只能对小于 3 的数量进行精确区分，而对大于 3 的数量只能模糊估计，"对 5、6、7 这些数量的精确表达能力是人们通过文化习得的，而不是天生就具有的。而且，表达精确数量的能力是一种有赖于语言的文化现象"[②]。可以说，数字不仅是一种知识，更代表了一种文化，数字与文化相互依赖，相互促进，构成社会发展的良性循环：文化上的变化会引起数字系统的变革，当一个族群由狩猎采集社会向农耕社会过渡时，这会促使人们推进数字系统的变革，掌握更先进的数字工具，以应用于农业工具的改造中，同样地，数字系统的变革也会引发文化上的变化。如果我们把人类的发展比喻为一个阶梯，那么数字就是这个阶梯的第一个台阶，没有数字，那么人类基本就没有机会，也没有动力向阶梯上攀登。"数字语言及与之相关的其他数字活动是一切数量思维能力的基础，没有这些工具，人类甚至无法发展出最基本的数量思维"[③]。由此可见，数字不仅对人类历史发展起了重要作用，更促进了人类思维的变革，没有数字的民族或国家只能停留在原始社会之中，而有数字的民族或国家则进入到了科技发达的现代社会。

　　21 世纪，数字化的浪潮已经席卷全球，数字的作用愈发不容小觑，数字对人的影响逐渐从现实世界转向数字空间。在数字空间里，数字具体表现为数据，人变成了一串串数据，世界上所有的一切都可以用 0 和 1 来解释。数字用户通过登录数字平台进行娱乐、学习、购物等等，将自己的信息暴露在数字空间中，数字资本家通过大数据技术将数字用户暴露出来的这些海量信

[①] [美] 凯莱布·埃弗里特：《数字起源》，鲁冬旭译，中信出版集团 2018 年版，第 134 页。
[②] [美] 凯莱布·埃弗里特：《数字起源》，鲁冬旭译，中信出版集团 2018 年版，第 151—152 页。
[③] [美] 凯莱布·埃弗里特：《数字起源》，鲁冬旭译，中信出版集团 2018 年版，第 152 页。

息收集起来，并进行分析处理，从而获得了关于数字用户个性化的消费需求和消费倾向。数据资本家们将这些数据售卖给其他生产厂家，并对数字用户进行精准化的商品推送，为其提供个性化的消费方案。在这里，一方面，数字用户在数字空间中进行的一切活动都是通过数据进行的，人们在数字空间中转化为数据，人们所从事的活动是数据的活动；另一方面，在数字空间里，数字控制一切，"人们的言行举止被还原为数据"①，当数字资本家通过数据算法分析海量的数字信息，并向消费者进行推送时，这意味着在数字空间中生成了一个数字人格，即数字空间中的你。数字空间中的数字人格与现实的人格遥相对应，现实人格将自己的信息暴露在数字空间中，大数据算法通过分析这些信息形成了另一个人格，这个人格比现实中的人格更加完善，更加了解你自己，"你说的每个字、你的每个举动，都是伟大数据流的一部分，算法一直看着你，也在意你的所有想法和感受"②。每一个人在数字空间中都有相对应的数字人格，数字人格引导着我们在数字空间的活动，数字人格控制着现实的人格。数字人格的形成意味着越来越多的人将自己的信息有意或无意地上传到网上，数字逐渐宰制了整个社会，成为控制社会生活的幽灵。"随着数字技术的进步，我们的数字幽灵对我们生活的描述越来越准确。他们正在以越来越详细的水平记录我们生活的更多方面。我们的数字幽灵正在慢慢变得更具互动性——它们正在慢慢变得智能"③。在数字时代，一切都可以用数字来表示，数字正在构建一个与现实世界相对应的"镜像世界"。人们将自己的一切信息，诸如身高、体重、血压、社交网络等一切信息全部上传到网络之中，数字幽灵会根据我们的这些信息推测每一个人的偏好、习惯、价值观等，进而模仿人类的智能，与人类进行对话，成为现实的人在"镜像世界"的数字代理人。"当数字幽灵复制你的大脑过程时，它也复制了你的精神生活，它准确地再现了你的感知、你的思想、你的感觉以及你的行为，它复制了你的意识和自我意识，它的自我体验和你的自我体验完全一样，它复制成

---

① 郑召利、杨建伟：《批判性大数据认识论》，《宁夏社会科学》2021年第3期。
② [以] 尤瓦尔·赫拉利：《未来简史：从智人到智神》，林俊宏译，中信出版集团2017年版，第349页。
③ Eric Charles Steinhart, *Your Digital Afterlives: Computational Theories of Life after Death* (Palgrave Frontiersin Philosophy of Religion), London: Palgrave Macmillan, 2014, p. 1.

了你的样子"①。从根本上说，数字幽灵就是数字空间中的数字人格，数字人格使得生活在现实中的人成为储存在数据库中的一个个文件夹，在未来的某一天，当有人打开文件夹时，便可以与里面的数字人格进行对话。

数字人格对现实人格的主导和控制极易造成人们对数据的盲目崇拜，在数据崇拜者看来，一切都可以用数据来表示。由于人类认识能力的限制，人类认识世界的能力是有限的，而数据则不同，"大数据能够轻松、准确、全面地反映世界，把握我们日常生活和周围事物的关系，并且快速、有效地作出分析和预判"②，这种观点被称之为"数据原教旨主义"，即"一旦完成了收集数据的简单工作，数据就会自己说话"③。让数据自己说话意味着数据成为数字空间中活动的主体，人丧失了在世界中的主体地位，"人的工作仅被界定为对大数据工具分析、整合出的信息进行选择和判断方面"④。此外，"世界的数据化将会不可避免地导致事物和社会关系原有的、真正的本质的丧失"⑤，当世界上所有的一切都表现为数据时，人与人之间、人与事物之间、事物与事物之间的意义与价值也就不存在了。众所周知，意义与价值是相对人而言的，指代的是对人的意义或对人的价值，当一切都成为数据时，数据与数据之间表现为一种绝对的客观性，"社会性的人变成一些孤立的原子，他们直接的社会交往和社会关系被形式化的大数据算法的逻辑所宰制，最终得到的可能仅仅是一些神秘的、难以捉摸的相关性"⑥。

数据成为数字活动的主体后，人的主观能动性被排除在数字活动之外，人完全受数据的控制，可以说，人被数据异化了。在《1844年经济学哲学手稿》中，马克思明确提出了"异化劳动"的概念，异化劳动源于资本主义私有制，具体表现为劳动者与劳动产品的分离。在数字时代，人是数据的生产者，是数字活动的主体，但却越来越被数据控制，成为数据的奴隶。换句

---

① Eric Charles Steinhart, *Your Digital Afterlives: Computational Theories of Life after Death* (Palgrave Frontiersin Philosophy of Religion), London: Palgrave Macmillan, 2014, p. 8.
② 郑召利、杨建伟:《批判性大数据认识论》,《宁夏社会科学》2021年第3期。
③ MOSCO V, *To the Cloud: Big Data in a Turbulent World*, Boulder: Paradigm Publishers, 2016. p. 180.
④ 郑召利、杨建伟:《批判性大数据认识论》,《宁夏社会科学》2021年第3期。
⑤ 郑召利、杨建伟:《批判性大数据认识论》,《宁夏社会科学》2021年第3期。
⑥ 郑召利、杨建伟:《批判性大数据认识论》,《宁夏社会科学》2021年第3期。

说，数据已经成为一种异己的、外在于人的、与人相敌对的力量。"工人在劳动中耗费的力量越多，他亲手创造出来反对自身的、异己的对象世界的力量就越强大，他自身、他的内部世界就越贫乏，归他所有的东西就越少"[1]。数字工人贡献出的数据越多，数据对工人的异化就愈发严重，数字资本家通过数据对数字工人的压榨和剥削也愈发严重，人逐渐丧失了自身的尊严与价值，再也无法在数字活动中确证自身的主体性了，彻底沦为了数字生产的免费工具。数字异化使得人们逐渐被数据控制，按照数字逻辑从事生产经营活动，大数据可以精准定位我们的行踪、偏好、职业等等，进而调整行业的生产经营策略，其广泛应用于政治、经济、文化、教育等社会各领域，将人的一切活动都纳入到数字逻辑的宰制之下。那么，在数字时代如何克服数字异化，摆脱数字逻辑的宰制，重拾人的尊严与价值就成了时代的研究课题。对这一问题的回答，马克思认为，消灭异化，必须从生产力与生产关系的批判出发，诉诸现实的革命实践活动，即消灭异化产生的根源——资本主义私有制。无产阶级通过革命斗争推翻资本主义社会，使剩余价值重新回到劳动者手中，才能消灭异化，实现人的解放与自由全面发展。回到数字时代，数字异化是数字技术发展到一定程度必然导致的结果，并未脱离时代发展的趋势，按照马克思的看法，数字技术并不是数字异化产生的根源，数字异化产生的根源应当从生产力与生产关系的批判中去寻找。也就是说，数据的产生并不是来源于数字技术，相反，数字技术只是获取数据的一种工具。数据源于普通的数字用户，其剩余价值是数字用户在数字劳动中生产出来的，而数据的剩余价值往往会被数字资本家无偿占有，成为他们的私有财产，使得劳动者（数字用户）与劳动产品（数据）相分离，形成了数字异化，导致数字对人的控制。

（二）从数字依赖中解放出来

随着信息科技的不断发展，人们的生活逐渐被数字化世界所包围，并对人们的生活方式、思维方式产生了重大的影响。一方面，这种变化为我们的生活带来了某种福利和便利，信息传播的高效性、VR超前逼真的体验感、无

---

[1] 《马克思恩格斯文集》第1卷，人民出版社2009年版，第157页。

人驾驶的便捷性以及人工智能的超强仿真性等等，无不在革新着人们的生活方式，带给人们更丰富的体验感；另一方面，也给人的真实生存带来了某种障碍，这种障碍不仅仅体现在数字鸿沟上，而且彰显在人的主观能动性的丧失中。我们过度依赖数字世界为我们带来的逼真的体验感以及快感，从而失去了自身的主观能动性。在数字世界中，我们的人格被二重化了，除了现实中的人格之外，还有数字人格操控着我们的思想和行为。数字人格不同于现实的人格，数字人格是经过大量的数据得出的更为准确的分析，这种分析更为准确地定位个人的喜好、社会关系、文化程度等等，也就是说，大数据可能比你自己更了解你。大数据时代已经到来，并且以我们无法想象的高度和深度改造着现有的世界，人们也将面对大数据时代带来的影响和挑战。"大数据的相关关系分析法被认为有诸多优势，他的运作更加快速，也更为准确，而且不易受到偏见的影响"[①]。在大数据的运作下，大数据会根据你的搜索痕迹或者浏览痕迹作出敏锐的反映，"你说的每个字、你的每个举动，都是伟大数据流的一部分，算法一直看着你，也在意你的所有想法和感受"[②]。也就是说，我们生活的时代已经被大数据监控，我们每天的行驶路程、交通方式、途经地点都被大数据所掌握，甚至每个人的举动和言语也被大数据监视着，通过大数据的分析便会很容易地推算出个人的社会身份、喜好、想法和感受等等。"即当我们去定位某一个体时，我们只需要收集到足够多的他的生活表现的数据即可，也就是说，一旦我们充分掌握了相关的数据，我们完全可以用数字图绘的方式来预测和把握个体行为的倾向和秉性"[③]。一方面，我们确实体会到了大数据的精准定位和人性化分析带来的便利，数据追踪在更大程度上了解用户，这样能更好地服务用户，满足客户的需求，用户的体验感也更强，这超越了以往的网络平台。另一方面，大数据的发展也引发了一系列困境和挑战，个体被数据所掌握，掌握的程度可能不限于某个个体的性格、爱好、工作，甚至可能掌握到个人的饮食问题，这也将引发一系列问题，很

---

① 郑召利、杨建伟：《批判性大数据认识论》，《宁夏社会科学》2021年第3期。
② ［以］尤瓦尔·赫拉利：《未来简史：从智人到智神》，林俊宏译，中信出版集团2017年版，第349页。
③ 蓝江：《"智能算法"与当代中国的数字生存》，《社会主义学院学报》2021年第2期。

难排除个人隐私不会被盗取的情况，一旦个人隐私被盗取，这将会成为被威胁的把柄，如果有专门的人员以盗取个人隐私信息为生，会引发很严重的后果。我们知道，在运用百度搜索时会留下搜索词条及浏览记录，这些记录可以通过一些数据分析推断出个人的隐私信息，也就意味着，这些信息很可能成为被威胁的把柄。在这个意义上来说，人们在享受数字化发展所带来的更好的体验感的同时也难以避免数字手段的攻击。

与此同时，人的主体性正在遭遇着危机，因为现实的人被数字统治了，失去了自主性。我们无论是在用百度、淘宝还是其他 APP 时，各种网络平台或 APP 都试图更细致地了解用户，因为只有更懂得客户的需求，才能更大程度地把自己的产品推销出去。假如我想在网上买一条运动裤，但是网上并没有根据我的需求去推荐，那我下单的可能性就会被降低。那如果该网络平台或 APP 能抓住我的需求和爱好，精准地给我推荐一条我喜欢的运动裤，那我可能会毫不犹豫地下单，同时再推荐一件与运动裤搭配在一起的运动上衣，虽然购买运动上衣不在我购物的计划之内，但是这件运动上衣和我要买的运动裤搭配在一起确实不错，这个时候很大概率会买下运动上衣。这也就是说，大数据确实带给我们更多的便利和体验感，但是在该网络平台或 APP 不断向你推荐你喜欢的类型的产品的时候，其实就已经在你无意识的情况下开始控制你了，你的自主性也在随之弱化。也就是说，我们已经受到了数字逻辑的统治，被数字世界数字化了。

友好的数字世界就是要人们从数字统治中解放出来，恢复自主性，实现自由而全面的发展。在马克思主义的理论体系中，人的解放是马克思主义的核心问题，马克思的政治解放思想致力于人的自由而全面的发展，就是要谋求人的解放。"政治解放的积极作用在于国家摆脱宗教神权的统治，以自由、民主、平等的理念建立起现代意义上的民主国家"[1]。马克思从犹太人的问题中意识到，犹太人的宗教问题和政治有着复杂的关系，一味地寻求宗教的解放，并不能达到解放犹太人的目的，宗教异化问题在其本质上还是政治的问题，因此消除宗教异化问题关键还是解决政治问题。马克思对犹太人宗教的

---

[1] 孙代尧、张瑞：《马克思政治解放思想的内在逻辑》，《理论学刊》2014 年第 7 期。

数字文明

批判转化为了对政治国家的批判,在马克思看来,"政治解放当然是一大进步;尽管它不是普遍的人的解放的最后形式,但在迄今为止的世界制度内,它是人的解放的最后形式"①。政治解放并没有因此把宗教消灭,政治解放的意义在于划清了宗教与政治国家的界限,使得宗教失去对政治国家的控制权力,"以自由、民主、平等的理念建立起现代意义上的民主国家"②。但是马克思认为,政治上的解放并没有实现真正的人的解放,政治解放只是实现人的解放的一个环节,存在着一定的局限性,"政治解放只是使市民社会与政治国家发生了分离,从政治上取消了等级和差别的存在,但是在社会上并没有取消等级和差别,它只是使得政治等级变成了社会等级"③。也就是说,马克思的政治解放存在一定的意义,使得市民社会和政治国家分离开来,使人摆脱了宗教神权对人类的控制,宗教从国家中脱离出去,也意味着宗教失去了对政治的控制和干预。但是,政治上的解放并没有实现人的解放,人们在政治上谋求了自由平等的权利,但是等级和差别依然存在,那也就意味着人们还是生存在一个不平等、不自由的世界里,人的自由而全面的发展依然是未完成的理想。马克思认为无产阶级是解放人的现实的力量,哲学是无产阶级用来消灭自身的精神武器。马克思旨在寻求共产主义社会,到了共产主义社会,生产力极大发展,物质财富极大丰富,阶级差别随之消亡人真正实现自由而全面的发展。在数字化的社会,人的自由而全面的发展仍然是这个时代的目标,无论每个时代的发展状况如何,在其本质上都是为了人的发展,一切都为了人更好的生活。人在不断地追求自身的解放,实现自由。在数字世界中,人的自由与全面的发展仍然是数字时代进步的标志,当然,它也随着时代的发展被注入了新的内涵。人们在数字世界自由而全面的发展不仅意味着数字时代所带给人们生活方式和思维方式上的革新,在某种意义上也意味着人们摆脱数字逻辑的限制,从数字逻辑中解放出来,构建一个没有等级的友好世界。

提高普通公民的数字意识,从数字逻辑中解放出来。在数字化时代,由于接受程度、文化程度、年龄差别等因素,公民的数字意识存在着很大的差

---

① 孙代尧、张瑞:《马克思政治解放思想的内在逻辑》,《理论学刊》2014年第7期。
② 孙代尧、张瑞:《马克思政治解放思想的内在逻辑》,《理论学刊》2014年第7期。
③ 王婷:《马克思政治解放思想与人的自由而全面发展》,《北方论丛》2014年第1期。

别。数字公民赋予人们的存在方式以一种新的定义，这不仅意味着人是数字世界的消费者，消费数字时代带来的便利；同时也意味着人是数字世界的建设者，为数字世界的发展贡献力量。数字时代打破了传统的存在方式，我们依赖于数字世界带给我们的便利和新的体验，正是在这样的生存背景下，人们已经成为离不开数字世界的存在者，同样，数字世界也正是拥有数字大脑的人建构的。数字经济的发展，新型的智慧城市也将成为可能，智慧城市建立在数据共享的基础上，以大数据为城市治理的引擎，"智慧城市建设从网络化、数字化迈向智能化，城市大数据中心打通各部门、各行业的数据壁垒，加速信息资源整合应用，通过数据汇集全面融合城市业务"[①]。大数据成为不同城市、不同行业、不同部门的联结渠道，从而在智慧城市中实现数据共享，使城市快速、高效、有序地运行和发展。人与数字世界发展成为共生的状态，两者共同发展，相互促进，但是，数字世界给我们带来红利的同时，也成了统治人们的工具。数字逻辑成了统治人、奴役人的东西，人只有从中解放出来，才能更好解放自己，实现自由而全面的发展。从数字逻辑中解放出来，不是说我们以放弃部分公民为代价，而是依然要坚持全体公民的共同解放，因为只有全体公民的共同解放，才能实现从数字逻辑中的真正解放。当前，数字化发展已经成为大趋势，数字鸿沟成为当务之急要解决的现状，"这一阶段的数字鸿沟不再局限于数字技术的发展和使用方面，而在于不同群体在获取、处理、创造数字资源方面的差异"[②]。也就是说，敉平数字鸿沟，不仅需要数字技术的发展和使用，消除不同群体在数字资源方面的差异也显得尤为重要。要形成一个共享资源的数字化时代，从而加速创新和社会的变革，赋予数字时代以真正的活力，从数字逻辑对人的限制中挣脱出来，使得人们在数字世界中做真正的主人，而不是数字世界的奴隶。

数字化时代的发展，带给人类以新的体验和生活方式的变革，但是同时也造成人们劳动能力的丧失，降低人们的幸福感。随着数字经济和科学技术的发展，不断更新的劳动资料逐渐淘汰了低端的人力劳动，会计机器人能够以高效

---

① 王茹芹、杨韵江、许蕴峰：《准确把握世界数字经济趋势 高质量推进数字中国建设》，《智慧中国》2022 年第 1 期。

② 陆金路：《追光数字文明 推动科技向善》，《网信军民融合》2021 年第 9 期。

的工作效率和极少的出错率胜任和取代人工记账、会计核算、数据汇总等工作，直接导致会计行业对会计人员需求的下降，也就意味着一些人员面临着失业。在这样数字时代的冲击背景下，更多行业的人员的工作岗成为可取代的，如今是低端的劳动被取代，随着科技的发展，高端的技术岗位会不会也被取代仍然存在着争议。可想而知，数字时代的来临必然导致越来越多的岗位被 AI 取代，更多的人会失去劳动的权利，甚至会失去劳动的能力。马克思认为，人类为了能够生存，所进行的第一个活动就是物质实践活动，劳动是人的类本质，是人创造自身存在的表达方式。如果人失去了劳动的权利，甚至失去了劳动的能力，那人如何去维持自身存在的类本质，人是否还具有人的本质？我们生活在数字世界中，科技取代人的劳动，致使人失去了劳动的权利。人如果失去了劳动的能力，数字世界成为一个需要人服从于机器的世界，统治人的世界，人类的社会会不会变成机器的社会，人会不会失去存在的价值？这一系列的问题值得人们深思。马克思指出，"劳动不仅仅是谋生的手段，而且本身就是生活的第一需要"[1]，人不能丧失劳动的权利，不能被 AI 取代，而是应该颠倒过来，让智能科技服务于人类，促进人类更好地发展和生活。"针对'智能技术范式'和智能社会的新特点，完善社会顶层设计，重塑社会治理体系，为人的劳动解放、自由全面发展奠定坚实的基础"[2]。我们可以享受数字技术带给人们的便利，但也要应对由此对人产生的挑战和风险，从而使人更为本真地表现生命的本质，以更为自由的方式生存在数字世界中，"成长为用先进的智能技术、装备'武装'起来的新型劳动者，获得前所未有的劳动解放和自由全面发展"[3]。从数字逻辑中解放出来，意味着与数字共生，而不是相反。

三　构建友好的数字世界

数字化发展使得人们快速进入数字世界，数字时代呈现出与以往时代不同的历史特点，数字世界表现出对现实世界的延伸，从而更加适应人类的生存和发展需要。但是，数字时代的发展也引发数字鸿沟等一系列的问题，在

---

[1] 孙伟平：《智能系统的"劳动"及社会后果》，《哲学研究》2021 年第 8 期。
[2] 孙伟平：《智能系统的"劳动"及社会后果》，《哲学研究》2021 年第 8 期。
[3] 孙伟平：《智能系统的"劳动"及社会后果》，《哲学研究》2021 年第 8 期。

此维度上，构建友好的数字世界尤为必要。友好的数字世界是符合正义逻辑的世界，正义的在场使得数字共同体的建构成为可能。

（一）数字世界是现实世界的延伸

数字技术驱动数字世界的革新。人与动物的根本区别在于动物没有意识，人有意识。动物只存在于现实的生活当中，不存在于意识构筑的虚拟世界，人与动物则不同，人虽生活在现实世界，但又不能完全存在于现实世界，人类的不断进化和发展离不开虚拟世界的精神供给。现实世界与虚拟世界的交叉，才是人类最本真的存在空间。如今游戏产业的快速发展给人类的生活带来了很大的变革，游戏设定者通过一些数字代码能够将现实的生活场景还原到游戏场景中，处在游戏当中的人能够摆脱现实生活当中的限制，自由地进行各种活动，游戏当中所打造的虚拟世界也正被大多数人所推崇和参与。游戏玩家可以在游戏中工作、做任务以赚取金币用来建房、买车，据报道，某游戏平台已经出现了高价出售虚拟土地的现象，并且所售出的虚拟土地数量非常可观。事实上，在这样一套虚拟世界的体系背后，隐藏着数字化的奥秘。"元宇宙"作为一个新词汇，最初来源于游戏，随着科技的发展，元宇宙成为科技的热点，元宇宙通过数字技术将现实世界与虚拟世界进行完美的结合，打造出现实世界在虚拟世界中的逼真与超越的映像，从而达到超越现实世界的可能。元宇宙是一种介于现实世界与虚拟世界的存在，是现实世界的延伸物，元宇宙最初来源于游戏平台，通过对人类现实生活进行还原，达到对人类现实生存愿景的满足。随着科技的发展，5G 时代已经到来，智能机器人也进入了大众的视野中，戴上 VR 头盔就能真实的体验汽车驾驶，通过 VR、AR 技术使人体验逼真的场景，带给人真实的体验。元宇宙正在推动着现实世界与虚拟世界的融合，引人深思的是，现实世界还没有达到与虚拟世界完美结合的程度，现实世界能否跟上虚拟世界幻想的脚步需要数字技术的支持。当然，元宇宙的发展脱离不了数字经济、数字技术的变革。如今元宇宙的概念成为一个热议的话题，学界已提出"元宇宙经济学"的概念，并将其理解为："数字产品的创造、交换、消费等所有在数字世界中进行的经济活动"[①]。元

---

① 赵国栋等：《元宇宙》，中国出版集团中译出版社 2021 年版，第 86 页。

宇宙经济作为更新的一种数字经济，引发了数字经济的革新，推翻了原有的数字经济体系，以更为高效的方式推动经济的发展。"元宇宙将在数字世界中达致现实中目下难以企及的人类社会"①，对人类的生活方式将产生深刻的影响，进而影响甚至改变人类的文明形态。在某种意义上，元宇宙也就是数字世界。

数字世界是现实世界的延伸。随着数字时代的到来，人作为离不开社会关系的群居者，在数字世界中构建着专属于自己的"数字身份"。社交网络开始兴起时，QQ、微博成为人与人之间交流的重要平台，在这种虚拟身份下，人们进行信息交流是自由的，虚拟世界正是由现实世界中具体的人的虚化身份所组成的。从简单意义上来看，虚拟身份为人们解锁了更为丰富的内心世界与新奇体验，人与人之间的距离也变得更近，处在同一网络下的不同个人，消除了现实身份的屏障，无论处在怎样的阶层都将被忽略，真实姓名的隐匿使人与人之间的距离拉得更近一步。人们在这种让人忽略自己的真实身份的虚拟世界中，演化出了一种虚拟的身份，这种虚拟的身份正是"数字身份"。事实上，"数字身份"是现实身份的替身，但又是对现实身份的超越，虽然"数字身份"融合了现实身份的因素，但又不局限于现实身份的因素，在某种意义上来说，数字身份是一种更为超越的但又没有脱离现实的数字形式。"数字身份"是数字世界的ID，只不过是以一种数字形式呈现出来的信息，数字世界使人的主观感受与现实体验融合在一起，实现了人的肉体无法脱离现实但又能跨越现实的奇想。因此，数字世界实现了对现实世界的延伸，人类在现实世界中无法实现的设想可以在数字世界中实现。

（二）构建真正的共同体：数字共同体

亚里士多德曾将世界分为家族和城邦两个部分，其中家族是以血缘关系维系起来的共同体。在这个共同体中，他们基于共同的信仰和诉求，在利益上不会存在冲突，整个家族和谐地凝聚在一起，没有国家，没有压迫和剥削，人与人之间是平等和相互尊重的，这样的家族共同体本质上是一种由血缘和

---

① 蒲清平：《元宇宙及对人类社会的影响与变革》，《重庆大学学报》（社会科学版）2022年第1期。

信仰维护的集体。一旦这种血缘关系和共同的信仰不存在的时候，这种共同体就失去了继续维持共同体存在的基点，也就意味着这个共同体崩塌了，将会出现内部矛盾，从而会引发各种各样的冲突。

到了马克思，他认为人为了能够生存，所进行的第一个活动就是物质生产活动，社会关系在物质生产活动中也得以产生。共同体作为由生产关系联结起来的集体，人们在这个共同体中，尽力去维护着自身的社会关系才能更好地发展，马克思指出："只有在共同体中，个人才能获得全面发展其才能的手段"①。人作为社会性存在者，无法脱离社会关系而生存，也就意味着，人与人之间天然地存在着合作关系，只有在这个合作关系中，才能创造出大于自身的价值，个人自由而又全面的发展才可能实现。但是，只有在真正的共同体中，人的自由全面的发展才有保障，真正的共同体不同于虚假的共同体，虚假的共同体是阻碍社会发展的桎梏，人是没有自由可言的，"真正的共同体的最高价值取向是实现每个人自由全面的发展，与之相对应的实践活动必然也是带有丰富性与普遍性的"②。毫无疑问，我们只有生存在真正的共同体中，加入到真正的共同体中去，每个人自由而全面的发展才会由幻想变为现实。从本质上来讲，真正的共同体作为维系人类生存价值的保障，目的在于保障人与人之间、人与自然之间、人与动物之间和谐相处的良性循环，引领人类文明的健康发展。随着数字时代的到来，数字共同体呼之欲出，那么，数字共同体何以维系？又以何维系？

数字共同体引领人类文明的发展进程。数字时代彻底地改变了人们以往的生活方式和思维方式，带给人们全新的体验，现实的人的人格不断地趋向数字人格，数字人格就是得以维系数字共同体的基点。那么问题就在于，数字人格何以维系数字共同体的健康运行和发展呢？在本质上来说，数字人格来源于现实人格，是被数字化时代异化的人格，但是又不同于现实人格。数字人格是一种在虚拟空间中的存在，有着不同于现实人格的思维和想象，表现出不同的精神追求和价值取向，但又限制于现实人格的有限性，摆脱不了

---

① 《马克思恩格斯文集》第 1 卷，人民出版社 2009 年版，第 571 页。
② 钟科维、郑永扣：《应然、实然、必然：论马克思"真正的共同体"》，《河南大学学报》（社会科学版）2020 年第 3 期。

现实人格对它的限制。在一定程度上，现实人格和数字人格是分不开的，数字人格服从于正义的逻辑，是以维系数字共同体的和谐和稳定为基准的，但是，数字化的快速发展也拉大了国与国之间、人与人之间发展的数字鸿沟。面对数字化发展所引发的数字鸿沟等困境，数字共同体是各国稳定发展的共同前提。一方面，在国与国之间的层面上来讲，不同国家之间都是平等的，不管是大国还是小国，都应该相互尊重，尊重和平等是每个国家的价值导向。在国际关系中，某国家试图搞特权，旨在维护自身的利益而不顾其他国家的利益，这种排他性的霸权思维暴露出一个国家的价值维度。我国自古以来寻求"美美与共，天下大同"，也向其他国家展示了大国风范和大国气度，作为大国，不是欺压小国的理由。我们虽然有国名之别，但是我们是在一个共同体中，面对着数字时代的挑战，共同维护数字共同体各国的长期发展才能得到保障。另一方面，在人与人的层面上来讲，数字化时代的发展，使得人与人之间的数字鸿沟尤为明显，这不仅表现在数字主体与数字主体之间，还表现在数字主体与数字资本之间以及数字资本与数字资本之间，换言之，数字鸿沟的拉大对一些人的发展造成了阻碍。从整体的角度来讲，要想实现自由全面的发展，就必须实现每个人的自由全面的发展，因为每个人的自由全面的发展是一切人自由全面发展的基础和保障。数字共同体就是要消除国与国之间、人与人之间的数字鸿沟，引领人类文明的发展进程。

（三）数字世界的友好设想

在2018年上映的科幻电影《头号玩家》中，人类凭借游戏平台将现实生活场景还原到游戏当中，游戏当中的场景和人物是由数字代码所编程的，也就是说游戏当中的人和物都是数字的化身。游戏玩家在游戏中有着真实的体验感，忘记在现实生活中的自己，反而更留恋在虚拟世界中的自己，因为在虚拟世界中的自己，他们更为本真和自由。陶渊明写的《桃花源记》描述的也正是这样的虚拟世界，桃花源里的人们都很和善、生活很安逸，虽然住着家家户户，但是不分彼此，对于一个从外面世界突然闯进的人，桃花源的人也能够热心招待，进入到这样一个世界中，流连忘返也在所难免。在桃花源中，没有战争、没有国家、没有阶级压迫，人们生活得很安逸，是一种理想的世界。现代VR技术是对陶渊明口中桃花源的还原，人们通过戴上VR眼镜，便可以获得真实的体验感。可见，在很早的时候，人们的内心就渴望一种理想的生活，数字共同体将会带给我们理想的生活，在这种理想的国度中，也将没有国家，没有阶级，没有压迫。马斯克的火星移民计划曾引发很大的争议，对于能不能成功的移民火星以及具体在什么时候移民火星成了未解之谜。有些专家对于火星移民计划表示："马斯克的计划虽然激进，实现这些目标却是完全可能的"[①]。火星移民面对着怎样的困难，将会带给人类怎样的体验？从本质上来说火星移民计划的提出也是人类文明的一大创举，在一定程度上展现了人类智慧。马斯克将人类运往火星，在某种意义上将会重新塑造人类生存的社会，继之而来的将是一个没有宗教、没有种族歧视、没有警察等这样的一个国家体系，带给人类的将是人类文明的革新。由此产生出更新的文明形态，此文明形态所构建的人与人之间的关系更为和谐，没有等级之分、没有弱肉强食，战争与对抗也会销声匿迹，不会存在不同文明形式对抗的世界。我们就是要构筑这样友好的数字世界。

  友好的数字世界是符合正义逻辑的世界。友好的数字世界是一个理想的世界，理想世界的本质在于人，一切理想都是人的理想，人的理想也正是为了实现理想，然而理想的评判标准取决于人对于期望生活的满足程度。当然，满足实现之后又会产生新的满足，新的满足得以实现之后又在不断地产生另一种新的满足，但其理想的本质在于人能更好地生活，更好地生活不仅是物理生活上的满足，精神生活同样也需要满足。人类是一个特殊的群体，因为人类不仅生活在物质世界中，同时也生活在精神世界中。人类有着专属于自己的精神生活，这也正是人的特殊性的表现，人类精神生活的富足推动着人们在现实世界的创造力。精神生活在数字化时代被精确定位在数字人格的层面上，数字人格通过这些特定的描述形成具体个人的全面了解，基于大数据对具体个人的全面了解，人的各种信息被大数据所掌控着。由于大数据对人更为全面的了解，更懂得人类的需求，从而能够创造出更合乎人类渴望的世界，使得人们更加依赖数字世界中的身份，衍生出数字人格。数字人格是合乎正义逻辑的人格，但是由于数字经济的发展，数字资本家为了维护自身的

[①] 聂翠蓉：《马斯克公布火星移民计划》，《科技日报》2016年9月29日。

利益，使得资本增殖，从而加剧对数字空间的控制，这样就会呈现出对正义逻辑的背离。因为此时的数字资本家与数字劳动者已经成为相互矛盾、相互对立的两方，数字资本家为了追求数字利益，而不以正义的价值为指向，这种矛盾将会不断的激化，愈演愈烈，从而终将使数字空间崩塌，不管是数字资本家还是数字劳动者都无法独善其身。只有符合数字劳动者的利益，满足他们的生存和发展的需求，数字世界才更可能成为理想的世界。符合正义逻辑是数字世界健康稳定发展的保障，数字世界是一个没有剥削和压迫的世界，数字世界的人格也是符合正义逻辑的，在这样的空间里，人们才会更为平等和自由。

  友好的数字世界是正义和平等永远在场的理想世界。在数字化时代，更多的数字技术被更多的利益获取方所操控着，他们为了自身的利益可能存在贩卖大数据的情况，也因此出现更多的黑客盗取关键信息的事实发生。黑客在攻击手段和技术方面都呈现出新的特点，他们通过一些数字手段盗取信息，对人进行干扰和攻击，以至于影响人的正常生活。一方利益的获取同时也意味着一方利益的缺失，从这个方面来说，这是人们所面临的重大的正义缺失问题。如果我们所生存的数字世界没有正义，我们能否更好地生存？数字经济和数字技术能否正常发展？答案显然是否定的。我们无法设想人类生存的世界没有正义，就像我们无法设想人不能呼吸一样，因为没有正义或者是正义缺失的集体，就无法形成一个真正的共同体，那也就意味着每个独立的个体为了追求更多的利益而损害他人的利益，整个世界是一个被利益所驱动的零散的组织，就没有共同体可言了。如果没有真正的共同体，数字世界的发展也将受到严重的阻碍，因为在没有正义的世界，很多独立的个体为了私人利益损害他人的利益，这就存在一个整体的内耗，而不是处于共同集体中的每个个体为了实现更好的发展创造出更大的价值，这也必然引发数字经济发展的停滞不前甚至倒退。在柏拉图看来，在理想的国家中，正义是永远不会缺席的，正义的本质就是一种和谐的秩序，这种和谐的秩序能够使人们在适合自己的职位上各司其职，激发个人的创造力。从每个独立的个体来看，"正义的人不许可自己灵魂里的各个部分相互干涉，起别的部分的作用。他应该安排好真正自己的事情，首先达到自己主宰自己，自身内秩序井然，对自己友善"①。也就是说，每个个人符合正义的品质，做到自己主宰自己，这样正义才能体现于共同体的成员之中，从而创造一个符合正义的世界。从整个集体来看，正义的力量是驱动公民集体创造幸福国度的根本指引力量，"实现正义的国家必须有正义的支撑，只有在正义的国家里，公民才有正义的德性，才能过上安稳有序的生活"。② 在这个意义上来说，数字世界和谐有序的生活需要正义的在场，数字世界也力图构建一个和谐有序的世界，在数字世界中生存的人，将不会再面临着缺失正义而引发的灾难和伤害，不再担忧生存问题。存在着正义的数字世界是符合人类生存的世界，在这样的环境下，没有阶级，没有剥削，人与人之间是平等的。在这样的世界中，人能够自由全面地发展，能够和谐幸福地生活，数字经济和数字技术能够在真正的共同体的维护下，创造出人类全新的文明，这也将进入人类更好的生存和发展的良性循环中。在友好的数字世界中，只有共同的利益，没有私人的利益，一切人的发展都是为了共同的发展，共同的利益，由此也没有任何的理由制造战争和压迫。

---

① ［古希腊］柏拉图：《理想国》，郭斌、张竹明译，商务印书馆1986年版，第172页。
② 李秋华：《试析柏拉图的正义论——〈理想国〉的政治哲学解读》，《江西社会科学》2007年第3期。

参考文献

（一）经典著作

[1]《习近平谈治国理政》，外文出版社2020年版。

[2]《十六大以来重要文献选编（上）》，中央文献出版社2005年版。

[3]《十七大以来重要文献选编（上）》，中央文献出版社2009年版。

[4]《十八大以来重要文献选编（上）》，中央文献出版社2014年版。

[5]《马克思恩格斯全集》（第2，3，24，26，34，37，38，42，44，46卷），人民出版社1957—2019年版。

[6]《马克思恩格斯文集》（第1，2，5，6，7卷），人民出版社2009年版。

[7]《马克思恩格斯选集》（第1—2卷），人民出版社1995—2012年版。

（二）译著

[1]［古希腊］柏拉图：《理想国》，郭斌、张竹明译，商务印书馆1986年版。

[2]［古希腊］亚里士多德：《形而上学》，吴寿彭译，商务印书馆2012年版。

[3]［古罗马］奥古斯丁：《上帝之城》（修订版），王晓朝译，人民出版社。

[4]［德］康德：《纯粹理性批判》，邓晓芒译，人民出版社2004年版。

[5]［德］黑格尔：《哲学史讲演录》第1、2卷，贺麟、王太庆译，商务印书馆2019年版。

［6］［匈］卢卡奇：《历史与阶级意识》，杜章智等译，商务印书馆1999年版。

［7］［德］马丁·海德格尔：《存在与时间》，陈嘉映、王庆节译，生活·读书·新知三联书店2012年版。

［8］［美］尼古拉·尼葛洛庞帝：《数字化生存》，胡泳、范海燕译，海南出版社1997年版。

［9］［法］阿兰·巴迪欧：《存在与事件》，蓝江译，南京大学出版社2018年版。

［10］［德］尼克·斯尔尼塞克：《平台资本主义》，程水英译，广东人民出版社2018年版。

［11］［美］凯莱布·埃弗里特：《数字起源》，鲁冬旭译，中信出版集团2018年版。

（三）专著

［1］北京大学哲学系外国哲学史教研室编译：《古希腊罗马哲学》，商务印书馆1961年版。

［2］马克思主义来源研究论丛编辑部：《马克思主义来源研究论丛（第11辑）·特辑：马克思人类学笔记研究论文集》，商务印书馆1988年版。

［3］《2003年中国公众科学素养调查报告》，科学普及出版社2004年版。

［4］于海：《西方社会思想史》，复旦大学出版社2010年版。

［5］王永兴：《唯物史观视阈中的信息文明研究》，中国社会科学出版社2019年版。

［6］丁波涛主编：《全球信息社会发展报告（2019～2020）》，社会科学文献出版社2020年版。

［7］《中华人民共和国国民经济和社会发展第十四个五年规划和2035年远景目标纲要》，人民出版社2021年版。

（四）期刊、报纸类

［1］习近平：《不断做强做优做大我国数字经济》，《求是》2022年第2期。

［2］习近平：《在世界第二届互联网大会开幕式上的讲话》，《人民日报》

2015 年 12 月 17 日第 2 版。

  [3] 习近平：《在纪念马克思诞辰 200 周年大会上的讲话》，《人民日报》2018 年 5 月 5 日。

  [4] 习近平：《在庆祝中国共产党成立 100 周年大会上的讲话》，《人民日报》2021 年 7 月 2 日。

  [5] 李建会：《数字生命的哲学思考》，《山东科技大学学报》（社会科学版）2006 年第 3 期。

  [6] 高宣扬：《论巴迪欧的事件哲学》，《新疆师范大学学报》2014 年第 4 期。

  [7] 聂翠蓉：《马斯克公布火星移民计划》，《科技日报》2016 年 9 月 29 日。

  [8] 蓝江：《数字资本主义、一般数据与数字异化——数字资本的政治经济学批判导引》，《华中科技大学学报》（社会科学版）2018 年第 4 期。

  [9] 蓝江：《生存的数字之影：数字资本主义的哲学批判》，《国外理论动态》2019 年第 3 期。

  [10] 姜宇：《数字资本的原始积累及其批判》，《国外理论动态》2019 年第 3 期。

  [11] 王清涛：《世界历史理论开辟的世界统一性》，《山东师范大学学报》（社会科学版）2021 年第 1 期。

  [12] 孙伟平：《智能系统的"劳动"及社会后果》，《哲学研究》2021 年第 8 期。

（五）外文文献

  [1] H. Lefebvre, *The Production of Space*, 1992.

  [2] R. hields, *Lefebvre, Love and Struggle*, London：Routledge, 1999.

  [3] Mosco V., *To the Cloud：Big Data in a Turbulent World*, Boulder：Paradigm Publishers, 2016.

  [4] Eric Charles Steinhart, *Your Digital Afterlives：Computational Theories of Life after Death*（Palgrave Frontiers in Philosophy of Religion）, London：Palgrave Macmillan, 2014.

后　记

　　昔"赫胥黎独处一室之中，在英伦之南，背山而面野，槛外诸境，历历如在几下。乃悬想二千年前，当罗马大将恺彻未到时，此间有何景物。计惟有天造草昧，人功未施，其借征人境者，不过几处荒坟，散见坡陀起伏间，而灌木丛林，蒙茸山麓，未经删治如今日者，则无疑也"——严复笔下的赫公，观草木荣枯而察古今之变，终以"物竞天择"揭示了物种进化的终极密码，也在不经意间发掘出了人类文明演进的千年伏脉。

　　当时光迈入 20 世纪 50 年代，信息革命的"第三次浪潮"微澜初起，短短数十年间就将地球置身于澎湃的数字海洋。赫公槛外的草木依旧葳蕤生长，但比特构建的数字生态已成为新世界的主角。数字新理念、新业态、新模式对人类经济、政治、文化、社会、生态的全面融入，引发了"深刻而宏阔的时代之变"。在这场时空变幻的大背景里，我们正目送着工业文明的斑驳巨轮缓缓驶入落日的余晖，也在骊歌声中憧憬着数字新文明的到来。

　　物竞天择，足证文明因果。在当今中国，数字化建设高歌猛进，依靠国家意志和全民的积极参与，数字脉动已成为经济和社会发展的主旋律，以抖音、微信、淘宝和滴滴为代表的数字化生存已化作百姓常态。可以说，在这场数字驱动的时代变革中，我们已经比世界上绝大多数国家更早一步跨入了数字社会的门槛，并隐然触摸到了数字文明的脉搏。

　　与既往文明不同，数字文明基于数字化生存的便捷、集约与高效，强调人性的充分释放，鼓励人类冲破物质藩篱，回归精神家园，以数字文明的共建、共享与共治，实现人的全面发展。这与以"天人合一"为至臻追求的华夏文明有异曲同工之妙。可以想象的是，上述两个文明虽睽违千年，一自心盟重订，便当神交契合，定能引领人类的浴火重生，由物质而精神，以回归自然的姿态进入一个更新更高的空间维度。

新文明荡旧尘，新文明发新声。赫公倘再世，当惊世界殊。

本书在写作过程中得到了陨磁科技公司的李畏廷、张宝庆等专家的鼎力相助，同时，山东师范大学马克思主义学院的博、硕士研究生吕彦瑶、李萌萌、王萍、丁明明、马新月、娄丙功、田聪聪、王晓馨、舒彩莲等也参与了本书的资料收集、整理、校对等工作，在此一并致谢！

由于作者的水平有限，本书中的疏漏和不妥之处在所难免，期望读者批评指正。